COMPETÊNCIA DAS ASSEMBLEIAS DE OBRIGACIONISTAS

NUNO BARBOSA

Mestre em Ciências Jurídico-Empresariais
Advogado

COMPETÊNCIA DAS ASSEMBLEIAS DE OBRIGACIONISTAS

ALMEDINA

TÍTULO:	COMPETÊNCIA DAS ASSEMBLEIAS DE OBRIGACIONISTAS
AUTOR:	NUNO JORGE BARBOSA DE ARAÚJO
EDITOR:	LIVRARIA ALMEDINA – COIMBRA www.almedina.net
LIVRARIAS:	LIVRARIA ALMEDINA ARCO DE ALMEDINA, 15 TELEF. 239851900 FAX 239851901 3004-509 COIMBRA – PORTUGAL livraria@almedina.net LIVRARIA ALMEDINA – PORTO R. DE CEUTA, 79 TELEF. 222059773 FAX 222039497 4050-191 PORTO – PORTUGAL porto@almedina.net EDIÇÕES GLOBO, LDA. R. S. FILIPE NERY, 37-A (AO RATO) TELEF. 213857619 FAX 213844661 1250-225 LISBOA – PORTUGAL globo@almedina.net LIVRARIA ALMEDINA ATRIUM SALDANHA LOJAS 71 A 74 PRAÇA DUQUE DE SALDANHA, 1 TELEF. 213712690 atrium@almedina.net LIVRARIA ALMEDINA – BRAGA CAMPOS DE GUALTAR UNIVERSIDADE DO MINHO 4700-320 BRAGA TELEF. 253678822 braga@almedina.net
EXECUÇÃO GRÁFICA:	G.C. – GRÁFICA DE COIMBRA, LDA. PALHEIRA – ASSAFARGE 3001-453 COIMBRA E-mail: producao@graficadecoimbra.pt MARÇO, 2002
DEPÓSITO LEGAL:	178256/02

Toda a reprodução desta obra, por fotocópia ou outro qualquer processo, sem prévia autorização escrita do Editor, é ilícita e passível de procedimento judicial contra o infractor.

TJ/SP, Apelação Cível nº 0211900-75.2009.8.26.0100, Rel. Des. Castro
    Figliolia, 15ª Câmara de Direito Privado, d.j. 15.10.2015............................ 157
TJ/SP, Apelação Cível nº 0211901-60.2009.8.26.0100, Rel. Des. Castro
    Figliolia, 15ª Câmara de Direito Privado, d.j. 15.04.2015............................ 157
TJ/SP, Apelação Cível nº 0214068-16.2010.8.26.0100, Rel. Des. Roberto
    Mac Cracken, 2ª Câmara Reservada de Direito Empresarial, d.j.
    16.10.2012.. 122
TJ/SP, Apelação Cível nº 1005959-77.2015.8.26.0011, Rel. Des. Hamid
    Bdine, 1ª Câmara Reservada de Direito Empresarial, d.j. 29.11.2017 168
TJ/SP, Apelação Cível nº 523.868.4/9-00, Rel. Des. Francisco Loureiro, 4ª
    Câmara de Direito Privado, d.j. 06.03.2008 148
TJ/SP, Apelação Cível nº 9193203-03.2002.8.26.0000, Rel. Des. Constança
    Gonzaga, 7ª Câmara de Direito Privado, d.j. 24.05.2006............................ 108
TJ/SP, Apelação Cível nº 990.10.238371-7, Rel. Des. Francisco Loureiro, 4ª
    Câmara de Direito Privado, d.j. 09.09.2010 148
TJ/SC, Apelação Cível nº 2016.004654-8, Rel. Des. Gilberto Gomes de
    Oliveira, d.j. 05.04.2016 73
TRF-4, Apelação Cível nº 5003154-31.2016.4.04.7113/RS, Rel.
    Desembargadora Federal Vivian Josete Pantaleão Caminha, 4ª Turma,
    d.j. 15.05.2019... 91
TRF-4, Apelação Cível nº 5002974-58.2015.4.04.7110/RS, Rel.
    Desembargadora Federal Vânia Hack de Almeida, 3ª Turma,
    d.j. 11.12.2018... 91
TRF-4, Apelação Cível nº 5007555-19.2015.4.04.7110/RS, Rel.
    Desembargador Federal Luís Alberto D'Azevedo Aurvalle, 4ª Turma,
    d.j. 13.12.2017... 91
TRF-4, Apelação Cível nº 501935659.2015.4.04.7100/RS, Rel.
    Desembargador Federal Luís Alberto D'Azevedo Aurvalle, 4ª Turma,
    d.j. 22.02.2017... 91
TRF-4, Apelação Cível nº 5009846-10.2015.404.7201/SC, Rel. Cândido
    Alfredo Silva Leal Junior, 4ª Turma, d.j. 14.12.2016 91
Smith/Enron Cogeneration Ltd. Partnership, Inc. v. Smith Cogeneration
    International, Inc... 118
Société Kis France v. Société Générale... 108
Société Papillon Group Corporation v. République Arabe de Syrie et autres............. 115
STF, AgRg em Sentença Estrangeira nº 5.206-7, Rel. Min. Sepúlveda
    Pertence, Tribunal Pleno, d.j. 12.12.2001................................... 38, 64, 169
STJ, AgRg na Medida Cautelar 17.411/DF, Rel. Min. Ari Pargendler, d.j.
    20.08.2014... 137

AGRADECIMENTO

Costuma escrever-se, em situações similares, que uma obra é simultaneamente «fruto» da linha de investigação previamente definida pelo Autor e da própria investigação realizada, no sentido de que «muito embora ela nos tenha desocultado horizontes com que à partida não havíamos sequer sonhado, foi sempre o nosso juízo que nos levou a ir por onde afinal fomos» (Fernando José Bronze).

A este asserto, que subscrevo inteiramente, acrescentaria que uma obra é reflexo inevitável de um conjunto de circunstâncias especiais que rodearam a sua feitura. Esta, que agora vem a lume e que corresponde à dissertação para Mestrado em Ciências Jurídico-Empresariais debatida a 29 de Junho de 2001 na Faculdade de Direito da Universidade de Coimbra, perante um Júri composto pelos Senhores Professores Doutores Sinde Monteiro, Coutinho de Abreu e Pedro Pais de Vasconcelos, não teria sido possível não fosse a reunião de algumas condições excepcionais que, em jeito de agradecimento, me permito aqui evocar. Desde logo, o incentivo e apoio encorajadores do excelente Amigo Dr. Ricardo Costa, com quem tive a oportunidade de encetar um «percurso» paralelo. O ensinamento, o estímulo, a crítica e a disponibilidade permanente do Senhor Professor Doutor Coutinho de Abreu que orientou a presente dissertação com mestria ímpar, como aliás é seu timbre. As impressões oportunas do Dr. Miguel Mesquita no que tange à matéria processual civil. As facilidades de investigação proporcionadas pelo Instituto Giuridico Antonio Cicu, *da Facoltà di Giurisprudenza da Universidade de Bolonha, onde tive o privilégio de passar uma estadia durante os meses de Outubro e Novembro de 1999. Muito nesta obra se fica a dever às fontes aí disponíveis. O que justifica um agradecimento especial ao Dr. José Beleza por ter diligenciado no sentido de tornar possível tal período de estudo. Contribuição notável deve-se, outrossim, à estabilidade emocional proporcionada por um reconfortante ambiente familiar e pelo amor infinito da minha mulher Eugénia.*

Braga, 18 de Outubro de 2001
O Autor

SIGLAS E ABREVIATURAS

AG	— Die Aktiengesellschaft
BB	— Der Betriebs-Berater
BBTC	— Banca, borsa e titoli di credito
BFD	— Boletim da Faculdade de Direito (Universidade de Coimbra)
BGB	— Bürgerliches Gesetzbuch (Código Civil alemão, de 18 de Agosto de 1896)
BMJ	— Boletim do Ministério da Justiça
CC	— Código Civil
CCBelg	— Código Comercial belga (18 de Março de 1873)
CCom	— Código Comercial
CDC	— Cuadernos de Derecho y Comercio
CCEsp	— Código de Comércio espanhol (Real Decreto de 22 de Agosto de 1885)
CCIt	— Código Civil italiano (16 de Março de 1942)
CJ	— Colectânea de Jurisprudência
CMVM	— Comissão do Mercado de Valores Mobiliários
COSuiç	— Código das Obrigações suíço (30 de Março de 1911)
CRC	— Código do Registo Comercial
CREF	— Código dos Processos Especiais de Recuperação da Empresa e de Falência
CRP	— Constituição da República Portuguesa
CSC	— Código das Sociedades Comerciais
CVM	— Código dos Valores Mobiliários
Décret 1967	— Decreto n.º 67-236, de 23 de Março de 1967, sobre sociedades comerciais (França)
Dir. fall.	— Il diritto fallimentare e delle società commerciali
Econo. e cred.	— Ecomomia e Credito. Rassegna trimestrale del servizio studi della sicilcassa.
Foro it.	— Il foro italiano

Foro pad.	— Il foro padano
Gaz. Pal.	— Gazette du Palais
Giur. comm.	— Giurisprudenza commerciale
Giur. it.	— Giurisprudenza italiana
Giur. merito	— Giurisprudenza di merito
Giust. civ.	— Giustizia civile
Inter. Bond. Invest.	— International Bond Investor
Journal Finan. Econ.	— Journal of Financial Economics
JW	— Juristische Wochenschrift
L1966	— Lei n.º 66-537, de 24 de Julho de 1966, sobre sociedades comerciais (França)
La Ley	— La Ley. Revista Juridica española de doctrina, jurisprudencia y bibliografia
L. fall.	— Lei falimentar italiana (Regio decreto 16 marzo 1942, n. 267)
LSA	— Lei de Sociedades Anónimas espanhola (texto aprovado pelo Real Decreto Legislativo 1564/1989, de 22 de Dezembro)
LSCLux	— Lei das Sociedades Comerciais do Luxemburgo (10 de Agosto de 1915)
NRDCom.	— Nuova Rivista di Diritto Commerciale, Diritto dell'Economia, Diritto Sociale
RB	— Revista da Banca
RCDI	— Revista Crítica de Derecho Inmobiliario
RDES	— Revista de Direito e de Estudos Sociais
RDM	— Revista de Derecho Mercantil
RdS	— Revista de Derecho de Sociedades
Rev. sociétés	— Revue des sociétés (Dalloz)
RFDUL	— Revista da Faculdade de Direito da Universidade de Lisboa
RGIC	— Regime Geral das Instituições de Crédito e Sociedades Financeiras (DL 298/92, de 31 de Dezembro)
Riv. dir. civ.	— Rivista di diritto civile
Riv. dir. comm.	— Rivista di diritto commerciale
Riv. dott. comm.	— Rivista dei dottori commercialisti
Riv. not.	— Rivista del notariato
Riv. soc.	— Rivista delle società
Riv. trim. dir. proc. civ.	— Rivista trimestrale di diritto e procedura civile

RJC	— Revista Jurídica de Catalunya
RJ com.	— Revue de jurisprudence commerciale
RLJ	— Revista de Legislação e de Jurisprudência
RTD com.	— Revue trimestrielle de droit commercial
SchVG	— Gesetz betreffend die gemeinsamen Rechte der Besitzer von Schuldverschreibungen, de 4 de Dezembro de 1899 (Schuldverschreinbungsgesetz) (Alemanha)
Società	— Le società. Rivista di diritto e pratica commerciale societaria e fiscale
Temi	— Temi. Rivista di giurisprudenza italiana
Temi rom.	— Temi romana. Rassegna di dottrina e giurisprudenza
UmwG	— Umwandlungsgesetz
Vita not.	— Vita notarile
WM	— Wertpapier-Mitteilungen
ZGR	— Zeitschrift für Unternehmens- und Gesellschaftsrecht
ZIP	— Zeitschrift für Wirtschaftsrecht

Nota: Todos os artigos citados referem-se ao CSC, salvo indicação em contrário ou quando tal resulte do contexto.

"Proferiram os lábios da Virgem as últimas palavras aladas, quando estacou em frente do efebo o filho de Alcmena; e disse:

«Cálicles, se verdadeiramente queres ser um homem, deixa de confiar nos deuses e, ainda mais, de ter como suprema recompensa sentares-te aos banquetes dos imortais; porque, nessa altura, terás deixado de lutar contra eles e contra a Moira, terás deixado de acompanhar os teus irmãos, e toda a raça dos humanos será varrida pelo teu esquecimento, como as folhas dos bosques pelos ventos do Outono. Uma e outra deusa te enganam: se Afrodite deseja que todo te percas nos prazeres do amor e do mando, Palas Atena quer matar em ti o sentimento de que és um homem, anseia por convencer-te de que possuis o máximo de virtude ou o máximo de ciência e de que por amor delas, te deves alhear de todas as preocupações que tornam bela a vida dos mortais. E é por inveja que o fazem; porque os deuses, ó Cálicles, têm inveja dos sofrimentos dos homens, da esplêndida incerteza em que vivem, da sublime dúvida que os atormenta; não há nada pior do que possuir a Verdade. Se escolheres o caminho de Afrodite sentirás a monotonia da felicidade e, no fim, o remorso de não te teres batido, como dia a dia o fazem os outros homens, como teu pai e teu irmão; se acederes à vontade de Palas, todo o prazer que te poderá dar a aspereza da estrada há-de ser turvado pela segurança em que estás de que adiante o piso se tornará igual e no extremo do extremo te espera o carro divino. Não, Cálicles, o bom caminho não te dará nenhuma alegria; mas tê-la-ás, e imensa, se, por onde tiveres tu passado, o caminho ficar melhor para os outros homens. Vai, e não te limites, não tenhas medo de Afrodite, por amor de Palas, nem de Palas por amor de Afrodite: entrega-te a todas as actividades humanas, desfaz-te e renova-te como uma chama, sempre subindo, Cálicles, sempre subindo; ama as dificuldades, não faças como Palas que as considera um sofrimento; lembra-te de que a norma não é um obstáculo, é uma força; se um dia governares um povo — é, no entanto, preferível, ó Cálicles, que apenas inspires os gover-nantes —, se um dia o fizeres, exige que te vigiem, que te sigam passo a passo, que te tratem com viril rudeza;

prefere sempre o sal ao incenso, verás como a tua inteligência se eleva, como a tua sabedoria se enriquece. E não esperes recompensas: a tua única recompensa, depois de teres dado um passo no caminho do Homem, estará na possibilidade heróica que sentes dentro de ti de dares um outro ainda, com a mesma calma e o mesmo sorriso.»

Então o Efebo estendeu as mãos para Héracles e disse:

«Ó Herói, eu quero ser um homem; mostra-me o caminho.»

Mas o filho de Alcmena apontou-lhe o mato espesso e rude e replicou apenas:

«Abre-o!»

E docemente, na doçura da manhã se fundiram as deusas."

Agostinho da Silva, «Apólogo de Pródico de Ceos», in *Textos e Ensaios Filosóficos*, vol. I, Âncora Editora, 1.ª ed., 1999, pp. 204 e 205.

INTRODUÇÃO

Sumário: 1. Objecto de estudo; 2. Razão de ordem.

1. Objecto de estudo

Quando, em 1894, Thaller escreveu «Le temps est fini de l'entente pacifique des obligataires avec leur debiteur. On voit venir une phase de conflit. Il faut que la société des obligataires entre en scène»[1] estaria longe de imaginar que volvido mais de um século alguém se votaria à investigação do tema, exumando as suas palavras de décadas de esquecimento. Na verdade, porém, a entrada em cena das organizações de obrigacionistas no panorama jurídico português, nos termos prescritos pelo Código das Sociedades Comerciais, abriu um novo espaço de interesse à reflexão jurídica, capaz de por si só justificar a elaboração de uma obra monográfica dedicada ao tema. É esse o propósito de presente estudo, intitulado: *Competência das Assembleias de Obrigacionistas*.

Olhando para o Código das Sociedades Comerciais, poderemos dizer que o objecto de investigação será o corpo de normas que regula as assembleias de obrigacionistas, muito particularmente as atinentes à sua competência, embora não se descure igualmente as referentes aos procedimentos deliberativos e ao regime de invalidades que podem ferir as deliberações.

A partir de um outro enfoque, a atenção recairá sobre um amplo conjunto de questões que a interpretação do mencionado sistema de normas suscita. Como surgem as organizações de obrigacionistas e como se

---

[1] «Construction du droit des obligataires sur la notion d'une société qui existerait entre eux», in *Annales de droit commercial*, 1894, pp. 65 ss, *apud* Brandeis, Pierre, *De la protection des obligataires dans les sociétés commerciales*, Librairie de la Société du Recueil Général des Lois et des Arrêts, Paris, 1900, p. 15.

extinguem? A partir de que momento se pode dizer que o titular de valores obrigacionais está vinculado à disciplina da assembleia? E qual o instante a partir do qual deixa de estar sujeito ao princípio maioritário? Verificar-se-á num só momento, com o reembolso total das obrigações emitidas? Ou, ao invés, paulatinamente, no caso de se efectuarem reembolsos parciais?

Depois, o próprio desenrolar do procedimento deliberativo é fonte de incertezas. Aspectos como as formas de deliberação e os quóruns constitutivo e deliberativo, além de outros, constituem um série de problemas em aberto para os quais a doutrina não tem conseguido encontrar soluções consensuais. Acresce que não é de todo em todo pacífica a classificação das disposições que se referem a estes aspectos, sob o ponto de vista da autonomia privada, havendo Autores que lançaram a atraente ideia de que algumas regras atinentes ao procedimento deliberativo assumem carácter facultativo, podendo assim ser alteradas, quer por vontade dos obrigacionistas, quer por imposição da entidade emitente nas condições de emissão[2]. A esta luz, caberá definir quais dessas regras são imperativas e quais estarão na livre disponibilidade das partes. Cada coisa a seu tempo. Por agora, lembrarei apenas o simbólico rasgo de Escarra, que a propósito desta questão afirma peremptoriamente: «L'expérience a suffisamment confirmé cette vérité, que la loi est inutile quand elle se borne à donner des conseils»[3].

Mais pertinente será, contudo, averiguar a influência que a constituição do grupo exerce sobre as posições individuais. Podem os obrigacionistas, por exemplo, opor-se individualmente às operações de fusão ou cisão, ou trata-se de matérias de actuação colectiva? E a reclamação de créditos em acções executivas? Ou a apreciação das providências de recuperação de empresas? Por outra via, até que ponto se deve admitir a

---

[2] Veja-se, entre outros, CAMPOBASSO, Gian Franco, *Le obbligazioni*, in *Trattato delle società per azioni* (G.E. Colombo e G.B. Portale), 5, Utet, Torino, 1988, p. 502, que admite a possibilidade de a entidade emitente consagrar nos seus estatutos regras atinentes ao funcionamento das assembleias de obrigacionistas, derrogando, dentro de certos limites, a disciplina legal. Contudo, o Autor recusa a possibilidade de durante o período de empréstimo as regras assim fixadas serem alteradas unilateralmente, quer pela entidade emitente, por via de uma modificação estatutária, quer pelos obrigacionistas, em sede da sua própria assembleia.

[3] Cf. ESCARRA, Jean, *Traité Théorique et Pratique de L'Organisation des Obligataires (Groupement et Représentation)*, Librairie de Jurisprudence Ancienne et Moderne, Paris, 1922, p. 257.

legitimidade processual dos obrigacionistas considerados individualmente, ao lado da intervenção de um outro elemento do grupo, o representante comum? E este, em que condições pode ser nomeado ou destituído? Qual a sua função e margem de manobra? Qual o seu âmbito de competência? Que decisões pode — deve — tomar em nome dos obrigacionistas?

E em relação à possibilidade do grupo impor a realização de prestações de natureza pecuniária? Que os obrigacionistas podem deliberar sobre a constituição de um fundo comum, refere-o o legislador. Mas qual a sua finalidade? Como se constitui e como se procede à sua liquidação? A que regime jurídico estará submetido, muito particularmente no que toca à responsabilidade por dívidas?

E, por este percurso, chegaremos ao principal campo em que tal influência se revela: a *modificação das condições dos créditos* dos obrigacionistas. Qual a fronteira para os poderes da assembleia no que toca à alteração da posição dos obrigacionistas? Serão as condições essenciais do seu crédito? Será a integridade do direito ao reembolso? Serão as modificações de carácter substancial? Ou, como sustenta G. Ferri, não existirá qualquer limite?[4]. Será quase tudo ou quase nada?

Ao lado dos problemas mencionados, que constituirão o centro de debate, surgirão outros de igual relevo, mas que por virtude de se relacionarem com a problemática dos empréstimos obrigacionistas em geral não constituem objecto da presente investigação. Todavia, dado o tema seleccionado estar inserido naquele mais amplo, serei por vezes confrontado com a necessidade de esclarecer as dúvidas pertinentes que a esse respeito nos saltam ao caminho. São questões que não posso escamotear e, por isso, não me dispensarei, quando a situação o exija, de aqui e acolá as tratar *en passant*.

Delimitada assim a *fattispecie* deste estudo, talvez seja chegada a hora de referir que os temas aqui assinalados têm revelado reduzido interesse prático. De facto, o funcionamento das assembleias de obrigacionistas na vida societária portuguesa tem sido muito escasso e as situações de conflito praticamente nulas. Exceptuando um acórdão do Supremo Tribunal de Justiça de 10 de Fevereiro de 1998[5] e outros dois da

---

[4] Cf. FERRI, Giuseppe, *Le società*, in *Trattato di diritto civile italiano* (F. Vassalli), Vol. X, tomo III, 2.ª ed., Utet, Torino, 1985, p. 509.

[5] Processo 159/97, 2.ª Secção Cível, 10/02/1998, Boletim n.º 18, Relator Conselheiro Figueiredo de Sousa. Este acórdão não se encontra publicado, mas é possível aceder-se ao seu sumário na *internet*, através do *site* www.cidadevirtual.pt (o endereço exacto da página é *www.cidadevirtual.pt/stj/bol18civel.html*).

Relação de Lisboa, datados de 11 de Maio de 1995 e de 27 de Junho de 1996[6], os nossos tribunais não têm sido chamados à temática que nos interessa. Motivo de estranheza e espanto, a verdade é que os agentes económicos não têm sentido necessidade de tutela legal nesta matéria. Por esta razão, não se deve estranhar o recurso frequente à jurisprudência e doutrina estrangeiras, com particular destaque para a italiana, dado não só a enorme similitude com o nosso sistema jurídico no que respeita à disciplina das organizações de obrigacionistas, mas sobretudo pelo facto de nesse país se poder encontrar a este propósito uma riquíssima disputa doutrinal que constitui paradigma para quem em Portugal sobre o tema se decida pronunciar. Irei, pois, privilegiar como referente fenomenológico as experiências vividas fora de portas, pretendendo com isso garantir alguma adesão à realidade, logrando que além do exercício académico — sempre louvável — se possam aclarar dúvidas, contribuir para o esclarecimento de problemas, enfim, fornecer um quadro de pré-entendimento de conflitos que estarão por chegar.

Mau grado a diminuta utilização do instituto em causa, o estudo justifica-se sobretudo pelos enormes atractivos que, do ponto de vista doutrinal, a sua reflexão proporciona. De facto, no centro da problemática em torno das assembleias de obrigacionistas está a constatação de uma clara derrogação ao princípio da autonomia privada. Reconhecido como um dos pilares do nosso sistema jurídico, o princípio da autonomia privada traduz a livre disponibilidade dos sujeitos para constituírem e modelarem as suas relações jurídicas[7]. A previsão de assembleias de obrigacionistas, nas quais deverão ser tomadas por maioria as deliberações «sobre todos os assuntos que por lei lhe são atribuídos ou que sejam de interesse comum dos obrigacionistas»[8], consagra a adopção do princípio maioritário na

---

[6] O primeiro dos quais se encontra publicado na *RDES*, ano XXXVIII, 1996, pp. 365-384, e foi objecto de anotação por LUÍS DA GAMA LOBO XAVIER. O segundo vem publicado na *CJ*, ano XXI, 1996, tomo III, pp. 132 e 133.

[7] Sobre o princípio da autonomia privada, veja-se o recente e aprofundado estudo de SOUSA RIBEIRO, Joaquim de, *O Problema do Contrato. As Cláusulas Contratuais Gerais e o Princípio da Liberdade Contratual*, Livraria Almedina, Coimbra, 1999. O Autor critica a identidade entre os conceitos de autonomia privada e autodeterminação, acentuando o carácter instrumental da autonomia privada em relação ao conceito de autodeterminação, entendido este como uma realidade mais abrangente, como um conceito de valor, prejurídico, significando «o poder de cada indivíduo gerir livremente a sua esfera de interesses, orientando a sua vida de acordo com as suas preferências». Ao invés, a autonomia privada é entendida restritivamente como «decorrência inevitável» do reco-

modelação subsequente da relação jurídica estabelecida, bem como em relação a outros assuntos que digam respeito ao grupo, limitando o âmbito de autonomia privada do credor obrigacionista. Este já não pode ser visto como titular de direitos que dependem unicamente da sua vontade, mas sim como membro de uma colectividade em que a vontade e os interesses da maioria absorvem os interesses e a vontade da minoria[9].

Na verdade, os obrigacionistas passam a ter um regime próprio que os distingue dos credores comuns e que se caracteriza essencialmente pela fusão das suas vontades individuais numa só que lhes é imputada ao abrigo do princípio maioritário. Quer no âmbito das manifestações individuais de autonomia privada, como sejam o direito de oposição às operações fusão ou cisão da entidade emitente ou o direito de aprovar ou rejeitar as providências de recuperação de empresa, quer no domínio dos actos bilaterais, isto é, a modificação das condições dos créditos, a adopção do princípio maioritário inevitabiliza a redução da esfera de liberdade, implicando o sacrifício dos interesses individuais em favor de um alegado *interesse comum* apurado pela maioria. Ou seja, ao espaço de conformação bilateral, característico da liberdade contratual, é acrescida uma dimensão

---

nhecimento institucional da autodeterminação, assumindo assim uma feição puramente jurídica, como um conceito técnico que simboliza «um processo de ordenação que faculta a livre constituição e modelação de relações jurídicas pelos sujeitos que nelas participam.» Assim, o Autor reserva o conceito de autonomia privada para as «manifestações de liberdade negocial, implicando sempre um poder jurisgénico, um poder de criação, modificação ou extinção de relações jurídicas, seja por acto unilateral (a liberdade de testar), seja por um acto bilateral [...]» (cf. pp. 20 ss.)

Sobre outras acepções de autonomia privada, consulte-se, por exemplo, MOTA PINTO, Carlos Alberto da, *Teoria Geral do Direito Civil*, 3.ª ed., Coimbra Editora, Coimbra, 1990, pp. 88-112; ANTUNES VARELA, João de Matos, *Das Obrigações em Geral*, Vol. I, 10.ª ed., Livraria Almedina, Coimbra, 2000, pp. 230-256; HÖRSTER, Heinrich Ewald, *A Parte Geral do Código Civil Português. Teoria Geral do Direito Civil*, Livraria Almedina, Coimbra, 2001 (Reimpressão 1992), pp. 52-55; FERREIRA DE ALMEIDA, Carlos, *Texto e Enunciado na Teoria do Negócio Jurídico*, Vol. I, Livraria Almedina, Coimbra, 1992, pp. 7 ss.; CARVALHO FERNANDES, Luís A., *Teoria Geral do Direito Civil*, Vol. I, *Introdução. Pressupostos da Relação Jurídica*, 3.ª ed., Universidade Católica Editora, Lisboa, 2001, pp. 86 e 87; CAPELO DE SOUSA, Rabindranath, *Teoria Geral do Direito Civil*, I, Coimbra Editora, Coimbra, 1998, pp. 68-84; e MENEZES CORDEIRO, António, *Tratado de Direito Civil Português*, I, *Parte Geral*, Tomo I, Livraria Almedina, Coimbra, 1999, pp. 169-173.

[8] Art. 355.º, n.º 4.

[9] Cf. VIGHI, *I diritti individuali degli azionisti*, Parma, 1902, p. 182, *apud* FORMIGGINI, Aldo, «Diritti individuali degli azionisti privilegiati e degli obbligazionisti», in *Riv. trim. dir. proc. civ.*, 1952, pp. 104 e 105.

colegial, pois além da vontade da contraparte a autonomia do obrigacionista está dependente da vontade dos outros titulares de obrigações. A sua liberdade contratual manifesta-se através de uma estrutura tripartida de declarações de vontade: a própria, a da entidade emitente e a dos restantes membros da organização[10]. Do mesmo modo, no domínio das manifestações individuais de autonomia da vontade, o poder unilateral de auto-regulação é substituído por um poder de hetero-regulação ou de regulação conjunta. A vontade colectiva toma o lugar das vontades individuais que se diluem no processo gerador daquela.

Facilmente se compreende que, sob o ponto de vista funcional, a adopção do princípio maioritário, e consequente cerceamento da autonomia privada, tem a virtualidade de eliminar a necessidade, que de outro modo subsistiria, do consenso individual de todos os credores obrigacionistas em relação aos assuntos que são do seu interesse comum. Mas o que terá estado na origem do pensamento legislativo? Por que razão se pretendeu restringir a liberdade dos obrigacionistas minoritários, subjugando-os à vontade da maioria? Qual terá sido o significado de tão acentuada desconsideração da autonomia privada?

Pode encontrar-se um primeiro fundamento naquilo que alguns Autores chamam de carácter unitário do empréstimo[11]. Esta característica manifesta-se em dois aspectos. O primeiro consiste na identidade de tratamento que a entidade emitente oferece aos obrigacionistas. Assim, estes beneficiam em pé de igualdade das mesmas garantias, das mesmas condições de subscrição, da mesma retribuição, do mesmo programa de reembolso, etc. O segundo aspecto revela-se na circunstância de a entidade emitente perspectivar os obrigacionistas como uma só contraparte[12]. Para

---

[10] Sobre o aspecto relacional da autonomia negocial, no sentido de que «a liberdade contratual de um dos sujeitos não pode ser pensada sem a igual liberdade do outro», veja-se SOUSA RIBEIRO, *ob. cit.*, pp. 51 ss.

[11] Assim, entre muitos, S. PESCATORE, Salvatore, *Le obbligazioni*, in *Manuale di diritto commerciale*, (a cura di) BUONOCORE, Vincenzo, 2.ª ed., G. Giappichelli Editore, Torino, 1999, pp. 342-344.

[12] A este propósito, a doutrina e jurisprudência italianas referem que a emissão de um empréstimo obrigacionista constitui um *unico affare* para a sociedade (cf. VIVANTE, Cesare, *Trattato di diritto commerciale*, II, *Le società commerciali*, 5.ª ed., Casa Editrice Dottor Francesco Vallardi, Milano, 1929, p. 333; e LEVI, Giulio, *Azioni e obbligazioni delle società nella giurisprudenza*, Cedam, Padova, 1978, p. 284.)

De notar também que o carácter unitário aludido no texto não deve ser confundido com a ideia de que existe apenas um contrato entre obrigacionistas e entidade emitente. De facto, debate-se na doutrina a questão de saber se à operação económica unitária corres-

esta, a situação jurídica criada pela emissão de um empréstimo obrigacionista depende de um acordo de vontades a celebrar com o conjunto de subscritores entendido como um todo, característica que é acentuada pelo facto de se tratar de operação de financiamento que tem na sua origem uma só acto — a deliberação social[13]. Tanto que a entidade emitente pode reservar o direito de retirar as ofertas de subscrição caso apenas parte delas tenha sido aceite pelos destinatários[14]. Ou seja, a emissão de obrigações apresenta, no momento de génese do contrato, a particularidade, em relação ao princípio da liberdade contratual, de que não bastará o acordo de vontades entre entidade emitente e subscritor. Para que tal acordo produza efeitos pode ser necessário a aceitação das mesmas condições por parte dos outros subscritores. Esta dependência imprescindível para a celebração do contrato justifica que, em matérias de interesse comum, nomeadamente no que toca à alteração das condições do empréstimo, o obrigacionista não seja totalmente livre para decidir. Condicionada à nascença, a liberdade do obrigacionista será sempre ensombrada por esse facto.

O segundo vector consiste na propensão longeva deste tipo de empréstimos. Não sendo uma relação instantânea nem de curta duração, o contrato cria uma interdependência estável entre obrigacionistas e entidade emitente, um «état de cohésion durable», que deriva do cumprimento continuado dum programa prestacional complexo e que reclama a adopção do sistema colegial enquanto mecanismo de flexibilização da posição do grupo e de adaptação às variações circunstanciais. Será este, pois, um traço distintivo que coloca os credores obrigacionistas num plano diferente dos restantes credores: relação momentânea e desinteresse no desenrolar da

---

ponde igualmente uma só operação jurídica, questão que se resume a apurar se estamos perante um crédito colectivo único ou se pelo contrário existem tantos créditos individuais quantos os titulares de obrigações. Sobre esta questão, veja-se *infra* ponto 10 (1).

[13] É HEINO LEDERER, *Die Verwaltungs- und Kontrollbefugnisse der Obligationäre einer Aktiengesellschaft nach inländischem und ausländischem Recht (unter Berücksichtigung der Entwürfe)*, N. G. Elwert'sche Verlagsbuchhandlung, Marburg a. d. Lahn, 1941, pp. 49-56, quem chama atenção para o facto de o empréstimo obrigacionista ser pensado como uma operação de financiamento unitária, realçando assim o aspecto psicológico na unidade do empréstimo. Note-se, todavia, que do ponto de vista do investidor é muito discutível afirmar-se que também existe a vontade de intervir num financiamento unitário conjuntamente com outros obrigacionistas. As mais das vezes, a sua intenção cifrar-se-á em fazer uma aplicação financeira que lhe parece atractiva.

[14] Cf. art. 161.º do CVM.

vida social, caracteriza estes; dependência prolongada e contribuição para a realização do objecto social, caracteriza aqueles.

Finalmente, o terceiro aspecto prende-se com o estado de inferioridade negocial em que os obrigacionistas se encontram em relação à entidade emitente, originado pela impossibilidade de discutirem as condições contratuais. De facto, ao contrário dos restantes credores, que tratam directamente com entidade devedora, que com ela negoceiam, lhe prestam serviços ou fornecem bens, os obrigacionistas têm um relacionamento mais ténue. São apenas investidores que procuram uma aplicação para o seu capital e a quem não compete participar na elaboração das cláusulas contratuais, mas sim apenas a liberdade de aceitar ou recusar a celebração do contrato, em cuja elaboração não interviram[15-16].

Unitariedade e longevidade do empréstimo e situação de inferioridade em relação à entidade emitente, eis três vectores que, distinguindo o credor obrigacionista dos restantes credores, em minha opinião, legitimam a criação de organizações de obrigacionistas.

2. Razão de ordem

Circunscrito o objecto de estudo, justificada a escolha do tema, apontado o vector caracterizante da matéria em análise, caberá agora elaborar o quadro sinóptico do percurso que seguiremos.

---

[15] Sobre o *carácter massivo da contratação* e padronização dos elementos do contrato, enquanto factor justificativo da menor liberdade que caracteriza o Direito dos Valores Mobiliários, veja-se AMADEU JOSÉ FERREIRA, *Direito dos Valores Mobiliários. Sumários das Lições Dadas ao 5.º ano, Menções de Ciências Jurídicas e Ciências Jurídico-Económicas no Ano Lectivo de 1997/98, 1.º e 2.º Semestres*, Associação Académica da Faculdade de Direito de Lisboa, Lisboa, 1997, p. 49.

[16] Note-se, porém, que hoje em dia o perfil do subscritor de valores obrigacionais não se pode reconduzir com tal simplicidade ao pequeno investidor. Muito pelo contrário. Sucede frequentemente serem grandes instituições financeiras, capazes de medir forças em pé de igualdade com a entidade emitente, quem adquire a maior fatia do empréstimo. Verifica-se, mesmo, serem as próprias instituições que colaboraram com a emitente no estudo e colocação do empréstimo as adquirentes dos títulos. Ao lado do pequeno obrigacionista, portanto, é comum conviverem investidores institucionais, capazes de ombrear com a entidade emitente quando tal se revele necessário. O problema, já se vê, surgirá sempre que essa posição de força é utilizada em sentido colidente com o interesse comum a todos os obrigacionistas. (Também YVES GUYON, *Droit des affaires, Tome 1, Droit commercial général et Sociétés*, 10.ª ed., Economica, Paris, 1998, p. 792, alude ao novo perfil do subscritor de obrigações.)

O trajecto iniciar-se-á com um apontamento histórico, em que se dará nota da descrição do instituto em Portugal e noutros países, com o duplo objectivo de explicar por que razão surgiram as assembleias de obrigacionistas e que necessidades visam satisfazer e de familiarizar o leitor com as linhas evolutivas e características marcantes do direito estrangeiro, a fim de que melhor se possa compreender as soluções aí apresentadas, quando tal chamamento se verifique. Será este o conteúdo do Capítulo I.

Seguidamente, dado que a análise da competência das assembleias de obrigacionistas requer a dilucidação de aspectos prévios relativos às obrigações, tratarei de analisar os empréstimos obrigacionistas enquanto meio de financiamento societário. Em relação ao *conteúdo* dos direitos incorporados nos valores obrigacionais, serão passadas ao correr da pena as *modalidades* mais frequentes de obrigações e os seus elementos mais comuns, matéria de sumo interesse para a questão da modificação das condições dos créditos pela assembleia. Ter-se-á igualmente em mira o acervo de posições activas de natureza participativa, ora em face do grupo obrigacionista, ora em face da entidade emitente.

Ainda neste capítulo, terei ocasião de aludir ao aspecto dinâmico do desenrolar das organizações de obrigacionistas no tempo, incidindo a atenção sobre o momento de constituição e sobre o processo dissolutivo. Daí o título deste capítulo II: «Âmbito de actuação das organizações de obrigacionistas». A propósito do processo de emissão, haverá outrossim oportunidade para salientar aspectos particulares na emissão desta espécie de valores mobiliários, com especial menção para o limite à emissão de obrigações. A variedade das possibilidades interpretativas que o texto legal oferece, bem como a dubitativa razão de ser deste limite, justificam a autonomia deste tema, razão por que lhe será dispensado um ponto específico.

Será depois ocasião de analisar o tema da *competência das assembleias de obrigacionistas* que constitui o cerne do pensamento problemático da obra. Divide-se este capítulo em duas secções. Na primeira, serão tecidas algumas considerações a propósito dos limites legais a que todas as deliberações da assembleia estão sujeitas: *proibição de aumento dos encargos*; *igualdade de tratamento*; e *interesse comum*. Na secção seguinte, serão focadas as matérias de competência da assembleia que conforme a sua importância e objecto estão classificadas em três grupos: *poderes organizativos e de administração*; *poderes de ingerência*; e *poderes contratuais*. As matérias incluídas no primeiro grupo respeitam ao funcionamento e actuação das organizações de obrigacionistas, designadamente a nomeação, retribuição e destituição do representante comum, a constituição de um fundo e prestação das respectivas contas, a autorização ao representante comum para propositura de acções judiciais e, enfim, a reclamação de créditos em acções executivas. Seguem-se as respeitantes ao exercício do poder de *ingerência* na esfera de actividade da sociedade. É o caso da oposição às operações de fusão e cisão. Por último, as deliberações sobre os direitos de crédito dos obrigacionistas, como sejam a modificação das condições do empréstimo e providências de recuperação de empresas e acordo extraordinário.

Particularmente relevante, pelo carácter vivamente controvertido que lhe é associado, é o tratamento da melindrosa questão do alcance da expressão «modificação dos créditos dos obrigacionistas», cujo sentido se procurará precisar, não obstante a ambiguidade da fórmula em causa e a ausência de referências doutrinais e jurisprudenciais unívocas. Aí poderá o leitor encontrar um enquadramento crítico das posições até agora defendidas pela doutrina estrangeira que servirá de apoio às soluções que procurarei apresentar.

Três capítulos, portanto, votados a uma temática pouco conhecida da ciência jurídica portuguesa. Inicio o trabalho na esperança de as considerações aqui tecidas, os problemas suscitados, as hipóteses levantadas, os exemplos apresentados, possam contribuir de alguma forma para aclarar o sentido desta problemática secular.

CAPÍTULO I

SÍNTESE HISTÓRICO-COMPARATÍSTICA

SUMÁRIO: 3. Antecedentes legislativos em Portugal; 4. O problema na Alemanha; 5. O problema em França; 6. O problema em Itália; 7. O problema em Espanha; 8. O problema no sistema da *Common Law*; 9. Valoração de conjunto. Teleologismo histórico e opções de regime: dissemelhanças e similitudes.

«Si, en biologie, il est exact de dire que la fonction crée l'organe, de même en droit les institutions juridiques se façonnent pour répondre aux besoins de la pratique.»

Georges Hureau
Les pouvoirs des assemblées d'obligataires, Librairie Arthur Rousseau, Paris, 1948, p. 14.

3. Antecedentes legislativos em Portugal

1. A consagração legislativa de um tratamento colectivo dos obrigacionistas terá surgido em Portugal, pela primeira vez, com a Lei de 27 de Julho de 1893[17]. Nos termos deste diploma, o governo estava autorizado a

---

[17] Este diploma encontra-se publicado na *Collecção Official de Legislação Portugueza*, *Anno de 1893*, Lisboa, Imprensa Nacional, 1894, pp. 482 e 483.

Terá existido algum diploma legal anterior a este aludindo aos obrigacionistas enquanto grupo unitário? É possível, mas tenho bastantes dúvidas. O relatório que expõe os motivos do Decreto de 9 de Novembro de 1893 — ao qual irei referir-me de seguida no texto — faz menção à proposta de lei de Cardoso Avelino de 3 de Abril de 1873, e que em 24 de Fevereiro de 1874 fora convertida em projecto de lei pela comissão de legislação civil da câmara dos deputados, sendo relator J. M. da Costa e Silva. Segundo BARBOSA

tomar as providências necessárias para assegurar o reembolso das quantias de que o estado português era credor à *Companhia Real Dos Caminhos de Ferro Portuguezes*, bem como para regularizar a situação financeira e administrativa desta[18]. Das três medidas previstas, duas apontavam para uma concepção dos obrigacionistas enquanto grupo organizado. A primeira respeitava à realização de assembleias com vista a deliberar sobre a conversão das obrigações emitidas em acções. A segunda admitia a participação de representantes dos obrigacionistas no órgão de administração da *Companhia*[19].

Em virtude desta autorização o Governo promulgou o Decreto de 9 de Novembro de 1893[20], cujo art. 10.º, § 1.º, n.º 2, determinava a necessidade de os acordos celebrados entre a *Companhia* e os credores, uma vez verificado o estado de *suspensão de pagamentos*, preverem a representação dos obrigacionistas na administração. Quanto à modificação das obrigações, o art. 9.º dispunha o seguinte: «Nas convenções poderão estabelecer-se preferências de obrigações, tanto no modo de pagamento dos juros, como do respectivo capital.» Mas não fazia qualquer referência à conversão das obrigações.

2. Outro testemunho legislativo do tratamento unitário dos obrigacionistas compreende um conjunto de três diplomas que visavam regular o funcionamento da actividade bancária. Com este objectivo, o Decreto de

---

DE MAGALHÃES, J. M., *Codigo de Fallencias Annotado*, Parceria Antonio Maria Pereira, Livraria Editora, Lisboa, 1901, p. 373, aquele Decreto segue quase textualmente a mencionada proposta. Mas este Autor não dá notícia de nenhum diploma anterior à Lei de 27 de Julho de 1893. Também não encontrei qualquer vestígio na *Collecção Official de Legislação Portugueza*, embora tenha realizado a minha busca com referência às datas em causa, compreendidas dentro de razoáveis intervalos de tempo.

Por seu turno, o Código Comercial de 1833, a Lei de 1 de Julho de 1867 e o Código Comercial de 1888 não se referem ao grupo dos obrigacionistas. Todavia, este último Código previa, no seu art. 185.º, o direito dos portadores de obrigações de «assistir às assembleias gerais e discutir os assuntos dados para a ordem do dia, sem tomarem parte na deliberação, se os estatutos não determinarem o contrário.»

[18] Cf. art. 1.º, n.º 1.

[19] Cf. art. 1.º, n.º 1, al. a): «Permittir e tornar exequivel a conversão de todas as obrigações da companhia em circulação, quando essa conversão se mostre aceita pela maioria dos obrigacionistas, pela fórma que for determinada»; e al. c): «Conceder representação na administração da companhia aos portadores das obrigações.»

[20] Este diploma encontra-se publicado na *Collecção Official de Legislação Portugueza, Anno de 1893*, Lisboa, Imprensa Nacional, 1894, pp. 813-816.

12 de Julho de 1894 estabeleceu um conjunto de regras atinentes ao exercício daquela actividade, ora proibindo a prática de determinados actos (art. 4.º), ora fixando critérios de solvabilidade (arts. 7.º e 9.º), ora ainda estabelecendo deveres de informação (arts. 8.º e 12.º), etc.[21].

No que à emissão de obrigações diz respeito, esta lei continha duas importantes disposições: o art. 18.º que condicionava a emissão a autorização governamental; e o art. 16.º que instituía um importantíssimo direito de ingerência dos obrigacionistas na gestão social. De facto, nos termos do artigo 15.º, sempre que uma sociedade bancária se eximisse ao cumprimento das prestações a que se encontrasse vinculada no exercício da sua actividade, o governo nomearia um comissário seu que funcionaria «com a direcção até à resolução do estado de crise, ou pelo restabelecimento das condições normais, ou pela abertura da falência». Seguidamente, o art. 16.º acrescentava que, quando tal comportamento da entidade emitente envolvesse «o não pagamento de juros ou amortização de obrigações emitidas», os obrigacionistas tinham o direito de participarem na gestão da sociedade, elegendo representantes seus para, juntamente com o comissário do estado, tomarem parte na gerência. A eleição desses representantes seria feita em assembleia de obrigacionistas expressamente convocada para o efeito.

No tocante aos empréstimos obrigacionistas, e portanto incluindo a importante regra do artigo 16.º, o Decreto de 12 de Julho de 1894 aplicava-se não somente às sociedades anónimas ou cooperativas que nos termos do artigo 1.º fossem consideradas bancos, mas também a todas as sociedades anónimas, qualquer que fosse a sua natureza, que efectuassem a operação de colocação de obrigações alheias ou títulos circulantes de juro fixo. Tal circunstância advém do facto de o artigo 2.º determinar que, para os efeitos de aplicação da lei, partilham do carácter de bancos as sociedades anónimas que efectuassem tal operação.

Aproximadamente dois anos mais tarde, surge a Lei de 3 de Abril de 1896[22]. O conteúdo desta lei é praticamente o mesmo que o do Decreto de 12 de Julho de 1894, tendo-se verificado tão-somente a renumeração dos artigos, dado que o mencionado Decreto continha, certamente por lapso, dois artigos com o mesmo número, mais precisamente o art. 8.º.

---

[21] Leia-se a *Collecção Official de Legislação Portugueza, Anno de 1894*, Lisboa, Imprensa Nacional, 1895, pp. 593-597.

[22] O referido diploma encontra-se publicado na *Collecção Official de Legislação Portugueza, Anno de 1896*, Lisboa, Imprensa Nacional, 1897, pp. 141 e 142.

Com a entrada em vigor da Lei das Sociedades por Quotas de 1901, a aplicação da Lei de 3 de Abril de 1896 seria estendida também às sociedades por quotas que se propusessem o comércio bancário[23].

Pouco tempo depois, surgiu o Regulamento de 27 de Agosto de 1896[24], cuja função era definir o modo de execução da Lei de 3 de Abril. No seu artigo 14.º prescrevia que o requerimento convocatório da assembleia tinha de ser subscrito por um «número não inferior a dez portadores de obrigações, representando pelo menos a quinta parte do capital total das obrigações em circulação», e que deveria ser apresentado na Repartição de Comércio. As regras a aplicar à convocação e funcionamento das assembleias de obrigacionistas seriam as previstas nos estatutos da sociedade emitente para as assembleias gerais dos sócios e, na sua falta ou insuficiência, aplicar-se-iam as disposições do Código Comercial (art. 17.º). Não obstante, o Regulamento referia que o quórum constitutivo exigido era de vinte obrigacionistas que representassem uma «soma não inferior a um quinto do capital obrigações em circulação» (art. 17.º, 2.ª parte). O número de representantes que os obrigacionistas podiam eleger para integrarem o órgão de gestão da sociedade apurar-se-ia tendo em conta a relação «capital obrigações» — «capital acções». Seriam, então, elegíveis um número de representantes proporcional à sua participação no total de capital da sociedade, resultante da soma daquelas duas parcelas (art. 19.º). Após a eleição deveria ser redigida a acta da reunião que teria de ser assinada pelo presidente da assembleia e pelos secretários. A tomada de posse dos representantes far-se-ia com a apresentação da acta na sede da sociedade no dia seguinte (art. 20.º). A partir desse momento «nenhum documento emanado da sociedade terá valor não sendo firmado por um dos representantes dos obrigacionistas, pelo menos» (art. 20.º, § 1.º). A assunção do cargo por parte dos representantes estava sujeita a caução, devendo estes, para o efeito, «depositar na caixa da sociedade o número de obrigações preciso para igualar em capital o das acções, exigido pelos estatutos como caução aos directores» (art. 20.º, § 2.º). A retribuição, que pelos estatutos pertencia aos directores eleitos pelos sócios, passaria a ser dividida proporcionalmente entre estes e aqueles (art. 21.º).

3. Os mencionados diplomas constituem um importante contributo para apurarmos o *sentido histórico* do problema das organizações de obri-

---

[23] Cf. art. 51.º da Lei das Sociedades por Quotas de 1901.

[24] O citado regulamento vem publicado na *Collecção Official de Legislação Portugueza, Anno de 1896*, Lisboa, Imprensa Nacional, 1897, pp. 913–916.

gacionistas. A este respeito são de considerar três notas importantes. Em primeiro lugar, e tendo em vista o procedimento deliberativo prescrito no Regulamento de 27 de Agosto de 1896, verifica-se a adopção de um duplo critério — cumulativo — para a convocação e constituição das assembleias de obrigacionistas. De facto, o legislador conjugou um critério numérico — número de credores obrigacionistas — com um critério quantitativo — montante das obrigações — para definir os requisitos de validade do requerimento convocatório e de constituição das assembleias[25]. Estes dois elementos convergem para uma mesma intencionalidade — a de *imprimir seriedade à utilização do instituto*. Dito de outro modo, num primeiro momento, o legislador condicionou a convocação da assembleia ao pedido de um número mínimo de obrigacionistas e cujo peso no total da dívida fosse relevante, garantindo com isso uma legitimidade e representatividade acrescidas. Num segundo momento, dada a importância da matéria objecto de decisão, não quis o legislador prescindir da mesma garantia de legitimidade, impondo que a deliberação só fosse aprovada em reunião onde estivessem presentes pelo menos vinte obrigacionistas, representando soma não inferior a um quinto do total de obrigações em circulação.

A segunda nota a que importa aludir prende-se com a possibilidade de *intervenção dos obrigacionistas na gestão da sociedade*. Verificando-se, por via do incumprimento por parte da sociedade das suas obrigações, o desvigorar da situação financeira da emitente, pretendeu o legislador acautelar os direitos daqueles que mais afectados seriam com tal enfraquecimento. Assim o previram a Lei de 27 de Julho de 1893 e consequente Decreto de 9 de Novembro de 1893, embora estes diplomas tivessem um campo de aplicação muito restrito, dado terem sido expressamente realizados com o intuito de assegurarem o reembolso dos créditos do estado português em relação à *Companhia Real dos Caminhos de Ferro Portuguezes*. Mas a mesma medida viria a ser consagrada com alcance mais amplo, através do Decreto de 12 de Julho de 1894, da Lei de 3 de Abril de 1896 e do Regulamento de 27 de Agosto de 1896. Este último diploma determina uma alteração dos membros do órgão de gestão da sociedade, fazendo eleger um comissário em representação do estado e representantes dos obrigacionistas, cuja escolha resultaria dum processo de eleição na própria assembleia, dado em regra ser muito elevado o número de obrigacionistas. O órgão de gestão seria, pois, composto por representantes de accionistas, um representante do estado e representantes de obrigacionistas.

---

[25] Cf. art. 14.º, § 1.º; e art.º 17.º, segunda parte.

Por último, saliente-se o facto de o âmbito de competência das assembleias de obrigacionistas ser *circunscrito a um único assunto*, não se prevendo, nem uma competência genérica, nem a possibilidade de se tomarem deliberações referentes à modificação das condições dos créditos, ao contrário do actualmente estabelecido no CSC[26].

Consideradas conjuntamente, estas duas notas finais revelam que a tutela conferida aos obrigacionistas era de uma outra índole. Em caso de dificuldades financeiras da sociedade emitente, não se exigia aos obrigacionistas a renúncia ainda que parcial ao seu crédito ou a modificação do conteúdo do mesmo, seja através da concessão de uma moratória, seja através da substituição de garantias, ou ainda através de quaisquer outras medidas que permitissem o melhor funcionamento da actividade da sociedade emitente. Tais medidas beneficiariam em primeira linha essa entidade. Ao invés, concede-se-lhes a possibilidade de intervirem na gestão da sociedade, alterando o curso dos negócios, imprimindo novos métodos de gestão, etc. Não se lhes coarcta o âmbito de autonomia privada, antes restringe-se a liberdade dos sócios e seus representantes na gestão social. A admissibilidade de uma assembleia de obrigacionistas visava, neste momento histórico, satisfazer unicamente o interesse destes, não se vislumbrando nenhum interesse da entidade emitente ou dos seus sócios.

Em resumo, pode dizer-se que a tutela dos interesses dos obrigacionistas era já uma preocupação do legislador no final do século XIX. A paridade dos direitos destes credores, a sua posição de fragilidade perante a entidade emitente e a relação de longo prazo que com ela mantêm por virtude da relação jurídica estabelecida, colocava-os, já nessa altura, numa posição dissemelhante da dos restantes credores, conferindo-lhes o carácter de grupo, de categoria de investidores que, no respeitante ao crédito constituído por virtude do empréstimo, se encontram na mesmíssima situação e, por isso, partilham de um idêntico interesse. Tal circunstância justificou o reconhecimento de um direito colectivo — o *direito de ingerência na gestão social*. E a constituição de assembleias de obrigacionistas justi-

---

[26] Claro que essas medidas poderiam ser adoptadas, nomeadamente, encontrando-se o credor em estado de falência. Simplesmente, não existia uma regulamentação que previsse a realização de assembleias de obrigacionistas com vista a consentir, por maioria, tais modificações. Recorde-se que embora a possibilidade dos obrigacionistas deliberarem em assembleia a conversão das obrigações tivesse sido visada na autorização ao Governo da Lei de 27 de Julho de 1893 ela não viria a ser adoptada no Decreto de 9 de Novembro do mesmo ano.

fica-se apenas enquanto meio imprescindível ao exercício de tal direito; enquanto instrumento de operacionalidade um direito colectivo[27].

A tutela conferida pelos diplomas supramencionados era, porém, considerada insuficiente, dada a circunstância de por vezes se verificarem abusos praticados pelas sociedades em desfavor dos obrigacionistas. Tal facto levou a que um ilustre jurista da época, Cunha Gonçalves, defendesse em 1914 a possibilidade de os obrigacionistas se constituírem em «corporação», considerando o Autor que «o processo mais prático de se garantir os direitos dos credores é o de se proibir em absoluto às sociedades anónimas toda e qualquer operação de que resulte aumento de encargos ou diminuição de garantias, tais como empréstimos, redução de capital, elevação de vencimentos, ampliação de quadros de pessoal, etc., sem o expresso consentimento dos obrigacionistas»[28]. Todavia, o Autor não reclama qualquer intervenção legislativa para isso, admitindo, ao invés, que tal possa estar previsto nos estatutos da entidade emitente, facilitando a colocação da emissão.

A evolução da legislação portuguesa sobre a matéria não se fez no sentido preconizado por Cunha Gonçalves. Na realidade, a regulamentação das organizações de obrigacionistas no CSC segue moldes bem diversos, já que prefere a redução da esfera de autonomia dos obrigacionistas à sua preponderância na gestão social. Esta circunstância representa uma viragem histórica assinalável, cujo alcance ainda está por definir. A acentuada imprecisão com que o legislador de 1986 circunscreveu o âmbito de competência das assembleias de obrigacionistas dificulta a tarefa do intérprete. Acresce que os trabalhos preparatórios do CSC em parte alguma se referem ao tema em apreço[29]. Também a doutrina anterior à entrada em vigor do CSC não tratou aprofundamente esta problemática.

---

[27] É precisamente esta ideia que se pode ler na exposição de motivos do Decreto de 12 de Julho de 1894: «Até á suspensão do pagamento dos respectivos juros, os obrigacionistas são apenas credores como outros quaesquer, desde que essa suspensão se dá, é de equidade que elles possam intervir na administração, não só para apurarem os motivos da falta aos compromissos com elles tomados, mas porque são os primeiros interessados em restabelecer o credito da sociedade e o seu regular funcionamento.»

[28] Cf. CUNHA GONÇALVES, Luiz da, *Comentário ao Código Comercial Português*, Vol. I, Empreza Editora J. B., Lisboa, 1914, p. 467.

[29] Cf. RAÚL VENTURA, «Projecto de Código das Sociedades», in *BMJ*, n.º 327, 1983, pp. 43-339.

É, pois, também por isso, relevante o conhecimento da evolução das legislações nas ordens jurídicas mais próximas. Está assim plenamente justificada a reflexão que se segue.

4. O problema na Alemanha

O estudo das assembleias de obrigacionistas sai particularmente enriquecido através do cotejo com as soluções vertidas no ordenamento jurídico alemão, dado revelarem estas, quanto a alguns aspectos, um prudente equilíbrio dos interesses envolvidos[30].

O exame da *Gesetz betreffend die gemeinsamen Rechte der Besitzer von Schuldverschreibungen*, de 4 de Dezembro de 1899[31], evidencia, desde logo, o agrupamento dos obrigacionistas numa *Glaubigerverband*

---

[30] Para uma ideia do problema no direito alemão, pode ler-se, além de outros, MERZBACHER, Sigmund, *Reichsgesetz betreffend die gemeinsamen Rechte der Besitzer von Schuldverschreibungen von 4. Dezember 1899*, C.H. Beck'sche Verlagsbuchhandlung, München, 1900; HEINEMANN, «Die gemeinsamen Rechte der Besitzer von Schuldverschreibungen», in *JW* 1933, pp. 84-86; BARELLA, *Die besonderen Schutzrechte der Obligationäre einer Aktiengesellschaft*, in *BB* 1952, pp. 764-765; HERBERT SCHÖNLE, *Bank- und Börsenrecht*, C. H. Beck'sche Verlagsbuchhandlung, München, 1971, pp. 214 e 215; HORN, Norbert, *Das Recht der internationalen Anleihen*, Athenäum Verlag, Frankfurt/Main, 1972; e THAN, Jürgen, *Anleihegläubigerversammlung bei DM-Auslandsanleihen?*, in *Festschrift für Helmut Coing, zum 70. Geburtstag*, Band II, C. H. Beck'sche Verlagsbuchhandlung, München, 1982, pp. 521-541.

[31] Esta lei, que entretanto foi objecto de algumas alterações, encontra-se ainda em vigor. Não obstante, a sua utilização tem sido diminuta. Isso mesmo comprova-o FLESSNER, Axel, *Sanierung und Reorganisation. Insolvenzverfahren für Grounternehmen in rechtsvergleichender und rechtspolitischer. Untersuchung*, J.C.B. Mohr (Paul Siebeck), Tübingen, 1982, p. 21. De acordo com o testemunho deste Autor a aplicação da SchVG foi fortemente afectada com a depressão de 1901 a 1903 e posteriormente com a crise económica mundial de 1930. Desde então, a discussão sobre a SchVG quase desapareceu. O último comentário à lei data de 1933 — o afamado ANSMANN, *Kommentar zum Schuldverschreinbungsgesetz*, München, 1933 —. Os comentários ao BGB, bem como os de direito comercial e de direito falencial, por regra, fazem uma simples alusão à existência da SchVG, sem qualquer desenvolvimento ou explanação do seu conteúdo.

Esta informação do Autor tive ocasião de a confirmar *in loco*. As obras gerais de renome são parcas em referências à SchVG, nem esta costuma estar incluída nas colectâneas de legislação — única excepção que pude encontrar: SIEGFRIED KÜMPEL/ /CLAUS OTT, *Kapitalmarktrecht. Ergänzbares Rechtshandbuch für die Praxis*, Band 1, Erich Schmidt Verlag, 1995, p. 118. Os interlocutores com quem casualmente pude dialogar desconheciam a existência deste diploma.

dotada de uma organização formal composta por um órgão colegial de que fazem parte todos os obrigacionistas e por um órgão individual com funções essencialmente representativas, e cuja natureza jurídica prefigura uma *Interessengemeinschaft*, como sustenta Hüffer[32].

Para que este ente se constitua, impõe a lei um duplo condicionamento, a saber: que o valor nominal do empréstimo seja igual ou superior a DM 300.000; e que o número mínimo de títulos emitidos seja de 300[33]. Acresce que, ocorrendo na pendência do empréstimo a diminuição do valor nominal para DM 100.000 ou do número de títulos para 100 cessam os poderes do representante e a assembleia deixará de poder funcionar nos termos previstos nesta lei[34]. Por esta via, pretendeu o legislador reservar este meio de *kollektiven Ausübung der Gläubigerrechte* para as emissões de maior dimensão, onde a sua utilidade mais facilmente se consegue lobrigar.

Por seu turno, a barreira criada pelo condicionalismo constitutivo desta *Interessengemeinschaft* é suplementada pelo facto de o legislador não ter imposto a reunião obrigatória logo após a emissão do empréstimo. Antes se nota que a assembleia não deve ser convocada enquanto não existir causa justificativa que assim o imponha. A colectividade de obrigacionistas encontrar-se-ia em estado latente, asserção que parafrasticamente diz a mesma coisa que aquela de Escarra, que aqui me permito evocar: «Autrement dit, il n'y a pas ici création d'une société d'obligataires au moment de l'émission. Il y a seulement constitution virtuelle d'assemblées»[35-36].

Quem entretanto se vote à perquirição das restantes normas topa com uma acentuada preocupação do legislador pela intangibilidade do conteúdo dos direitos dos obrigacionistas. Para abonar esta asserção invoco quatro ordens de razões: antes de mais, a lei proscreve a possibilidade de uma deliberação da assembleia operar a redução do valor nominal das

---

[32] Cf. HÜFFER, Uwe, *Münchener Kommentar zum Bürgerlichen Gesetzbuch*, Band 5, Schuldrecht, Besonderer Teil III, §§ 780-811, 3.ª ed., C. H. Beck's Verlagsbuchhandlung, München, 1997, p. 1122.

[33] Cf. § 1.

[34] Cf. § 2.

[35] Cf. ESCARRA, *ob. cit.*, p. 199.

[36] HUREAU, se aqui surgisse, remataria isto com uma expressão já conhecida: «Si, en biologie, il est exact de dire que la fonction crée l'organe, de même en droit les institutions juridiques se façonnent pour répondre aux besoins de la pratique» (cf. *Les pouvoirs des assemblées d' obligataires*, Librairie Arthur Rousseau, Paris, 1948, p. 14).

obrigações a valor inferior à pretensão de capital — *Kapitalansprüche* — [37]; segue-se que só dentro de apertadas premissas é permitido à maioria renunciar ou restringir o conteúdo dos direitos dos obrigacionistas, quais sejam evitar a suspensão de pagamentos ou a declaração de falência por parte da entidade emitente[38]; em terceiro lugar, trago à colação o alargado consenso que é necessário para que tais deliberações sejam aprovadas[39]; enquanto uma última justificação assenta na proibição de a assembleia onerar os obrigacionistas com acrescidos deveres[40].

Outro ponto fulcral prende-se com o critério seguido para a distribuição dos encargos com o funcionamento da assembleia. Neste particular, ressumbra da análise do diploma em exame que a posição de princípio é a de os colocar a cargo da entidade emitente. Nesse sentido aponta claramente o prescrito nos §§ 3, 3.ª alínea e 12, 2.ª alínea, nos termos dos quais os custos com a convocação e realização da assembleia e com a publicação das deliberações devem ser suportados pelo devedor. Tal princípio é, todavia, excepcionado quando, em virtude de recusa da entidade emitente em realizar a convocação, os obrigacionistas ou o seu representante solicitam ao tribunal autorização para a efectuarem eles próprios. Nesta hipótese, caberá ao juiz aquilatar do mérito da demanda e em função disso decidir quem suportará as despesas referenciadas.

Num outro plano, importa aludir que os obrigacionistas podem eleger um ou mais representantes, cujas competências definirão na própria assembleia electiva, visto a lei não regular expressamente, e de modo completo, o seu âmbito de representação[41]. Diversamente do previsto na legislação portuguesa, a SchVG não concebe o representante dos obrigacionistas como um ente dotado de uma competência genérica e encarrega-

---

[37] Cf. 3.ª al. do § 12.
[38] Cf. 1.ª al. do § 11.
[39] Demonstra-o o apertado quórum previsto na 2.ª al. do § 11, segundo a qual se exige os votos favoráveis de 75% dos votos emitidos, percentagem essa que deve corresponder pelo menos a metade do montante nominal das obrigações em circulação. No entanto, se este último valor for inferior a 12.000.000 DM, a proposta só será aprovada se os votos emitidos favoravelmente equivalerem a 75% desta parcela de 12.000.000 DM. Se, porventura, o montante total de obrigações em circulação for superior a 12.000.000 DM, mas inferior a 16.000.000 DM, então serão necessários votos favoráveis que representem 8.000.000 DM.
[40] Cf. § 1, al. 3.ª.
[41] Cf. EHMER, Benno, *Die Gläubigervertreter*, Königsberger Allgemeine Zeitungs- und Verlagsdruckerei G.m.b.H., [1910?], p. 30.

do de tutelar os seus interesses comuns[42]. Pelo contrário. A sua esfera de actuação mede-se pelos poderes concretamente definidos pela assembleia, que lhe podem confiar inclusivamente o exercício colectivo dos direitos atribuídos pelas obrigações. Nestes caso, ele poderá negociar com a entidade emitente a alteração das condições do empréstimo e intentar os processos judiciais que entender necessários para a defesa desses direitos. Sem embargo, os obrigacionistas mantêm o pleno exercício dos seus direitos, pelo que a actuação colectiva do representante não obsta à intervenção individual. Tal só sucederá se os obrigacionistas deliberarem, em condições especiais de quórum, renunciar ao seu exercício, atribuindo o monopólio da defesa dos mesmos ao representante[43]. Além disso, importa ainda aludir que o representante só pode renunciar aos direitos dos obrigacionistas se para tanto estiver especialmente autorizado pela assembleia e nos precisos termos aí previstos[44].

Existe, porém, um conjunto de competências que a lei atribui ao representante quando a entidade emitente for uma pessoa colectiva. Trata-se do direito a estar presente e participar nas assembleias dessa entidade e de receber a documentação relativa às suas deliberações e à sua situação financeira e patrimonial[45]. Elementos estes que denotam duas marcas caracterizadoras: a de que a intervenção dos obrigacionistas na gestão social se reduz àquele mínimo indispensável ao acompanhamento dos negócios da sociedade; e a de que a separação entre direitos de credores obrigacionistas e direitos de sócios sempre manteve no sistema jurídico alemão a pureza inicial, não se vislumbrando qualquer confusão entre *Mitgliedschaftsrechte* e *Gläubigerrechte*.

5. O problema em França

1. O forte incremento do recurso aos empréstimos obrigacionistas em França, verificado a partir da segunda metade do século XIX, trouxe à ordem do dia a questão das organizações de obrigacionistas[46]. As soluções

---

[42] Adiante veremos que a atribuição de uma competência genérica ao representante comum dos obrigacionistas é outrossim característica de várias ordens jurídicas da Europa ocidental.

[43] Cf. § 14, 2.ª al.

[44] Cf. § 14, 3.ª al.

[45] Cf. § 15.

[46] Mais precisamente, é a partir do ano de 1865 que se intensifica o recurso a este tipo de financiamento por parte das sociedades francesas (cf. DULONG, Louis, *Les groupe-*

que o ordenamento jurídico proporcionava mostravam-se insuficientes e inadequadas em face da especificidade dos problemas suscitados por este novo tipo contratual[47]. A circunstância de este contrato implicar por regra um número elevado de sujeitos e o facto de o programa prestacional nele previsto projectar-se duradouramente no tempo geraram a necessidade de agrupamento dos credores obrigacionistas com vista à criação de um único interlocutor que se relacionasse com a entidade emitente quando estivesse em causa a constituição de garantias ou a intervenção em processos judiciais, bem assim como à admissibilidade do princípio maioritário no tocante à alteração dos termos do contrato quando as novas circunstâncias reclamassem a sua modificação.

Por essa razão, nos finais do século XIX e início do século XX, assistiu-se ao aparecimento de organizações de obrigacionistas de natureza convencional. Porém, cedo se começaram a verificar frequentes abusos por parte da entidade emitente, nomeadamente através da «imposição» de acordos modificativos das condições inicialmente estabelecidas, cuja aprovação pela assembleia beneficiava do elevado absentismo que caracterizava este tipo de reuniões[48]. Tornou-se, pois, imperiosa a superação deste estado de *não-direito* e a constituição legal de uma nova ordem de validade que disciplinasse este domínio. Um primeiro esforço foi feito em 1875, através da criação de uma comissão cuja finalidade era suprir as lacunas da Lei de 24 de Julho de 1867 que regulava as sociedades por acções[49]. O resultado, todavia, viria a ser infrutífero. Poucos anos mais tarde, em 1884, foi elaborado um novo projecto de Código de Sociedades que consagrava todo um capítulo à matéria dos empréstimos obrigacionistas. Este projecto foi aprovado pelo *Senado* em 29 de Novembro de 1884; contudo nunca viria a ser discutido pela *Câmara de Deputados*[50]. É

---

ments de porteurs d'obligations de sociétés françaises. Etude spéciale du Décret-loi du 30 Octobre 1935, Librairie Technique et Économique, Paris, 1937, pp. 3 e 4). Esta tendência viria a acentuar-se nos anos seguintes, de tal modo que no período que antecedeu a entrada em vigor do DL de 30 de Outubro de 1935 o valor das emissões de obrigações viria mesmo a superar o das emissões de acções, como o atestam os dados apresentados por DUBUIS, Aimé, *Des moyens donnés aux obligataires pour assurer leur protection contre les actes des sociétés anonymes,* Les Editions Domat-Montchrestien, Paris, 1934, pp. 5 e 6.

[47] Para um quadro sinóptico dos meios legais e contratuais de defesa dos obrigacionistas à época, consulte-se DUBUIS, *ibid.*, títulos II e III.

[48] Cf. DUBUIS, *ibid.*, pp. 7-11; e HUREAU, Georges, *ob. cit.*, 1948, pp. 10, 33 e 130.

[49] Cf. BRANDEIS, *ibid.*, p. 9.

[50] Cf. Id., *ibid.*, pp. 9 e 10; ESCARRA, *ob. cit.*, pp. 8 e 9; e CORDONNIER, P., *Le nou-*

em 1893 que surge o primeiro diploma a disciplinar o conjunto de obrigacionistas — Lei de 1 de Julho de 1893. Esta lei tinha, no entanto, um campo de aplicação muito restrito, pois instituía somente uma representação judiciária conjunta dos obrigacionistas da *Companhia do Canal do Panamá*, que se encontrava em liquidação[51].

Os anos seguintes são particularmente férteis em discussões sobre o tema, enriquecidas por uma série de projectos legislativos que se sucederam no *Senado* e *Câmara de Deputados*, mas que não passaram à prática. Em 1919, surgiria um novo diploma a perspectivar os obrigacionistas como uma grupo organizado. Refiro-me à Lei de 2 de Julho de 1919[52], cujo aparecimento foi motivado pela crise resultante da Primeira Guerra Mundial e que estabelecia um regime especial no processo de falência. Em derrogação ao princípio de unidade da massa de credores, a Lei de 2 de Julho de 1919 previa a divisão dos credores em dois grupos: credores obrigacionistas e não obrigacionistas. Cada um dos grupos reunia separadamente para apreciar e votar os propostas que posteriormente eram submetidas ao tribunal de comércio para homologação. Além disso, a Lei em questão admitia condições diferentes para cada grupo, o que constituía importante derrogação ao princípio *par condicio creditorum*[53].

Não obstante tão longo período de «gestação»[54], teríamos de esperar até 1935 para assistir ao surgimento de uma regulamentação completa sobre as organizações de obrigacionistas, o que veio a acontecer com o DL de 30 de Outubro de 1935. Curiosamente, a publicação deste diploma não foi precedida da divulgação dos trabalhos preparatórios, sendo acompanhada simplesmente de uma declaração lacónica do Presidente da República. A não referência à riquíssima experiência histórico-doutrinal de quase meio século, aliada às «lacunas» e «obscuridades»[55] do diploma de 1935, formam esta *terrível* circunstância histórica que desperdiça um fundo referencial de inegável importância para a compreensão do sentido e limites dos regimes atinentes às organizações de obrigacionistas que lhe seguiram.

---

veau régime des obligataires (ou porteurs de titres d'emprut), Librairie du Recueil Sirey, Paris, 1936, p. 34.

[51] Cf. BRANDEIS, *ibid.*, p. 10; ESCARRA, *ibid.*, pp. 9 e 10; e HUREAU, *ob. cit.*, p. 87.

[52] *Loi du 2 juillet 1919, sur le règlement transactionnel*, que viria a entrar em vigor apenas no dia 10 de Janeiro de 1923.

[53] Sobre a Lei de 2 de Julho de 1919, bem como as restantes iniciativas, consulte-se HUREAU, *ibid.*, pp. 87–103.

[54] Id., *ibid.*, p. 116.

[55] Id., *ibid.*, p. 115.

2. O regime instituído pelo DL de 30 de Outubro de 1935 não apresenta divergências de fundo em relação ao previsto na L1966[56], actualmente em vigor. Tal justifica que a ambos faça as referências que se seguem[57-58].

A nota caracterizante do regime das organizações de obrigacionistas em França consiste no predomínio do tratamento colectivo das posições individuais, posições essas que são configuradas como interesses *transindividuais*[59], assumindo, por via disso, a consideração unitária do grupo aspectos muito próprios.

O ponto de partida ou de base com que busco justificar a asserção anterior é, desde logo, a atribuição da personalidade jurídica ao conjunto de obrigacionistas de uma mesma emissão, como decorre do reconhecimento — normativo, condicionado e explícito — do art. 293 L1966[60-61]. A constituição deste ente não é efeito do contrato de subscrição dos valores obrigacionais, mas sim de uma outra convenção na qual os subscritores daqueles valores manifestam a sua intenção de aderir à *masse des obligataires*[62]. Para a sua actuação na vida jurídica, a lei dotou-a de uma organização formal cujo aparelho orgânico é constituído por um órgão colegial — assembleia geral — e um ou mais órgãos singulares — representantes —.

A elevação do conjunto de obrigacionistas a centro autónomo de imputação de interesses permite compreender melhor a preponderância da actuação colectiva em detrimento dos direitos individuais. Testemunho desse predomínio é, antes de mais, a ilegitimidade dos obrigacionistas em

---

[56] Lei n.º 66-537, de 24 de Julho de 1966.

[57] As disposições citadas de seguida referem-se a este último diploma. Em nota indicarei as disposições equivalentes do DL de 30 de Outubro de 1935.

[58] Para uma panorâmica do regime francês, veja-se, entre outros, CHARTIER, Yves, *Droit des affaires*, 2, *Sociétés commerciales*, 1.ª ed., Presses Universitaires de France, 1985, pp. 398-400; JUGLART, Michel de/IPPOLITO, Benjamin, *Cours de droit commercial. Les sociétés commerciales*, Vol. II, 9.ª ed., Éditions Montchrestien, Paris, 1992, pp. 479-489; MERLE, Philippe, *Droit commercial. Sociétés commerciales*, 6.ª ed., Dalloz, Paris, 1998, pp. 361-366; e RIPERT, Georges/ROBLOT, René, *Traité de Droit Commercial*, 17.ª ed., Librairie Générale de Droit et de Jurisprudence, Paris, 1998, pp. 1340-1349.

[59] CARVALHO FERNANDES, *ob. cit.*, p. 419.

[60] Corresponde ao art. 10 do diploma de 1935.

[61] Sobre as modalidades de reconhecimento, veja-se, entre outros, MANUEL DE ANDRADE, *Teoria Geral da Relação Jurídica*, Vol. I, *Sujeitos e Objecto*, Livraria Almedina, Coimbra, 1987 [reimpressão], pp. 63-65; e CARVALHO FERNANDES, *ibid.*, pp. 435-438.

[62] Cf. RIPERT/ROBLOT, *ob. cit.*, pp. 1340 e 1341.

acções em que esteja em causa a defesa dos interesses comuns do grupo[63]. Em tais casos, o representante detém o «monopólio» dos direitos de demandar e contradizer em juízo[64]. É, igualmente, ao grupo que a lei confere um amplo poder de intervenção na vida da sociedade. Sempre que a entidade emitente pretenda alterar o objecto ou o tipo social, reorganizar-se mediante operações de fusão ou cisão e financiar-se através da emissão de empréstimos obrigacionistas que confiram um tratamento preferencial[65] em relação ao anteriormente emitido, deverá consultar os obrigacionistas sobre tais assuntos. A deliberação que não aprove a operação societária não obstaculiza a sua concretização, mas confere o direito ao reembolso antecipado aos obrigacionistas que o requeiram (arts. 321 e 321-1 da L1966 e art. 234 do Décret 1967[66].

Este amplo poder de influência dos obrigacionistas na vida societária — e esta é já outra nota particularizante do sistema francês — desloca-os de uma situação de oposição em relação aos sócios, para uma outra muito mais próxima, em que as diferenças são sobremaneira mais ténues, visto que ambos podem pronunciar-se sobre alterações fundamentais que imprimam um novo rumo à sociedade[67].

Em jeito de síntese, pode dizer-se que no sistema francês os obrigacionistas beneficiam de especial tutela e estão particularmente protegidos quanto a actos da entidade emitente que de alguma forma possam pôr em risco os seus direitos. Todavia, o seu poder de condicionamento da actividade da emitente origina a necessidade de acautelar esta contra os inconvenientes de uma relação individual com cada um dos titulares de obrigações. Tanto é dizer que essa protecção não pode ser reconhecida

---

[63] Cf. art. 301, o qual equivale ao art. 30 do DL de 30 de Outubro de 1935.

[64] Cf. HUREAU, ob. cit., pp. 143–145; e RIPERT/ROBLOT, ibid., p. 1344.

[65] O art. 313, 4, utiliza a expressão «droit de préférence», querendo com isso referir-se ao sentido jurídico do termo e não ao seu sentido financeiro. Por conseguinte, não serão abrangidos pela fórmula legal empréstimos com taxa de juro mais alta ou com prémios de emissão ou subscrição, mas apenas aqueles que confiram ao credor um direito preferencial quanto ao pagamento das quantias devidas, como, por exemplo, os empréstimos com garantia hipotecária (cf. RIPERT/ROBLOT, ibid., p 1348). Numa fórmula feliz, HUREAU, ob. cit., pp. 183 e 184, criteriou essas condições preferenciais como sendo as que *comprometam* os direitos dos primeiros obrigacionistas.

[66] Correspondem ao art. 21, 1, do DL de 1935.

[67] Este fenómeno de aproximação entre as posições de sócio e de obrigacionista, do qual o aspecto referido no texto é apenas uma manifestação, é evidenciado pela generalidade da doutrina francesa. A este propósito, leia-se, entre outros, JUGLART/IPPOLITO, ob. cit., pp. 468-470; RIPERT/ROBLOT, ibid., p. 1348; e YVES GUYON, ob. cit., p. 784.

individualmente, antes cai no domínio do grupo, elevado a centro autónomo de relações jurídicas.

Nada, pois, de admirar se afirmar que a acrescida tutela conferida aos obrigacionistas seja talvez a razão pela qual o legislador optou por os agrupar sob a égide de um ente dotado de personalidade jurídica, visando com isso que aquela fosse obtida sem excessivo custo para a emitente.

6. O problema em Itália

1. A consagração legal da colectividade dos obrigacionistas ocorre pela primeira vez em Itália com a *Legge sul Concordato Preventivo e sulla Procedura dei Piccoli Fallimenti*, de 24 de Maio de 1903. Esta lei opera uma divisão entre obrigacionistas e restantes credores, determinando que os dois grupos reunissem separadamente para apreciarem as propostas de *concordato*, e que a sua aprovação carecia dos votos favoráveis de ambas as assembleias[68]. Além deste aspecto formal, a lei conferia um tratamento dissímil entre obrigacionistas e restantes credores que se manifesta, antes de mais, na possibilidade de o *concordato* poder conter «condições especiais» para as obrigações[69], o que reveste sumo interesse, pois constitui um claro desvio ao princípio de igualdade de tratamento entre credores[70-71].

De notar igualmente que este diploma reconhece aos obrigacionistas a faculdade de se organizarem colectivamente para a tutela dos seus inte-

---

[68] Cf. arts. 4; 26 e 29.

[69] Cf. art. 27.

[70] Cf. BOLAFFIO, Leone, *La legge sul concordato preventivo e sulla procedura dei piccoli fallimenti*, Ed. D. Tedeschi & Figlio, Verona, 1903, p. 22.

[71] O alcance desta diferença de tratamento foi objecto de viva discussão na reunião de 5 de Julho de 1895 da Comissão que analisou o projecto de lei. De acordo com a redacção do projecto o *concordato* deveria ser idêntico para todos os credores, «excepto no que diz respeito ao prazo de pagamento que pode ser mais longo para os titulares de obrigações» (art. 29). Porém, na Comissão — da qual faziam parte, entre outros, VIVANTE e BOLAFFIO — viria a vingar a tese que sustentava uma maior liberdade na elaboração dos acordos com os obrigacionistas, permitindo-se que, além do prazo, outras condições, como as garantias e a taxa de juro aplicável, fossem diferentes. O argumento determinante foi o de que sendo o prazo das obrigações normalmente muito longo, tal facto bastava por si mesmo para criar condições diferentes entre obrigacionistas e restantes credores, dado ser também maior o período de percepção de juros. Assim sendo, e tendo em conta a «natureza peculiar das obrigações», a Comissão aceitou conceder uma maior liberdade aos credores para decidirem como melhor entenderem (cf. Id., *ibid.*, pp. 167–170).

resses comuns. Para tanto podiam nomear quem os representasse na decisão de homologação do *concordato* e eleger um domicílio comum para o qual seriam feitas todas as comunicações[72]. Tal prerrogativa é testemunho de uma preocupação em assegurar meios adequados de defesa dos obrigacionistas e de uma clara intenção de tratamento colectivo dos seus interesses. E constitui, nas palavras do Autor do projecto, «a primeira tentativa de formação daquele direito colectivo dos obrigacionistas que a doutrina mais atenta tem vindo a preparar»[73-74].

2. Esta *felice intuizone*[75] da Lei de 24 de Maio de 1903 viria a concretizar-se com a entrada em vigor do Código Civil italiano de 1942[76]. Os obrigacionistas passaram a constituir um grupo organizado, cuja disciplina é imperativamente fixada na lei e cujo aparelho orgânico é composto por uma assembleia de obrigacionistas e um ou mais representantes comuns, eleitos, em princípio, de triénio em triénio[77]. É de realçar a enorme seme-

---

[72] Cf. art. 30.

[73] Cf. Id., *ibid.*, p. 176.

[74] Para uma apreciação resumida deste diploma, consulte-se, entre outros, ESCARRA, *ob. cit.*, pp. 175-177; MARTINO, Carlo «Il voto degli obbligazionisti nel concordato fallimentare e preventivo e nell'amministrazione controllata», in *Temi*, 1952, pp. 297-308, *passim*; FERRARA, Francesco, «La posizione degli obbligazionisti nel concordato della società emittente», in *Dir. fall.*, 1960, I, pp. 19-37, *passim* (este estudo também se encontra publicado na obra *Studi in memoria di Lorenzo Mossa*, Vol. II, Cedam, Padova, 1961, pp. 115-131); SACCHI, Roberto, *Gli obbligazionisti nel concordato della società*, Dott. A. Giuffrè Editore, Milano, 1981, *passim*; e ainda, sobre alguns aspectos, FERRI, Giuseppe, «I portatori di obbligazioni ipotecarie nel concordato preventivo», in *Riv. dir. comm.*, 1933, II, pp. 600-617, *passim*.

[75] A expressão vem referida na *Relazione al Codice Civile* (cf. BLANDINI, Antonio, «Profili cartolari dei titoli obbligazionari emessi da banche», in *BBTC*, 1996, I, p. 864).

[76] *Regio decreto* de 16 de Março de 1942, n.º 262, que iniciou a sua vigência no dia 21 de Abril do mesmo ano.

Para uma exposição sinóptica do regime italiano, consulte-se, por exemplo, CLARIZIA, Renato, *Le obbligazioni nella società per azioni*, in *Trattato di diritto privato* (Pietro Rescigno), 16, *Impresa e lavoro*, Tomo II, Utet, Torino, 1985, pp. 637-644; FERRI, *Le società*, cit., pp. 500–512; G. F. CAMPOBASSO, *Le obbligazioni*, cit., pp. 487–521; DI SABATO, Franco, *Manuale delle societá*, 6.ª ed., Utet, Torino, 1999, pp. 235–237; FERRARA, Francesco jr./CORSI, Francesco, *Gli imprenditori e le società*, 11.ª ed., Dott. A. Giuffrè Editore, Milano, 1999, pp. 656–661; e GALGANO, Francesco, *Diritto civile e commerciale*, Vol. III, *(L'impresa e le società)*, tomo II *(Le società di capitali e le cooperative)*, 3.ª ed., Cedam, Padova, 1999, pp. 398–400.

[77] Cf. arts. 2415 e 2417.

lhança que, numa apreciação geral, a disciplina das organizações de obrigacionistas prevista nos artigos 2415 a 2419 do CCIt apresenta com o mesmo regime previsto no CSC. Sem entrar em destrinça minuciosa, atente-se, a título de exemplo, que, aí como cá, o grupo de obrigacionistas é destituído de personalidade jurídica. Acresce que a competência das assembleias de obrigacionistas é genérica, podendo os obrigacionistas deliberar sobre «todos os assuntos de interesse comum», além de outras matérias especificamente fixadas na lei, como sejam: nomeação e destituição do representante comum dos obrigacionistas; modificação das condições do empréstimo; propostas de recuperação de empresa; constituição de um fundo para as despesas necessárias à tutela dos interesses comuns e sobre a prestação das respectivas contas; e aprovação da fusão ou cisão da entidade emitente. Sobreponha-se, por último, que em ambos os regimes é reconhecida uma íntima conexão entre entidade emitente e organizações de obrigacionistas, como o demonstram os factos de a sociedade emitente ter legitimidade para requerer ao tribunal que nomeie o representante comum, poderem estar presentes na assembleia os membros dos órgãos de administração e fiscalização desta e terem os obrigacionistas o direito de assistirem às assembleias gerais da sociedade[78].

De referir, finalmente, que o funcionamento das assembleias de obrigacionistas é regulado, na lei italiana, por remissão às normas sobre a assembleia extraordinária da sociedade. Contudo, as deliberações sobre modificação das condições dos créditos devem ser aprovadas, mesmo em segunda convocação, por obrigacionistas que representem metade das obrigações emitidas e ainda não extintas.

3. Contemporaneamente ao Código Civil de 1942, entrou em vigor um novo diploma — *Regio decreto* de 16 de Março de 1942, n.º 267 — que veio regulamentar as *procedure concorsuali*[79]. O tratamento diferen-

---

[78] Daí admitir que a principal fonte do regime adoptado em Portugal terá sido a disciplina italiana das organizações de obrigacionistas. A enorme semelhança entre as duas regulamentações, quer quanto ao conteúdo, quer quanto à sequência das normas, indiciam nesse sentido. Em sentido contrário, reconhecendo como fonte inspiradora a lei francesa L1966, veja-se LUÍS DA GAMA LOBO XAVIER, «Empréstimo Obrigacionista — Direitos Individuais dos Obrigacionistas. Título Para o Exercício Desses Direitos», in *RDES*, ano XXXVIII, 1996, p. 378.

[79] Este diploma, que iniciou a sua vigência em 21 de Abril de 1942, prevê quatro *procedure concorsuali*: *fallimento*; *concordato preventivo*, *amministrazione controllata*, e *liquidazione coatta amministrativa*. Posteriormente, foi introduzida uma nova medida,

ciado e colectivo de que os obrigacionistas beneficiavam na Lei de 24 de Maio de 1903 praticamente desapareceu. Na verdade, no novo regime, a aprovação das *procedure* faz-se numa só reunião que engloba todos os credores. Sucede apenas que os obrigacionistas podem reunir previamente em assembleia própria para apreciarem a situação da sociedade e definirem o sentido de voto quanto às propostas apresentadas. Posteriormente, caberá ao representante comum executar a deliberação da assembleia de obrigacionistas e representá-los na reunião de credores. A sua manifestação de vontade perdeu eficácia externa, no sentido de que, sendo afirmativa, significava a aceitação da proposta do devedor, e passou a ser um mero acto interno do grupo que carece de ser executado pelo representante comum. No sistema estatuído na Lei de 24 de Maio de 1903, a reunião dos obrigacionistas era «análoga» e «paralela» à dos restantes credores; actualmente é anterior àquela[80].

Por outro lado, no novo regime a proposta tem de ser idêntica para todos, deixando de existir a possibilidade de «condições especiais» para os credores obrigacionistas[81]. O legislador repôs o princípio *par condicio creditorum*[82], reconhecendo implicitamente a inexistência de diferenças relevantes entre obrigacionistas e credores comuns.

---

a *amministrazione straordinaria delle grandi imprese in crisi*, pelo DL de 30 de Maio de 1979, n.º 26. Sobre todas estas medidas, consulte-se FERRI, *Manuale di diritto commerciale*, a cura di Angelici e G.B. Ferri, 10.ª ed., Utet, Torino, 1996 [reimpressão 1999], pp. 553-648; e G. F. CAMPOBASSO, *Diritto Commerciale, 3, Contratti. Titoli di credito. Procedure concorsuali*, 2.ª ed., Utet, Torino, 1999, pp. 313-411.

[80] São diferenças assinaladas por F. FERRARA, *loc. cit.*, pp. 22 e 23.

[81] Cf. F. FERRARA, *ibid.*, pp. 21 e 22; e MARTINO, *loc. cit.*, p. 300.

[82] Não se infira do exposto que o *concordato* deva prever as mesmas condições para todos os credores, pois nada parece opor-se a que a assembleia de credores possa aceitar condições menos vantajosas para alguns deles, desde que os visados tenham anuído o prejuízo.

Diferentemente pensa R. SACCHI, *Gli obbligazionisti nel concordato della società*, cit., pp. 4-20, que alvitra a hipótese de nem sequer ser necessário o consentimento do lesado, já que, no seu modo de ver, a lei que regula os *concordato preventivo e fallimentare* não contém uma norma expressa nem sequer implícita que imponha igual tratamento entre os credores. Opinião singular esta, pois como o próprio R. SACCHI reconhece a generalidade da doutrina italiana recusa o alvitre (veja-se, nomeadamente, os Autores citados nas notas 27, 28, 29 e 30 da obra em causa).

7. O problema em Espanha

1. O surgimento das assembleias de obrigacionistas em Espanha está intimamente ligado à história da construção das linhas de ferro durante o século XIX e início do século XX[83]. Para obterem os fundos necessários ao desenvolvimento da sua actividade, as empresas construtoras de caminhos-de-ferro recorriam a subsídios estatais e a capital próprio. Sucede, porém, que essas fontes de financiamento nem sempre se revelaram suficientes, razão pela qual elas optaram por recorrer ao crédito mediante a emissão de obrigações, um meio já utilizado pelas entidades públicas.

O recurso a tal expediente foi facilitado por uma série de intervenções legislativas que criaram um quadro legal adequado à sua utilização[84]. Em virtude disso, as empresas passaram a financiar-se sobretudo através de empréstimos obrigacionistas, em alguns casos excedendo as próprias necessidades de financiamento para a realização das obras que se propunham fazer. Por esta razão, e pelo facto de a partir de 1864 o volume de obras ter começado a abrandar, algumas empresas passaram a sentir dificuldades no pagamento dos juros e reembolso do capital dos títulos obrigacionais, entrando desta forma numa grave crise económica. Dois factores contribuíram então para que o Estado fosse chamado a intervir no sentido de evitar a falência dessas empresas: de um lado, a circunstância de o próprio Estado ter contribuído significativamente para a construção dos caminhos-de-ferro mediante a atribuição de subsídios; de outro, o interesse em se concluir as obras em curso, cuja importância para o desenvolvimento económico era assinalável[85].

---

[83] A descrição da evolução histórico-legislativa espanhola segue de perto as considerações feitas por ALONSO ESPINOSA, *Asociacion y derechos de los obligacionistas*, Libreria Bosch, Barcelona, 1988, pp. 13-37. Também ESCARRA, *ob. cit.*, pp. 177–180, proporciona, em excelente perquirição histórica, uma perspectiva sobre esta evolução no período de 1869 a 1915.

[84] Cf. ALONSO ESPINOSA, *ibid.*, pp. 14 ss.

[85] ALONSO ESPINOSA, *ibid.*, pp. 17, 20 e 21, refere ainda como terceiro factor, embora de menor relevo, o interesse das *sociedades de crédito*. O facto de estas sociedades terem adquirido uma assinalável quantia de títulos de dívida pública e simultaneamente participações no capital social das empresas destinadas à construção de caminhos-de--ferro criou uma interdependência de interesses que condicionava a actuação do Estado, levando-o a adoptar medidas que pudessem beneficiar as referidas empresas e, consequentemente, as *sociedades de crédito*. Como se verá já de seguida no texto, esse benefício tinha como contrapartida o prejuízo para os credores, particularmente os obrigacionistas.

Tal intervenção traduziu-se na elaboração de um conjunto de leis cujo traço comum era dificultar a falência das referidas empresas, mediante a autorização de acordos com os credores, visando a alteração das condições do empréstimo. O primeiro desses diplomas foi a Lei de 12 de Novembro de 1869, sendo também o primeiro a fazer referência à associação dos obrigacionistas. Seguiram-se posteriormente a Lei de 19 de Setembro de 1896, a Lei de 9 de Abril de 1904, a Lei de 2 de Fevereiro de 1915, o Decreto de 5 de Novembro de 1934, a Lei de 5 de Dezembro de 1941 e a Lei de 21 de Abril de 1949. Todos estes diplomas tinham como objectivo «facilitar» acordos com os credores tendentes a permitir o saneamento financeiro das empresas em situação crítica[86]. Para tanto, introduziram medidas como o aumento do elenco de bens considerados *inembargables*, a atribuição de natureza *paraconcursal* aos acordos permitindo a sua adopção independentemente da *declaración de quiebra* e flexibilizaram-se as regras atinentes à formação da assembleia, entre outras[87].

Daí que se possa concluir que as primeiras leis que em Espanha regularam o funcionamento das assembleias de obrigacionistas não visavam proteger os interesses destes, mas sim os da entidade emitente, cuja satisfação era obtida à custa dos primeiros. Ou melhor, parafraseando Alonso Espinosa, numa conclusão à laia de epifonema: «puede afirmarse que la historia de las agrupaciones y organizaciones — en sentido amplio — de obligacionistas por obra de la ley en forma ocasional, ha sido la historia de una ruina»[88].

A evolução agora sumariamente descrita constitui apenas um prisma para a compreensão da génese dos agrupamentos de obrigacionistas em Espanha. Outro teremos de procurar nos fenómenos de associação voluntária que precederam a consagração legislativa dum *sindicato de obligacionistas* pela *Ley de Sociedades Anonimas* de 1951. Tais fenómenos surgiram, ora por iniciativa da entidade emitente, ora por iniciativa dos próprios obrigacionistas, e visavam, sobretudo, permitir a constituição de garantias em favor do grupo de obrigacionistas ou então coordenar a defesa colectiva do empréstimo, em sede judicial, impondo a indisponibilidade individual do objecto de processo quando este tivesse por base circunstâncias decorrentes da emissão.

---

[86] Sobre o conteúdo dos diplomas referidos, cf. Id., *ibid.*, pp. 17-28.
[87] Cf. Id., *ibid.*, pp. 19 e 20.
[88] Id., *ibid.*, p. 28.

As organizações voluntárias não lograram alcançar os propósitos para que se constituíram, sendo apontadas três ordens de razões[89]. Antes de mais, o facto de as organizações de obrigacionistas estarem sobre a alçada da própria entidade emitente, o que lhe permitia de alguma forma controlar a actuação daquelas. Depois, a circunstância de dificilmente se verificar um número suficiente de obrigacionistas para que as deliberações pudessem ser tomadas. Por último, a ausência de uma regulamentação precisa acerca do funcionamento e competências da assembleia de obrigacionistas, que tivesse força imperativa.

2. Essa regulamentação viria a surgir com *Ley de Sociedades Anonimas* de 17 de Julho de 1951 e manteve-se posteriormente na Lei 19/1989 de 25 de Julho, que procedeu à reforma parcial e adaptação da legislação mercantil espanhola às directivas da Comunidade Económica Europeia em matéria de sociedades e que se encontra actualmente em vigor[90]. Nos termos deste último diploma, a constituição de uma *asociación de defensa* ou *sindicato de obligacionistas* e a designação, por parte da sociedade, de um *comisario*, são condições indispensáveis à emissão de obrigações[91]. É este *comisario* que em nome dos futuros obrigacionistas celebra com a sociedade a escritura de emissão[92]. O *sindicato* constitui-se *ope legis* com a inscrição da escritura de emissão no registo comercial, ao qual vão aderindo os subscritores à medida que recebem os títulos ou, tratando-se

---

[89] Cf. Id., *ibid.*, pp. 31 e 32.

[90] Na verdade, no respeitante à disciplina dos empréstimos obrigacionistas, a Lei de 25 de Julho de 1989 não introduziu qualquer alteração ao texto anterior. Todavia, este último vigora nos termos do *Texto Refundido* aprovado pelo *Real Decreto Legislativo 1564/1989*, de 22 de Dezembro que alterou a numeração dos artigos e procedeu a pequenas modificações nos artigos 295 e 301. As disposições citadas neste rápido escorço referem-se ao texto aprovado por este último *Decreto*.

[91] Sobre o seu regime legal, consulte-se, entre outros, RUBIO, Jesus, *Curso de derecho de sociedades anónimas*, 3.ª ed., Editorial de Derecho Financeiro, Madrid, 1974, pp. 439-447; NEILA, Jose Maria Neila, *La Nueva Ley de Sociedades Anonimas. Doctrina, Jurisprudencia y Directivas Comunitarias*, Editoriales de Derecho Reunidas, Madrid, 1990, pp. 1360–1361 e 1379–1426; SANCHEZ CALERO, Fernando, *Instituciones de Derecho mercantil*, I, *(Introduccion, empresa y sociedades)*, 17.ª ed., Editoriales de Derecho Reunidas, 1994, pp. 577-580; URÍA, Rodrigo, *Derecho Mercantil*, 23.ª ed., Marcial Pons, Ediciones Jurídicas y Sociales, S.A., Madrid, 1996, pp. 602–613; e ainda DEL VALLE, Adolfo Ruiz de Velasco y, *Manual de Derecho Mercantil*, Ediciones Deusto, S.A., pp. 414-422.

[92] Cf. art. 283, 2, LSA.

de valores representados escrituralmente, à medida que são feitas as inscrições em conta[93]. A primeira reunião do *sindicato* é obrigatória e destina-se a apreciar a gestão entretanto efectuada pelo *comisario*, a confirmá-lo no cargo ou eleger alguém em sua substituição e a estabelecer o regulamento interno do *sindicato*[94]. Posteriormente, os obrigacionistas podem reunir-se em assembleia para deliberarem sobre todos os assuntos necessários à melhor defesa dos seus interesses, modificação das garantias, nomeação e destituição do representante comum, exercício de acções judiciais e aprovação das despesas necessárias à defesa dos seus interesses[95]. Além da competência acabada de referir, a assembleia de obrigacionistas poderá também ser chamada a intervir noutras situações, nomeadamente para consentir a redução do capital social da sociedade emitente ou do montante afecto a reservas, quando tais operações impliquem a diminuição da proporção inicial entre o montante de obrigações a amortizar e a soma destas parcelas[96].

A reunião em primeira convocatória só é válida se a ela concorrerem titulares de dois terços das obrigações em circulação, e a aprovação carece dos votos favoráveis da maioria absoluta dos assistentes, excepto se a escritura de emissão estipular diferentemente. No caso de não se obter o quórum necessário para a reunião em primeira convocatória, pode ser novamente convocada a assembleia para um mês depois da data inicialmente fixada, podendo, nesse caso, reunir validamente qualquer que seja o número de presenças[97].

Além da assembleia de obrigacionistas, o *sindicato* é composto por um outro órgão a que já fiz menção — o *comisario*. As suas funções encontram-se definidas essencialmente no art. 303 da LSA, extraindo-se delas que a sua principal função é servir de elemento de conexão entre a sociedade e o *sindicato*. Destaque-se, porém, o amplo poder de intervenção que lhe é conferido ao abrigo do art. 304 LSA do mesmo diploma e que indicia a preocupação clara do legislador em garantir uma «energética protecção aos obrigacionistas»[98]. Refere esta disposição que, quando as obrigações não estejam garantidas por alguma das formas previstas no artigo

---

[93] Cf. art. 295 LSA e art. 310, 6, do *Reglamento del Registro Mercantil, Real Decreto 1784/1996*, de 19 de Julho.
[94] Cf. art. 297 LSA.
[95] Cf. art. 300 LSA.
[96] Cf. art. 289 LSA.
[97] Cf. art. 301 LSA.
[98] Para me valer de uma expressão de URÍA, *ob. cit.*, p. 604.

284 da LSA, o *comisario* tem a faculdade de examinar os livros da sociedade e de assistir às reuniões do conselho de administração. Particularmente relevante é também a possibilidade que lhe é conferida de propor àquele órgão a suspensão de qualquer dos seus membros e a possibilidade de convocar a assembleia geral para tal fim, quando estes não o tenham feito, sempre que a sociedade se atrase por período superior a seis meses no pagamento dos juros ou das quantias respeitantes à amortização do capital[99].

3. O regime descrito aplica-se apenas às sociedades anónimas e em comandita por acções[100]. As restantes entidades que em Espanha podem emitir obrigações regem-se a este respeito pela Lei 211/1964, de 24 de Dezembro[101]. Uma nota apenas sobre a especificidade do regime previsto neste diploma quanto à constituição e regime do *sindicato de obligacionistas* relativamente ao constante na LSA: a constituição do *sindicato* não é um requisito necessário à emissão, podendo esta verificar-se sem que este esteja constituído. Sem embargo, quer a entidade emitente, quer um conjunto de obrigacionistas que representem pelo menos 30% do valor total das obrigações ainda não reembolsadas, podem tomar a iniciativa de o constituírem[102].

8. O problema no sistema da Common Law

A determinação do sentido normativo da disciplina das organizações de obrigacionistas colhe um importante contributo na análise do regime adoptado nos países do sistema da *Common Law*, pois muito embora do ponto de vista técnico as soluções aí vertidas sejam diversas das consagradas no sistema romanista, e particularmente na situação concreta se faça apelo a um instituto pouco utilizado no nosso direito — o *trust* —, pode afirmar-se que em ambos os casos os critérios valorativos são os mesmos[103].

---

[99] Cf. art. 304 LSA.
[100] Cf. art. 152 do CCEsp.
[101] A este propósito, veja-se o art. 9 e a 3.ª disposição adicional da Lei 2/1995, de 25 de Março (*Ley de Sociedades de Responsabilidad Limitada*), que proíbem a emissão deste tipo de valores mobiliários às *sociedades de responsabilidad limitada, sociedades civiles, colectivas* e *comanditarias simples*, bem como aos particulares.
[102] Cf. art. 6 da Lei 211/1964, de 24 de Dezembro.
[103] Sobre os critérios determinativos dos sistemas jurídicos e respectivas classificações, consulte-se OLIVEIRA ASCENSÃO, José de, *O Direito. Introdução e Teoria*

Nos países da *Common Law*, as entidades que pretendem financiar-se junto do público através da emissão de obrigações normalmente não contratam com os investidores mas sim com uma terceira parte que fica encarregada de gerir a emissão. Ínsito nesta fórmula está a figura do *trust*, instituto jurídico próprio do direito anglo-americano que apresenta a singularíssima característica de operar uma divisão entre *ownership* e *property*: o *trust* refere-se a relações jurídicas que produzem uma transmissão do direito de propriedade mas com a particularidade de o adquirente dever exercê-lo em benefício de outrem[104].

O recurso à figura do *trust* nas emissões de obrigações generalizou-se a partir de finais do século XIX[105] e visava facilitar a constituição de garantias a favor da colectividade de obrigacionistas[106]. Por via da celebração de um contrato designado *trust deed* entre a entidade emitente e uma instituição acreditada — *trustee* —, a propriedade dos bens que servem de garantia, assim como a titularidade dos direitos de crédito resultantes do empréstimo são transferidos pela entidade emitente para o *trustee* e já não para o conjunto de obrigacionistas. Sem embargo, o exercício desses direitos deve ser feito em benefício dos subscritores das obrigações. Dito de outro modo, o *trustee* tem a *legal ownership* dos direitos,

---

Geral. Uma Perspectiva Luso-Brasileira, 10.ª ed., Livraria Almedina, Coimbra, 1999, pp. 140-162; e GALVÃO TELLES, Inocêncio, *Introdução ao Estudo do Direito*, Vol. II, 10.ª ed., Coimbra Editora, Coimbra, 2000, pp. 227-245. Ambos os Autores partilham da opinião de que entre o sistema romanista e o sistema anglo-americano as dissimilitudes colocam-se apenas ao nível técnico, já que os dois sistemas participam do mesmo fundo civilizacional. Mercê da razão exposta, na classificação adoptada por OLIVEIRA ASCENSÃO a sua individualidade nota-se menos intensamente, já que um e outro fazem parte do *sistema ocidental*, do qual são subsistemas.

[104] Para a compreensão da figura do *trust* é de sumo interesse a consulta da obra de OAKLEY, A. J., *Parker and Mellows: the modern law of trusts*, 7.ª ed., Sweet & Maxwell, London, 1998.

Na doutrina nacional, entre outros, leia-se a obra monográfica de MARIA JOÃO TOMÉ/DIOGO LEITE CAMPOS, *A Propriedade Fiduciária (Trust). Estudo para a sua Consagração no Direito Português*, Livraria Almedina, Coimbra, 1999; e as páginas ilucidativas da tese doutoral de PEDRO PAIS DE VASCONCELOS, *Contratos Atípicos*, Livraria Almedina, Coimbra, 1995, pp. 267-273.

[105] Cf. FARRAR, Jonh H./HANNIGAN, Brenda, *Farrar's Company Law*, 4.ª ed., Butterworths, London-Edinburgh-Dublin, 1998, p. 256.

[106] Cf. WOOD, Philip, *Law and practice of internacional finance*, Sweet & Maxwell, London, 1980, pp. 214-215; e PENNINGTON, Robert, *Company law*, 5.ª ed., Butterworths, London, 1985, pp. 475 e 551.

enquanto os obrigacionistas detêm o *benefit* dos mesmos. Resulta daqui que o credor da entidade emitente é o *trust* e não os obrigacionistas, com quem aquela não assume qualquer dever[107].

O recurso frequente a esta fórmula torna menos necessária a regulamentação legal das assembleias de obrigacionistas, pois o *trust deed* prevê invariavelmente a possibilidade de estas se efectuarem e as regras por que se devem reger. Aí estabelece-se comummente o direito de o *trustee* ou titulares de uma certa percentagem de obrigações convocarem uma assembleia de credores obrigacionistas para deliberarem sobre diversos assuntos, como sejam: proposta de modificação das condições do empréstimo; operações de reestruturação da entidade emitente, nomeação de uma comissão que represente os obrigacionistas na liquidação da entidade emitente; destituição do *trustee*, entre outras[108].

A intervenção do legislador verifica-se pontualmente com o propósito de garantir a protecção das minorias e a observância de certas regras organizativas fundamentais. Assim, o *United Kingdom Stock Exchange* impõe como condição para admissão à cotação a obrigatoriedade de os *trust deeds* sobre emissão de obrigações determinarem que o *trustee* deva convocar a assembleia de obrigacionistas sempre que titulares de obrigações representativas de pelo menos um décimo do valor nominal da totalidade da emissão o requeiram[109]. O quórum constitutivo exigido para a reunião que tenha como objecto deliberações extraordinárias, como sejam as que visem ilibar de qualquer responsabilidade os *trustees*, é de mais de metade do valor nominal das obrigações existentes. As mesmas deliberações só serão aprovadas se colherem os votos favoráveis de pelo menos três quartos dos votos emitidos. Por outro lado, determina a mesma instituição que a cada obrigacionista deve corresponder direitos de voto equivalentes ao valor nominal de obrigações detidas e que ele pode fazer--se representar na assembleia[110].

Com o mesmo intuito, nos Estados Unidos da América, o § 316 (b) do *Trust Indenture Act* de 1939[111] refere que independentemente do pre-

---

[107] Cf. SCHMITTHOFF, Clive/THOMPSON, James, *Palmer's Company Law*, 21.ª ed., Stevens & Sons Limited, London, 1968, p. 367; WOOD, *ibid.*, p. 216; e PENNINGTON, *ibid.*, p. 476.

[108] Cf. WOOD, *ibid.*, pp. 229-230.

[109] Cf. Secção 9, capítulo 2, § 3.2.

[110] Cf. Secção 9, capítulo 2, §§ 3.3, 3.4, 3.5 e 3.6.

[111] Este diploma foi objecto de ampla modificação pelo *Trust Indenture Reform Act* de 1990. As disposições citadas referem-se ao texto em vigor.

visto nos *trust indentures* o direito à restituição das quantias cedidas e ao pagamento do juro nas datas acordadas não pode ser alterado sem o consentimento do seu titular. A única excepção será a de o *trust indenture* autorizar a aprovação por uma maioria de 75% dos obrigacionistas de uma prorrogação no pagamento dos juros, por prazo não superior a três anos[112].

Ainda na mesma linha, encontram-se as cautelas atinentes às situações de conflito de interesse entre *trustee* e obrigacionistas. Na Inglaterra, os tribunais têm entendido que o *trustee* não se deve colocar em posição onde os seus interesses e os seus deveres conflituem. Por sua vez, as regras do *United Kingdom Stock Exchange* determinam que o *trustee* não deve ter interesses ou relação com a entidade emitente que possam colidir com a posição dos obrigacionistas[113].

Já nos Estados Unidos, o *Trust Indenture Act* prevê nove situações de conflito de interesse que, de um modo geral, dizem respeito ao facto de existirem relações de participação entre o *trustee* e a entidade emitente e à circunstância de nos seus órgãos sociais existirem membros comuns[114]. A situação de colisão de interesses só produz os seus efeitos a partir do momento em que a entidade emitente não cumpra as suas obrigações. Neste caso, o *trustee* tem o prazo de noventa dias para eliminar a situação de conflito ou demitir-se. Acresce que, nos termos do § 311 (a), quando o *trustee* for credor da entidade emitente, não lhe é permitido exercer os direitos de garantia de que seja titular nos quatro meses anteriores e em todo o período subsequente ao incumprimento, por parte da entidade emitente, das obrigações resultantes do empréstimo[115].

9. **Valoração de conjunto. Teleologismo histórico e opções de regime: dissemelhanças e similitudes**

Aqui chegados, arguir-se-á porventura que o excurso espacio-temporal percorrido foi longo, demorado e desembocou em nenhures. Censura nem inteiramente certa, nem completamente infundada.

---

[112] Cf. WOOD, *ibid.*, p. 230.
[113] Cf. WOOD, *ibid.*, p. 220.
[114] Cf. § 310 (b).
[115] Cf. BLOOMENTHAL, Harold S./OWEN, Holme Roberts &, *Securities law handbook*, Clark Boardman Callaghan, 1993, § 8.07; e HAZEN, Thomas Lee, *Treatise on the law of securities regulation*, Vol. III, 3.ª ed., West Publishing Co., St. Paul, Minnesota, 1995, pp. 150-154.

Sobeja razão a quem subscreva a crítica, se atendermos a que as soluções, ora simétricas, ora um nada divergentes, consagradas nos diversos quadrantes normativos impedem a afirmação de um consenso jurídico pleno. Desde logo, fica por esclarecer o sentido histórico que se há-de atribuir ao papel e à acção do credor obrigacionista, em contraposição com o sócio, defronte da sociedade. Em Portugal, a primeira experiência legislativa alinhava com a perspectiva anglo-saxónica segundo a qual em caso de crise o curso da actividade social deve ser atribuído aos credores — o conceito *debtor in possession* é desconhecido no direito anglo-saxão[116]. Entretanto, com a entrada em vigor do CSC os obrigacionistas passaram a ter um estatuto peculiaríssimo na órbita societária. Em atenção à sua importância enquanto *grupo* financiador da sociedade, o legislador reconheceu-lhes um feixe de poderes de natureza participativa na vida da entidade emitente, em virtude do qual se abacinam as dissemelhanças entre *socialidade* e qualidade de credor — a posição dos obrigacionistas já não se circunscreve somente a *rights against the company*, mas inclui outrossim alguns *rights in the company*[117].

---

[116] CURRINGTON, Chris/GRIMES, Leonie, «How bondholders can avoid distress», in *Inter. Bond. Invest.*, Autumn 1994, p. 42.

[117] A ideia a que me refiro no texto pretende exprimir a circunstância de por via da aquisição dos valores obrigacionais o seu titular passar a deter um acervo de direitos perante a sociedade muito semelhantes aos «direitos de organicidade» que integram a posição do sócio ou, numa palavra, a «socialidade». Esta, como é sabido, pode ser entendida enquanto conjunto de posições activas e passivas ou como um «status» que é pressuposto e fonte dessas posições. A primeira acepção colhe um importante apoio na doutrinal nacional. Desde logo, subscreve-a FERRER CORREIA, para quem a conceito de «socialidade» identifica-se com os *Mitgliedschaftsrechte*, com os «direitos dos membros da corporação ou pessoa jurídica enquanto tais» (cf. *Lições de Direito Comercial*, Vol. II, *Sociedades Comerciais. Doutrina Geral*, com a colaboração de Vasco Lobo Xavier, Manuel Henrique Mesquita, José Manuel Sampaio Cabral e António A. Caeiro, *Reprint*, Lex, 1994 [1968], pp. 253 e 398). Também VASCO LOBO XAVIER, *Anulação de Deliberação Social e Deliberações Conexas*, Livraria Almedina, Coimbra, Reimpressão 1998 [1976], p. 177, nota 76ª, parece não rejeitar esta acepção, muito embora realce a necessidade de se «reconhecer a diferença entre os "direitos" que se afirma integrarem a *Mitgliedschaft* e as pretensões e poderes concretos que nesta se filiam e que só vão surgindo no desenrolar da vida social». Na mesma linha, situa-se o pensamento de BRITO CORREIA, Luís *Direito Comercial*, Vol. II, *Sociedades Comerciais*, Associação Académica da Faculdade de Direito de Lisboa, 1989 [5.ª tiragem, 1993], p. 289, que, todavia, destaca o lado passivo da «socialidade», entendida esta como «conjunto das obrigações e direitos dos sócios». No mesmo sentido, veja-se ainda COUTINHO DE ABREU que, na sua tese doutoral *Da Empresarialidade (As Empresa no Direito)*, Livraria Almedina, Coimbra, 1996,

Este fenómeno é acentuado em países como Espanha e França, dada a atribuição aos obrigacionistas de diversos outros poderes de ingerência

p. 342, com maior propriedade, salienta ambos os aspectos referidos, definindo «socialidade» como «complexo de direitos e obrigações actuais e potenciais do sócio». A segunda acepção foi amplamente divulgada por ASCARELLI, *Appunti di diritto commerciale*, II, Catania-Roma, 1931, p. 92, *apud* VASCO LOBO XAVIER, *ibid*., p. 176, nota 76ª, para quem a «socialidade» é um estatuto do sócio não confundível com o acervo de direitos sociais que nascem na sua esfera jurídica uma vez preenchida certa *fattispecie*.

Ora, independentemente da concepção de «socialidade» que se adopte é inegável que os direitos que integram a «socialidade» são direitos dos membros da sociedade enquanto tais. Trata-se, portanto, de direitos atribuídos ao sócio em função da sua qualidade de membro da sociedade. Nesta medida, distinguem-se daqueles outros direitos que o sócio possa ter para com a sociedade que promanem de uma relação jurídica distinta da relação social (nomeadamente, direitos resultantes de outros negócios jurídicos com ela celebrados), e daqueles que, não obstante daí tenham provido, dela se tenham autonomizado e radicado definitivamente na esfera jurídica do sócio (é o caso, por exemplo, do direito à quota parte dos lucros aprovados). Aqui, o sócio encontra-se perante a sociedade na mesma situação que um *não-sócio*, já que os seus direitos não respeitam à relação corporativa.

Se atendermos ao conteúdo, os «direitos corporativos» podem ser agrupados em duas grandes categorias: *direitos de participação na administração social* («direitos de organicidade») e *direitos de participação nos benefícios sociais* — cf. MANUEL DE ANDRADE, *ob. cit*., p. 184, nota 1; BRITO CORREIA, *ibid*., p. 308; PAULO OLAVO CUNHA, *Os Direitos Especiais nas Sociedades Anónimas: as Acções Privilegiadas*, Livraria Almedina, Coimbra, 1993, p. 16; HÜFFER, Uwe, *Gesellschaftsrecht*, C.H. Beck'sche Verlagsbuchhandlung, München, 1996, pp. 289-295; e F. GALGANO, *Diritto Civile e Commerciale*, cit., pp. 141 e 142. (Já WIEDEMANN, Herbert, *Gesellschaftsrecht. Ein Lehrbuch des Unternehmens-und Verbandsrechts*, Band I, *Grundlagen*, C.H. Beck'sche Verlagsbuchhandlung, München, 1980, pp. 366 e 373-380, opta por autonomizar uma terceira categoria, os direitos de controlo — *Kontrollrechte* —, nos quais inclui, entre outros, os direitos de obter informações e de consulta.)

Entre os *direitos de participação na administração social* contam-se os de participar nas deliberações de sócios, obter informações sobre a vida da sociedade, convocar a assembleia geral e incluir determinados assuntos na ordem do dia, requerer a destituição judicial dos órgãos de administração, etc.

Pois bem, quando afirmo que existe grande *proximidade de estatutos* entre obrigacionistas e sócios quero aludir à circunstância de a lei lhes atribuir um feixe de *direitos típicos de sócio* ou pelo menos subsumíveis na categoria de «direitos de organicidade». É mais ou menos isso que sucede com os direitos conferidos pelo CSC de assistir às assembleias gerais da entidade emitente, e bem assim os direitos, exercidos pelos representante comum, à informação societária, de receber e examinar toda a documentação dada a conhecer aos sócios e de assistir aos sorteios para reembolso das obrigações (cf. arts. 379.º, n.ºs 2 e 3; 293.º; e als. d) e e) do n.º 1 do art. 359.º).

Perante este quadro é inegável que a posição dos obrigacionistas compreende um

na actividade social. Aqui podem pronunciar-se sobre alterações fundamentais da entidade emitente, como a mudança de objecto e tipo social; além, é-lhes permitido, ainda que mediatamente, assistir às reuniões do órgão de administração e promover a suspensão do cargo de qualquer dos seus membros. Mercê do exposto não vejo particular exagero em aventar-se que num e noutro caso há uma maior proximidade nas posições de sócio e de obrigacionista. Proximidade essa talvez explicativa do facto de nesses países a colectividade de obrigacionistas ser concebida como um ente dotado de personalidade jurídica, constituído no momento da emissão e que permanece activo durante toda a pendência do empréstimo. Parece-me ser esta uma hipótese razoável porquanto a maior intercomunicação e reciprocidade de vínculos e interesses entre os dois sujeitos, resultante de uma acrescida intervenção dos credores obrigacionistas no destino social, reclama uma concepção destes como grupo organizado, estável e dotado de representatividade permanente.

Carece outrossim de consenso o âmbito de poderes do colégio no que à alteração dos termos do contrato diz respeito, pelo que, também aqui, o percurso reflexivo sobre o contexto histórico-legal pouco dilucida, visto que as fórmulas de que se servem os ordenamentos percorridos claudicam de precisão e clareza, refugiando-se invariavelmente na vaga expressão: *modificação das condições do empréstimo*.

Mas também é certo que o que se trata aqui não é de encontrar uma qualquer pré-determinação do sentido normativo que possibilite antecipar as decisões concretas. Trata-se, antes, de lobrigar explicação conveniente, ou plausível ao menos, para a admissibilidade do princípio maioritário e seus limites. Aí, já o enquadramento espacio-temporal revela indiscutível utilidade. Na verdade, os factores juridico-socialmente fundantes do instituto apontam em dois sentidos distintos, mas que se complementam: de um lado, a circunstância de a necessidade de se concertar a acção dos obri-

---

feixe de *direitos típicos da qualidade de sócio*. No mesmo sentido, veja-se HEINO LEDERER, *ob. cit.*, p. 20, 34 e *passim*, que fala na *Einmischungsbefugnisse* dos obrigacionistas.

Este fenómeno de proximidade de *estatutos* pode verificar-se igualmente ao nível dos *direitos de participação nos benefícios sociais*, como veremos adiante (cf. *infra* ponto 10 (2) e manifesta-se também ao nível dos poderes de ingerência no destino social (cf. *infra* pontos 21 e 22). Curiosamente, o legislador português previu para os obrigacionistas das sociedades de titularização de créditos um especial regime de ingerência ao prescrever que depende de autorização da assembleia de obrigacionistas a «fusão, cisão *ou alienação de parte significativa do património da sociedade de titularização de créditos*» (cf. art. 44.º, n.º 1, al. b) do DL n.º 453/99, de 5 de Novembro).

gacionistas ter surgido para evitar que algum deles — acutilantemente baptizado por WOOD de «perverse bondholder»[118] — pudesse obstar à adopção de acordos modificativos das condições do empréstimo que fossem de interesse comum reclama um amplo âmbito de intervenção da maioria; de outro, o alerta práxico de que amiúde a sociedade manipula o sentido das deliberações, conseguindo «impor» as alterações que lhe são mais convenientes[119], induz no sentido de se circunscrever o poder da assembleia às modificações necessárias aos interesses dos obrigacionistas.

Outro contributo importante que das páginas anteriores se pode colher é o de terem tornado mais notório os interesses que estão na origem da opção legislativa. Foi dito anteriormente que a consagração legal das organizações de obrigacionistas deveu-se à necessidade de se agruparem estes com vista a assegurar-se uma posição e representação unitárias ante a entidade emitente. Esta agregação revela-se extremamente útil na constituição de garantias em favor do conjunto de obrigacionistas, na discussão e aprovação de alterações dos termos do contrato, adequando-o às novas circunstâncias que reclamem a sua modificação, e na tutela colectiva através da concessão dos mais variados direitos de ingerência na vida social. Ressalta daqui comprovado que o instituto teve na sua origem dois elementos conciliares: o *interesse comum* dos obrigacionistas e o interesse da entidade emitente[120].

A este propósito convém alertar que o piso em que nos encontramos revela-se especialmente pantanoso. É que tem sido defendido por uns que a finalidade da instituição legal das organizações de obrigacionistas é servir o seu *interesse comum*[121]; por outros que é servir o interesse da enti-

---

[118] WOOD, *ob. cit.*, p. 215.

[119] Um das técnicas utilizadas é a de confrontar os obrigacionistas com um «acordo feito» entre a sociedade emitente e outras entidades, como, por exemplo, os bancos, forçando os obrigacionistas a subscreverem o mesmo. Esta técnica colhe o nome de «cram-down» (cf. CURRINGTON/GRIMES, *loc. cit.*, p. 43).

[120] Na opinião de FLESSNER, *ob. cit.*, p. 20, — que merece a minha inteira concordância — o facto de as organizações de obrigacionistas existirem também no interesse da entidade emitente explica que a esta seja atribuído o direito de convocar a assembleia e o dever de suportar os custos com a convocação e funcionamento da mesma.

[121] Neste sentido, entre muitos, FRÉ, Giancarlo, *Societá per azioni*, in *Commentario del Codice Civile* (Scialoja/Branca), libro V, *Del lavoro*, art. 2325-2461, 3.ª ed., reimpressão, Nicola Zanichelli Editore (Bologna)/Società editrice del «Foro italiano» (Roma), 1966, p. 499, quanto ao direito italiano; MERLE, *ob. cit.*, p. 361, quanto ao direito francês; e ALONSO ESPINOSA, *ob. cit.*, p. 138, quanto ao direito espanhol. No nosso direito é também essa a justificação dada pelo legislador para a introdução deste instituto, como

dade emitente[122]; terceiros sustentam estar em causa servir ambos os interesses[123]; e quartos invocam um tríplice interesse — dos obrigacionistas, da entidade emitente e de terceiros — como fundamento para a existência das organizações de obrigacionistas[124]. Neste puzzle de ajuizamentos, pouco se tem salientado o que afinal merece realce. Como proemiamente acentuei, a adopção do princípio maioritário no que diz respeito a todos os assuntos de interesse comum dos obrigacionistas representa uma acentuada desconsideração da sua autonomia privada. Decisões que em princípio seriam tomadas individualmente passaram para a esfera do grupo. E essa passagem deu-se por óbvio interesse de ambas as partes. Daí que o sentido normativo a apurar na resolução de contendas práticas deverá ter sempre em conta esta realidade: se o cerceamento da liberdade dos obrigacionistas se funda num duplo interesse, então a medida dessa restrição terá de ser valorada com aquele peso. O mesmo é dizer que em caso algum se deve

---

resulta claramente do ponto 25 do Preâmbulo ao CSC: «Para melhor defesa dos obrigacionistas, prevê-se a criação de assembleias de obrigacionistas (artigo 355.º) e a figura do representante comum (artigos 357.º e 358.º).» Também PINTO FURTADO, Jorge Henrique da Cruz, *Código Comercial Anotado*, Vol. II, tomo II, Livraria Almedina, Coimbra, 1979, p. 687, retirava essa conclusão do facto de na nossa ordem jurídica não existir — anteriormente ao CSC — uma regulamentação colectiva dos interesses dos obrigacionistas, como se depreende das suas palavras: «Aliás, a falta na nossa legislação de um órgão comum como a *assembleia de obrigacionistas* determina um predomínio individualístico da tutela dos interesses destes que torna mais rígida e inalterável a posição individual de cada um em prejuízo da maior flexibilidade e eficácia que a tutela teria no âmbito dos interesses de grupo.»

[122] Neste sentido, entre outros, F. GALGANO, *ob. cit.*, p. 399 (ideia já expressa anteriormente em *La società per azioni* in *Trattato di diritto commerciale e di diritto pubblico dell'economia*, Vol. VII, 2.ª ed., Cedam, Padova, 1988, p. 403); JUGLART/IPPOLITO, *ob. cit.*, p. 480; e G. CABRAS, *Le opposizione dei creditori nel diritto delle società*, Dott. A. Giuffrè Editore, Milano, 1978, pp. 173 ss., *apud* G. F. CAMPOBASSO, *Le obbligazioni*, cit., p. 488, nota 3.

[123] Assim, entre outros, KÖNIGE, *Kommentar zum Gesetz betreffend die gemeinsamen Rechte der Besitzer von Schuldverschreinbngen von 4. Dezember 1899*, 1.ª ed., J.C.B. Mohr (Paul Siebeck), Tübingen, 1900 [existe 2.ª ed. datada de 1922], p. 25; FLESSNER, *ob. cit.*, p. 20; PETTITI, Domenico, *I titoli obbligazionari delle società per azioni*, Dott. A. Giuffrè Editore, Milano, 1964, p. 200; G. F. CAMPOBASSO, *Le obbligazioni*, cit., pp. 487-489; URÍA, in GARRIGUES-URÍA, *Comentario a la ley de sociedades anonimas*, II, 3.ª ed. (?), Madrid, 1976 (?), pp. 566 ss., *apud* G. F. CAMPOBASSO, *ibid.*, p. 488, nota 4; e SCHWINTOWSKI, Hans-Peter/SCHÄFER, Frank A, *Bankrecht. Commercial Banking – Investment Banking*, Carl Heymanns Verlag KG, Köln, Berlin, Bonn, München, 1997, p. 1000.

[124] BRANDEIS, *ob. cit.*, p. 117; e HUREAU, *ob. cit.*, pp. 5 e 6.

aceitar que em benefício da entidade emitente se imponham àqueles condicionamentos desproporcionados. E isso leva-me desde já a ajuizar que o poder deliberativo do colégio não pode ser exercido em termos de puro benefício da entidade emitente[125] e, por outro lado, a admitir a existência de uma margem mínima de liberdade, de um núcleo intangível de direitos que permanecerão sempre no livre juízo de cada um e onde o governo colectivo não faz sentido[126]. O âmbito desse núcleo é questão que debaterei adiante, quando em sede própria tratar o tema da competência das assembleias de obrigacionistas[127].

---

[125] Pelo contrário, as deliberações dos colégios obrigacionistas encontram-se especialmente condicionadas a um vínculo de *adequação* ao interesse comum (cf. ponto 16 (2)).

[126] Note-se, como observa HOPT, que todo o regime jurídico das assembleias de obrigacionistas tem de ser perspectivado levando em consideração os interesses opostos de *protecção das minorias* e *capacidade de acção da colectividade*. O grande dilema com que o intérprete depara é o de encontrar para cada situação concreta o justo equilíbrio daqueles interesses. Sobre o tema, com referências particulares às cautelas alemânicas na protecção das minorias, consulte-se HOPT, Klaus J., *Änderungen von Anleihebedingungen – Schuldverschreinbungsgesetz, § 796 BGB und AGBG* in *Festschrift für Ernst Steindorff zum 70. Geburtstag*, Walter de Gruyter, Berlin, New York, 1990, pp. 341-344 (também publicado, em versão resumida, in *WM*, 42, Outubro 1990, pp. 1733-1737).

Ideia semelhante exprime WOOD, *ob. cit.*, p. 229, para quem a maior dificuldade na análise das competências das assembleias de obrigacionistas consiste em harmonizar as necessidades colidentes de preservar os *direitos fundamentais* do investidor e conferir flexibilidade na tomada de decisões. Também CORDONNIER, *ob. cit.*, p. 79, se manifesta no mesmo sentido ao referir que a origem dos difíceis problemas que a delimitação das competências da assembleia coloca está na necessidade de se conciliar dois interesses contraditórios: de um lado, a preocupação em estabelecer *justos limites* aos poderes da maioria; de outro lado, o receio de alargar em excesso o domínio das decisões que carecem de consentimento individual.

[127] Assim o direito a tratamento igual e a não aumento dos encargos; o direito a intentar acções contra a entidade emitente com causa de pedir comum aos restantes coobrigacionistas, quando não haja deliberação a conceder autorização ao representante comum para promover idêntica tutela jurisdicional; variadíssimos direitos atinentes à participação nos processos especiais de recuperação de empresa e no processo de falência; o direito a votar as propostas apresentadas no âmbito desses processos, desde que a assembleia não se tenha pronunciado; etc..

CAPÍTULO II

ÂMBITO DE ACTUAÇÃO DAS ORGANIZAÇÕES DE OBRIGACIONISTAS

> SUMÁRIO: 10. Empréstimos e organização de obrigacionistas; 11. Constituição das organizações de obrigacionistas e emissão de obrigações; 11. 1. Limites à emissão de obrigações; 12. Extinção do empréstimo e extinção das organizações de obrigacionistas.

10. Empréstimos e organização de obrigacionistas

«Não póde fazer-se emissão nova antes de subscripta e realizada a anterior, *nem com premio tirado á sorte*.

Pergunto ao sr. ministro da justiça, se realmente julga este preceito salutar, como de boa moral para as sociedades anonymas. E, se o julga assim, pergunto ainda, sem com isto fazer politica, porque é que o seu collega da fazenda acaba de realizar precisamente o contrario?

Se ás sociedades anonymas não é licito emittir obrigações com premio, como se admitte que o estado o faça? Em nome de que principio se prohibe a essas sociedades aquillo que o estado se reserva o direito de fazer?

Não é moral a emissão de obrigações, com loteria de premios? Alimenta a especulação em detrimento da economia?

Então risque-se dos programmas financeiros do estado.

É certo que eu tenho ouvido preconisar o systema no proprio interesse das pequenas economias, e até como de bom exemplo para as familias dos operarios.

Mas, se é tão moral o principio, applique-se tambem ás sociedades.

Uma lei para o estado e outra para as sociedade anonymas, quando as circumstancias são as mesmas, é que eu não comprehendo.

O sr. ministro da justiça a condemnar o que o seu collega da fazenda acha bom, é que não póde ser.»

Hintze Ribeiro, in *Appendice ao Codigo Commercial Portuguez Aprovado Pela Carta de Lei de 28 de Junho de 1888*, 3.ª ed., Imprensa da Universidade, Coimbra, 1906, p. 416.

1. Os empréstimos obrigacionistas constituem um dos mais importantes meios de financiamento das sociedades anónimas[128]. Como é sabido, estas podem obter os fundos que necessitam para o desenvolvimento da sua actividade quer através de capitais próprios, quer através de capitais alheios. Os capitais próprios são aqueles que a sociedade obtém como contrapartida da emissão de participações sociais, seja no acto de constituição da sociedade[129], seja em posteriores aumentos de capital por novas entradas[130], e os resultantes da constituição de reservas legais[131] ou reservas livres. Os capitais alheios obtêm-se mediante o financiamento junto de instituições de crédito ou do público em geral, que emprestam à sociedade os meios financeiros de que esta necessite em troca de certas compensações.

---

[128] Além das sociedades anónimas também outras entidades podem emitir obrigações. São elas: as sociedades em comandita por acções (cf. art. 478.º); as sociedades por quotas (cf. DL n. 160/87, de 3 de Abril); as cooperativas, com excepção das obrigações convertíveis ou com *warrants* (cf. art. 30.º da Lei 51/96, de 7 de Setembro); os agrupamentos complementares de empresas, quando o agrupamento for composto exclusivamente de sociedades por acções (cf. Base II, n.º 4, da Lei n. 4/73, de 4 de Junho); os agrupamentos europeus de interesse económico, nas mesmas condições que os agrupamentos complementares de empresas e apenas emissões por subscrição particular (cf. art. 23.º do Reg. CEE n.º 2137/85, de 25 de Julho e art. 7.º do DL n.º 148/90, de 9 de Maio); e outras entidades para o efeito autorizadas pelo Ministro das Finanças (cf. DL 320/89, de 25 de Setembro).

Também as sociedades por quotas unipessoais podem valer-se desta espécie de valores mobiliários, visto o art. 270.º-G considerar aplicáveis às sociedades por quotas unipessoais «as normas que regulam as sociedades por quotas, salvo as que pressupõem a pluralidade de sócios», o que não é o caso. (Sobre as especificidades das sociedades por quotas unipessoais em face das sociedades por quotas pluripessoais, consulte-se RICARDO COSTA, *A Sociedade por Quotas Unipessoal no Direito Português. Contributo para o Estudo do seu Regime Jurídico*, Livraria Almedina, Coimbra, 2002, *passim*, e, em especial, pp. 269 ss.)

Finalmente, também o Estado pode emitir obrigações. Sobre os empréstimo públicos, veja-se SOUSA FRANCO, António, *Finanças Públicas e Direito Financeiro*, Vol. II, 4.ª ed., Livraria Almedina, Coimbra, 1993, pp. 91 ss; e PAZ FERREIRA, Eduardo Manuel Hintze da, *Da Dívida Pública e das Garantias dos Credores do Estado*, Livraria Almedina, Coimbra, 1995, *passim*; Id. *Títulos de Dívida Pública e Valores Mobiliários*, in AAVV, *Direito dos Valores Mobiliários*, Vol. II, Coimbra Editora, Coimbra, 2000, pp. 31-65.

Neste trabalho terei sobretudo em vista as emissões de obrigações por sociedades anónimas.

[129] Cf. arts. 25.º a 30.º; 285.º e 286.º.
[130] Cf. arts. 87.º a 90 e 456.º a 462.º.
[131] Cf. arts. 295.º e 296.º.

Uma das possíveis fontes de obtenção de capitais alheios é o empréstimo obrigacionista que constitui uma operação unitária pela qual a sociedade emite «títulos negociáveis que, numa mesma emissão, conferem direitos de crédito iguais para o mesmo valor nominal»[132]. As obrigações são, por conseguinte, fracções de igual valor de uma mesma emissão, atribuindo direitos de crédito iguais e sendo representadas por «títulos negociáveis».

Embora se trate de uma operação de financiamento unitária, pois todo o empréstimo obedece às mesmas condições — de remuneração, de reembolso, de garantia, entre outras, — e assenta num único acto de vontade da entidade emitente, não se deve configurar o empréstimo como débito único. Uma vez emitidas, cada uma das obrigações representa um débito autónomo e cada obrigacionista é um credor distinto da sociedade[133].

Sem embargo, a posição de cada um não é totalmente independente, já que se encontra subordinada à vontade da maioria. Característica singularíssima da emissão de um empréstimo obrigacionista é, na verdade, a de criar um grupo, do qual fazem parte todos os titulares das obrigações, dotado de um aparelho orgânico, composto por um representante comum e por uma assembleia, e ao qual é confiada a tarefa de tutela do interesse comum. Nesta ordem de ideias, a satisfação do interesse individual fica condicionada à satisfação do interesse colectivo, sendo certo que as medidas tomadas pelos órgãos da colectividade no interesse de todos impõem-se ao obrigacionista singular, mesmo quando tenham como efeito a limitação dos seus direitos[134].

Daí que as obrigações confiram ao seu titular não apenas direitos cujo objecto sejam prestações pecuniárias em face da entidade emitente, mas outrossim um feixe de posições activas e passivas com respeito à

---

[132] Cf. art. 348.º.

[133] Assim, além de outros, PINTO FURTADO, *Código Comercial Anotado*, cit., pp. 679 e 680; OSÓRIO DE CASTRO, *Valores Mobiliários: Conceito e Espécies*, 2.ª ed., Universidade Católica Portuguesa, Porto, 1998, pp. 141 e 142; ANTÓNIO DIAS, *As Obrigações como Instrumento de Financiamento das Sociedades*, Dissertação de Mestrado, Coimbra, 1998, Inédito, pp. 24 e 25; G. F. CAMPOBASSO, *Le obbligazioni*, cit., pp. 383-385; ALONSO ESPINOSA, *ob. cit.*, pp. 188-193; G. FERRI, *Diritto Commerciale*, cit., pp. 769 e 770; A. CERRAI, *Le obbligazioni*, in *Diritto Commerciale*, AA. VV., Monduzzi Editore, 3.ª ed., Bologna, 1999, p. 347; e DE FERRA, GIAMPAOLO, *Lezioni di diritto commerciale*, Cedam, Milano, 2001, p. 271.

Sobre o carácter unitário do empréstimo, cf. *supra* ponto 1 e notas 12 e 13.

[134] Cf. G. FERRI, *ibid.*, p. 432.

participação no grupo de que são membros. Enquanto posições activas, têm o direito de participar nas deliberações de obrigacionistas e de impugnação das mesmas, de requerer a convocação judicial da assembleia, de requerer a destituição judicial do representante comum com fundamento em justa causa e de obter deste informações sobre factos relevantes para o interesse comum. Já como posição passiva, o dever de contribuir para um fundo comum[135].

De resto, o tratamento unitário do empréstimo manifesta-se sobretudo na possibilidade de a maioria fazer prevalecer a sua vontade quer quanto à nomeação, remuneração e destituição do representante comum, reclamação de créditos em acções executivas, oposição à fusão e cisão e propositura de acções em nome do grupo, quer quanto a assuntos de elevado melindre, como a modificação das condições do empréstimo, aprovação das providências de recuperação de empresa e do acordo extraordinário e constituição de um fundo comum[136].

Se nestes aspectos a relevância do grupo é claríssima, não menos ela existe em relação à existência de certos direitos, de natureza não pecuniária, em face da entidade emitente, que não competem ao obrigacionista individualmente considerado, mas sim ao grupo e que só pelo representante comum podem ser exercidos, tais como o direito de assistir aos sorteios para reembolso das obrigações, o de receber e examinar toda a documentação da sociedade enviada ou tornada patente aos accionistas, bem como o direito à informação societária[137-138].

Deste modo, as obrigações conferem ao seu titular um *direito subjectivo complexo*, configurando um *micro-sistema móvel*, tal-qualmente se reconhece para o direito do sócio. Será ainda, e também à semelhança do direito social, um direito que «não tem um titular isolado, mas antes é

---

[135] Cf. arts. 355.º, n.ºs 1, 3 e 5; 356.º, n.º 1; 358.º, n.º 3; 359.º, n.º 2; e 355.º, n.º 4, al. e).

[136] Cf. art. 355.º, n.ºs 4 e 8.

[137] Cf. art. 359.º, n.º 1, als. d) e e); e art. 293.º. No sentido de que o direito do representante comum não alcança o direito de obter informações sobre assuntos sociais, previsto no art. 291.º (direito colectivo à informação), veja-se PINHEIRO TORRES, Carlos Maria, *O Direito à Informação nas Sociedades Comerciais*, Livraria Almedina, Coimbra, 1998, pp. 193 e 194.

[138] Além de que, mesmo em face da entidade emitente, os obrigacionistas têm direitos de participação na vida social que podem exercer individualmente. Veja-se o direito a assistir às assembleias gerais, o qual, contudo, pode ser suprimido pelo contrato de sociedade. Neste caso, o direito não se extingue, simplesmente apenas poderá ser exercido pelo representante comum (cf. *infra* nota 279).

tipicamente exercido em companhia»[139]. Com este sentido, o empréstimo obrigacionista já mereceu o epíteto de *financiamento de grupo organizado*[140].

2. No que concerne aos direitos de crédito do obrigacionista cujo objecto sejam prestações pecuniárias, as obrigações, por via de regra, conferem o direito de exigir, na data de vencimento, o pagamento da importância correspondente ao valor nominal e o direito a receber juros periodicamente. Contudo, dada a amplitude da previsão legal, é possível que o conteúdo dos valores obrigacionais apresente as mais variadas configurações[141].

Assim, a restituição do capital pode ser feita com prémio, isto é, a quantia paga ao obrigacionista é superior à que este entregou à sociedade no momento de subscrição. Nas emissões abaixo do par, em que o valor nominal é superior ao montante entregue, teremos *prémio de emissão*[142]. Nas emissões ao par, em que o valor nominal é igual ao montante entregue, teremos *prémio de reembolso*. Este poderá ser fixo ou estar dependente dos lucros realizados pela sociedade[143-144].

---

[139] As expressões em itálico e entre aspas foram proferidas, com respeito ao direito social, pela voz autorizada de PEDRO PAIS DE VASCONCELOS, «Direitos Destacáveis — O Problema da Unidade e Pluralidade do Direito Social Como Direito Subjectivo», in AAVV, *Direito dos Valores Mobiliários*, Vol. I, Coimbra Editora, Coimbra, 1999, pp. 170 e 171.

[140] Cf. G. FERRI, *Le società*, cit., pp. 501-503; e G. F. CAMPOBASSO, *Le obbligazioni*, cit., p. 385.

[141] O art. 360.º, concernente às modalidade de obrigações, refere que «podem, *nomeadamente*, ser emitidas obrigações que: [...]» (adaptação do Autor). A título de curiosidade, diga-se que na versão original do CSC era duvidoso o carácter exemplificativo da enumeração da mesma disposição legal, dado que o advérbio «nomeadamente» só viria a ser introduzido pelo DL n.º 229-B/88, de 4 de Julho.

[142] Cf. art. 360.º, al. e).

[143] Cf. arts. 360.º, al. a); 361.º; 362.º; 363.º; e 364.º, n.ºs 3 e 4.

No caso de obrigações com juro suplementar ou prémio de reembolso dependentes dos lucros realizados pela sociedade, a lei exige parecer de revisor oficial de contas sobre o lucro da sociedade e sobre o cálculo das importâncias a atribuir aos obrigacionistas. O revisor será designado pela assembleia de obrigacionistas, «no prazo de 60 dias a contar do termo da primeira subscrição das obrigações ou da vacatura do cargo» (cf. art. 362.º, n.ºs 2 e 3).

[144] As obrigações com *prémio de reembolso* não se confundem com aquelas que, sendo reembolsáveis gradualmente e por sorteio, prevêem o direito a um *prémio suple-*

Habitualmente, as obrigações conferem também um direito a juros pagos periodicamente em datas determinadas e cujo montante é calculado pela aplicação duma taxa de juro — fixa ou variável — ao valor nominal da obrigação. As partes podem fazer depender o direito ao juro dos lucros da entidade emitente[145]. Existe, todavia, um tipo de obrigações que não confere qualquer direito a juros, conhecidas como obrigações cupão-zero ou *zero-bonds*. Neste caso, a retribuição do credor obrigacionista consistirá na existência de um prémio de reembolso ou de emissão, ou na atribuição de direitos de subscrição de acções ou, ainda, na possibilidade de conversão das obrigações em acções[146].

As obrigações convertíveis e as obrigações com direito de subscrição de acções *warrant*) oferecem um tipo singular de valores obrigacionais, na medida em que proporcionam ao seu titular a possibilidade de convolar da sua posição de credor para a posição de sócio[147]. São, nas palavras sim-

---

mentar a atribuir aos titulares dos valores primeiramente sorteados (cf. PINTO FURTADO, *Código Comercial Anotado*, cit., pp. 704 e 705).

Conquanto proibida na anterior regulamentação do CCom (cf. art. 198.°, n.° 2: «Não pode fazer-se emissão nova antes de subscrita e realizada a anterior, nem com prémio tirado à sorte»), esta espécie de obrigações deve ser hoje admitida. Nesse sentido, apontam os factos de o legislador não ter estabelecido idêntica proibição no CSC e ter deixado na disponibilidade das entidades emitentes a escolha das modalidades mais adequadas às suas necessidades, como inculca a fórmula legal adoptada no art. 360.°.

Note-se, porém, que nas *obrigações com prémio tirado à sorte* a entidade emitente encontra na «inclinação instintiva do homem para confiar nos favores da sorte um forte aliado» (para me valer das palavras agudas de VALSECCHI, Emilio, «In tema di obbligazioni a premio», in *Riv. soc.*, 1956, p. 1126). A característica essencial do prémio é a sua aleatoriedade, pois o direito ao mesmo depende das contingências do sorteio. Explorando a fé do investidor em vir a ser contemplado no sorteio — efeito psicológico muito próximo ao da loteria e outros jogos similares —, a entidade emitente propõe-lhe uma reduzida remuneração de carácter certo, oferecendo-lhe em contrapartida a possibilidade de auferir um chorudo prémio. Este, na esperança um tanto ilusória de vir a ser bafejado pela sorte, descura o parco rendimento fixo a que tem direito.

[145] Cf. al. b) do art. 360.°.

[146] Sobre as *obrigações cupão-zero*, leia-se, entre outros, OSÓRIO DE CASTRO, *ob. cit.*, pp. 143 e 144; e ROBERTO AMBROSINI, «Titoli obbligazionari di "tipo speciale"», in *Società*, 1991, pp. 334 e 335.

[147] Mais do que isso, para sócio de sociedade com acções cotadas em bolsa (cf. art. 365.° para as obrigações convertíveis e art. 372.°-A para as obrigações com *warrant*). (Quanto a estas, note-se que o legislador apenas exige que estejam cotadas em bolsa «as acções da sociedade emitente daquelas que poderão ser adquiridas pelo exercício do direito de subscrição», já não necessariamente as acções da sociedade emitente das obrigações.)

Por outra via, não é absolutamente necessária a identidade entre a sociedade que

páticas de BUONOCORE, «l'épreuve prénuptiale» entre o obrigacionista e a sociedade[148].

As *obrigações convertíveis* tem a particularidade em relação às restantes obrigações de o seu titular poder optar entre o reembolso da importância correspondente ao valor nominal e a subscrição de acções, de acordo com uma relação de conversão predeterminada. No momento da emissão estabelece-se uma dupla relação entre o obrigacionista e a entidade emitente. Por um lado, assiste-lhe um feixe de direitos relativos às prestações pecuniárias a título do empréstimo; por outro lado, tem o direito de optar por converter a sua posição de obrigacionista numa posição de sócio, com os bens entregues no momento da subscrição a funcionarem como entradas antecipadas de capital[149-150].

---

emite o empréstimo e aquela a que as acções objecto de subscrição digam respeito. Na verdade, com relação às obrigações com *warrant*, o art. 372.º-B, n.º 2, consente que uma «sociedade possa emitir obrigações que confiram o direito de subscrição de acções a emitir pela sociedade que, directa ou indirectamente, detenha uma participação maioritária no capital social da sociedade emitente das obrigações», sendo que, nesta hipótese, a emissão terá de ser igualmente aprovada pela sociedade participada. Segundo ENGRÁCIA ANTUNES, José Augusto Quelhas Lima, «Wandel- und Optionsanleihen in Portugal», in *ZGR* 1995, p. 65, esta norma pode ser aplicável às emissões de obrigações convertíveis. Em sentido contrário, veja-se OSÓRIO DE CASTRO, *ob. cit.*, pp. 195 e 196, nota 181.

Entretanto, em Itália, no silêncio da lei, a doutrina tem vindo a considerar legítima a emissão de obrigações convertíveis em acções de sociedade distinta da emitente, aliás fenómeno amplamente difundido na prática (cf. SANTAGELO, Ignazio Augusto, «Le obbligazioni convertibili in azioni», in *BBTC*, 1968, I, pp. 266-268; ROVELLI, Luigi, «Emissione di obbligazioni indirettamente convertibili», in *Società*, 1990, pp. 67-70; Id. «Le obbligazioni indirettamente convertibili», in *Società*, 1991, pp. 305-316; MORANO, Alberto, «Prestito convertibile in azioni di diverse società a scelta del portatore», in *Società*, 1994, pp. 441-447; e MONTEFORTE, Eugenio Pappa, «Prestito obbligazionario convertibile: metodo indiretto», in *Riv. not.*, 1995, pp. 587-615).

[148] Cf. VINCENZO BUONOCORE, «"L'épreuve prénuptiale": obbligazioni convertibili e "gestioni speciale"», in *Giur. comm.*, 1974, pp. 280-286.

[149] Cf. OSÓRIO DE CASTRO, *ob. cit.*, p. 164.

[150] Sobre as obrigações convertíveis a literatura jurídica é vastíssima. Além de outras obras, que com vantagem poderiam citar-se, consulte-se, na doutrina nacional, LEITE SANTOS, Mário, «Obrigações Convertíveis. Alguns Aspectos do seu Regime Jurídico», in *RB*, 1991, Julho-Setembro, pp. 93 ss; ENGRÁCIA ANTUNES, *ibid.*, pp. 39 ss; OSÓRIO DE CASTRO, *ibid.*, pp. 164-200; FÁTIMA GOMES, *Obrigações Convertíveis em Acções*, Universidade Católica Editora, Lisboa, 1999.

No direito alemão, consulte-se LUTTER, Marcus, in AAVV, *Kölner Kommentar zum*

Nas obrigações com *warrant* já não sucede o mesmo: o exercício do direito de subscrição não extingue a obrigação, pelo que o titular deste tipo de obrigações tem a faculdade de tornar-se sócio, mantendo a sua posição creditícia. O *warrant* confere o direito à aquisição de acções a emitir pela sociedade emitente ou outra, em condições previstas no momento da emissão, sendo certo que, na falta de convenção em contrário, pode ser alienado ou negociado autonomamente[151].

Tanto o titular de obrigações convertíveis como o titular de obrigações com *warrant* têm o direito potestativo de se tornarem sócios — de acordo com as condições previamente fixadas —, direito esse cujo valor[152] pode vir a ser afectado em virtude de algumas operações levadas a cabo pela entidade adstrita à emissão das correspondentes acções. Facto que justifica a especial tutela concedida aos seus titulares na pendência do período de conversão ou de exercício do *warrant*[153].

Aktiengesetz, Band 5, §§ 221-240, 2.ª ed., Carl Heymanns Verlag KG, Köln, Berlin, Bonn, München, 1993, pp. 515-645, bem como a vasta bibliografia citada por este Autor.

No direito espanhol, JAVIER GARCIA DE ENTERRIA, «El significado de la nueva regulación de las obligaciones convertibles en acciones», in *RDM*, n.º 195, 1990, pp. 7-62; e CACHÓN-BLANCO, José Enrique, «Las obligaciones convertibles: regímen jurídico», in *CDC*, 8, Dezembro 1990, pp. 107-121.

Em Itália, além de várias outras já citadas ou a que terei o ensejo de aludir, veja-se ANGELO DE MARTINI, «Profilo giuridico delle obbligazioni convertibili in azioni», in *BBTC*, 1957, I, pp. 506-542; VELO, Dario, *Le obbligazioni convertibili in azioni*, Dott. A. Giuffrè Editore, Milano, 1975; COMUNALE, Bruno, «Le obbligazioni convertibili in azioni», in *Vita not.*, 1977, pp. 283-296; MODICA, Riccardo, «Profili della disciplina del diritto di opzione dei portatori di obbligazioni convertibili», in *Riv. soc.*, 1979, pp. 58-89; e JAVIER GARCIA DE ENTERRIA, *Le obbligazioni convertibili in azioni*, Dott. A. Giuffrè Editore, Milano, 1989.

Para terminar, uma curiosidade sobre o direito argentino, enriquecida por um interessante diálogo comparativo que o Autor faz com os direitos estado-unidense e francês, CARLOS GABRIEL YOMHA, *Obligaciones convertibles en acciones*, Ediciones Depalma, Buenos Aires, 1983.

[151] Cf. art. 360.º, al. d); e 372.º-B, n.ᵒˢ 1, 2, e 4.

[152] A existência do direito mantém-se, naturalmente, apenas o seu valor é diluído (cf. LUTTER, Marcus, «Les obligations convertibles et échangeables contre des actions en droit allemand», in *Rev. sociétés*, 1972, p. 209).

[153] Não sendo sócios, os titulares destas espécies de valores mobiliários sempre usufruem de um «especial modo de ser credores» (cf. WOLFGANG SCHILLING, in AAVV, *Aktiengesetz Grokommentar*, Dritter Band, §§ 179-290, 3.ª ed., Walter de Gruyter, Berlin/New York, 1973, p. 208).

A mesma ideia exprime HOUIN, Roger, «Les obligations convertibles en actions», in *BBTC*, 1954, I, p. 647, para quem a ideia dominante é a de que os obrigacionistas, mau

Em conformidade, o CSC vem proibir a prática de certos actos pela sociedade. Nos termos do art. 368.º, n.º 1, ficam proibidas a alteração das condições de repartição de lucros fixadas no contrato de sociedade, a distribuição aos sócios de acções próprias, a amortização de acções, a redução do capital mediante reembolso e a atribuição de privilégios às acções existentes. Acresce que o art. 131.º, n.º 1, al. d), institui o impedimento à transformação da sociedade noutro tipo legal enquanto as obrigações emitidas não tiverem sido totalmente reembolsadas ou convertidas. A par destes actos, proibidos em absoluto, outros há que a sociedade pode praticar tão-somente com a condição de assegurar aos obrigacionistas direitos iguais aos dos sócios. Assim, na pendência do período de conversão ou de exercício do *warrant*, à sociedade só é permitido praticar actos que, simultaneamente, atribuam direitos aos accionistas e sejam susceptíveis de afectar os direitos dos obrigacionistas que venham a exercer as faculdades de conversão ou subscrição, se for acautelada a igualdade de tratamento entre ambos os grupos, isto é, se aos obrigacionistas forem garantidos direitos iguais aos dos sócios[154-155]. A *equiparação* dos titulares de valores obrigacionais convertíveis ou com *warrant* aos sócios está outrossim patente no direito que lhes assiste de exercer os seus direitos de conversão ou subscrição em caso de concordata da sociedade, logo a partir da data da homologação[156-157].

---

grado o seu estado *actual* de credores, têm «direitos *eventuais* de accionistas que se realizarão no momento da opção ou conversão.»

[154] Cf. art. 368.º, n.º 3, que exemplifica os casos mais comuns em que tal se possa verificar, nomeadamente a emissão de novas obrigações convertíveis em acções, a alteração do valor nominal das acções, a distribuição de reservas aos accionistas e o aumento de capital, seja por novas entradas, seja por incorporação de reservas.

[155] Cf. OSÓRIO DE CASTRO, *ob. cit.*, pp. 183-185.

[156] Cf. art. 372.º, n.º 1. Este preceito é profundamente influenciado pela consideração de que os titulares de obrigações convertíveis ou com *warrant* são «potenciais accionistas», pelo que o legislador permite que possam exercer os seus direitos antecipadamente, a fim de se tornarem sócios. (Sobre a possibilidade de conversão ou subscrição antecipada enquanto mecanismo de tutela, veja-se, por todos, CONCETTO COSTA, «La convertibilità anticipata nel sistema delle obbligazioni convertibili in azioni», in *Riv. soc.*, 1980, pp. 74-120.)

Sobre as medidas de tutela aqui referidas, veja-se, para maior aprofundamento, ENGRÁCIA ANTUNES, *loc. cit.*, pp. 61-64; OSÓRIO DE CASTRO, *ibid.*, pp. 183-192; FÁTIMA GOMES, *ob. cit.*, 143-205; FAZZUTTI, Ettore, «Obbligazioni convertibili e modifica del rapporto di cambio», in *Giur. comm.*, Anno IV, Fasc. 6 (Estratto), Dott. A. Giuffrè Editore, Milano, 1977, pp. 923-947; G. F. CAMPOBASSO, *La disciplina delle obbligazioni conver-*

3. Quaisquer que sejam os direitos em causa, eles são representados por um documento em papel que é atribuído pela entidade emitente ao obrigacionista e que o habilita a exercer, perante ela, tais direitos ou por um registo em conta individualizada aberta junto das entidades registadoras.

As obrigações são, nos termos do CVM, valores mobiliários[158], e os títulos que as representam são títulos de crédito, apresentando as carac-

---

tibili: problemi e lacune, in AAVV, *La legge 216 dieci anni dopo*, Dott. A. Giuffrè Editore, Milano, 1985, pp. 173-187; MORANO, Alberto, «Obbligazioni convertibili e aumento gratuito del capital sociale», in *Società*, 1992, pp. 1037-1041; e MARCO CANNIZZO, «Tutela degli obbligazionisti durante la pendenza del periodo di conversione», in *Econo. e cred.*, Anno XXXIV, n.os 1 e 2, Março/Junho, 1994, pp. 279-292.

[157] Existem ainda variadíssimas outras espécies de obrigações, algumas inclusive especialmente previstas na lei. É o caso do DL n.º 311-A/85, de 30 de Julho (*obrigações com taxas de juro indexada*); do DL n.º 408/91, de 17 de Outubro (*obrigações de caixa*); e do DL n.º 125/90, de 16 de Abril, *obrigações hipotecárias*, que não obrigações garantidas por hipoteca constituída pela entidade emitente ou outra, mas títulos que conferem ao seu titular «privilégio creditório especial sobre os créditos hipotecários afectos à emissão, com precedência sobre quaisquer outros credores» (art. 6.º, n.º 1). (Sobre o tema, consulte-se o trabalho monográfico de ARMINDO RIBEIRO MENDES, «Um Novo Instrumento Financeiro – As Obrigações Hipotecárias» in *RB*, 15, Julho/Setembro, 1990, pp. 59-100). Note-se que a disciplina vertida no CSC concernente às organizações de obrigacionista não encontra aplicação no caso de obrigações hipotecárias (cf. art. 7.º, al. a), do mencionado DL).

O DL n.º 353-M/77, de 29 de Agosto (*obrigações com juro variável*) e o DL n.º 353-P/77, de 29 de Agosto (*obrigações participantes*) só se encontram em vigor, segundo OSÓRIO DE CASTRO, *ob. cit.*, p. 145, nota 102, no que diz respeito às empresas públicas, tendo sido revogados, com relação às sociedades comerciais, pelo art. 3.º do DL n.º 262/86 que veio precisamente revogar «toda a legislação relativa às matérias reguladas no Código das Sociedades Comerciais».

Neste trabalho, exceptuando uma ou outra referência particular, tenho tido apenas em conta as obrigações previstas no CSC.

De todo o modo, sobre as diversas modalidades de obrigações, pode consultar-se, nomeadamente CASELLA, Paolo, «Emissione di prestito obbligazionario indicizzato in linea di capitale della parte di s.p.a.», in *Giur. comm.*, 1983, II, pp. 750-765; BUSSOLETTI, Mario, «Obbligazioni convertibili, con warrant, con partecipazione agli utili», in *Riv. dir. comm.*, 1988, I, pp. 261-290; COLUSSI, Vittorio, *Obbligazioni di società*, in Enciclopedia Giuridica, Istituto della enciclopedia italiana fondata da Giovanni Treccani, Roma, 1990, p. 7; R. AMBROSINI, *loc. cit.*, pp. 332-342; LAMANDINI, Marco, «*Perpetual notes* e titoli obbligazionari a lunga o lunghissima scadenza», in *BBTC*, 1991, I, pp. 606-635; e ainda a vasta bibliografia citada por MARCELLA SARALE, *Giurisprudenza sistematica di diritto civile e commerciale*, fondata da Walter Bigiavi, *Le società per azioni. Obbligazioni*, Utet, Torino, 2000, pp. 243-248.

[158] Nos termos do art. 1.º, n.º 1, al. b), do CVM, as obrigações são consideradas *valores mobiliários*, estando portanto reguladas nesse diploma legal. (Veja-se, todavia, o

terísticas da incorporação, literalidade, autonomia, legitimação e circulabilidade[159-160]. O que importa sobremaneira salientar é a complexidade da *posição obrigacional*. Esta engloba um feixe de posições activas e eventualmente passivas[161], de natureza pecuniária, e um feixe de posições activas de natureza participativa, em face da entidade emitente e da colectividade de obrigacionistas. Desdobra-se, portanto, em duas frentes. Em virtude disso, penso que quanto à natureza dos direitos incor-

---

art. 2.º, n.os 2 e 3 do CVM quanto às obrigações emitidas por prazo igual ou inferior a um ano).

[159] É este o elenco mais ou menos consensual das características dos títulos de crédito, conforme se pode comprovar, entre outros, por FERRER CORREIA, *Lições de Direito Comercial*, Vol. III, *Letra de Câmbio*, com a colaboração de Paulo M. Sendim, J. M. Sampaio Cabral, António A. Caeiro e M. Ângelo Coelho, *Reprint*, Lex, 1994 [1975], pp. 413-417; PEDRO PAIS DE VASCONCELOS, *Direito Comercial. Títulos de Crédito*, Associação Académica da Faculdade de Direito de Lisboa, Lisboa, 1988/89, Reimpressão 1997, pp. 6-25; OLIVEIRA ASCENSÃO, José, *Direito Comercial*, Vol. III, *Títulos de Crédito*, Lisboa, 1992, pp. 4, 12-40, *passim*; e CARLOS FERREIRA DE ALMEIDA, «Desmaterialização dos Títulos de Crédito: Valores Mobiliários Escriturais», in *RB*, n.º 26, Abril/Junho, 1993, pp. 36-38.

[160] Atendendo ao facto das obrigações poderem assumir representação escritural (cf. art. 46.º CVM), é duvidosa a sua qualificação enquanto títulos de crédito, dado estes exigirem a incorporação num documento. Sobre o tema, consulte-se CARLOS FERREIRA DE ALMEIDA, *ibid.*, pp. 36-39; e AMADEU JOSÉ FERREIRA, *Valores Mobiliários Escriturais. Um Novo Modo de Representação e Circulação de Direitos*, Livraria Almedina, Coimbra, 1997, pp. 399-405. Tem igualmente bastante interesse a posição de PINTO FURTADO, Jorge Henrique da Cruz, *Títulos de Crédito. Letra, Livrança, Cheque*, Livraria Almedina, Coimbra, 2000, pp. 9-12, excluindo da categoria de títulos de crédito as *acções* das sociedades comerciais, invocando, entre outros argumentos, precisamente o de as acções poderem revestir forma escritural, contrariamente ao título de crédito que «tem de, necessariamente, ser incorporado num *papel*.» Já agora, quanto ao conceito de documento relevante para efeitos de valores mobiliários, pode ver-se RIGHINI, Elisabetta, *I valori mobiliari*, Dott. A. Giuffrè Editore, Milano, 1993, pp. 1-57.

[161] Penso na hipótese de valores obrigacionais em que o montante a entregar à sociedade seja fraccionado no tempo, à semelhança do deferimento das entradas dos sócios. É, aliás, o próprio CSC que se refere a este caso no art. 350.º, n.os 2 e 4, em que proíbe a deliberação de emissão de obrigações ou o lançamento de um nova série, enquanto não estiverem subscrita e *realizada* a anterior. Isto quanto a posições passivas de natureza pecuniária perante a entidade emitente. Já no que respeita a posições de igual natureza em face da colectividade de obrigacionistas, pense-se na eventualidade de ser deliberado constituir um fundo comum. Teremos, então, como posição passiva, o dever de contribuir para o fundo comum, e como posição activa, o direito à restituição aquando da liquidação do mesmo.

porados no título, às obrigações, quadra bem o epíteto de *títulos de participação*[162].

Além disso, em virtude da alteração do art. 51.º do CPC levada a cabo pelo DL 329-A/95, de 12 de Dezembro, as obrigações passaram a considerar-se títulos executivos, permitindo ao seu titular requerer em processo executivo as providências adequadas à reparação dos direitos violados, sem necessidade de intentar previamente acção declarativa. De facto, com a entrada em vigor do referido diploma deixou de se exigir o requisito do reconhecimento notarial da assinatura do devedor no documento particular, para que este pudesse caracterizar-se como título executivo, tal como anteriormente o exigiam os n.ºs 1 e 2 do art. 51.º do CPC. A opção do legislador em eliminar este requisito e, consequentemente, ampliar significativamente o elenco dos títulos executivos, teve o fito de diminuir o número de acções declarativas de condenação propostas com o único intento de obtenção do indispensável título judicial para a execução.

Passou então a considerar-se título executivo qualquer «documento particular, assinado pelo devedor, que importe constituição ou reconhecimento de obrigações pecuniárias, cujo montante seja determinado ou determinável nos termos do art. 805.º, ou de obrigação de entrega de coisas móveis ou de prestação de facto»[163]. Os títulos de obrigações preenchem estes requisitos. Em primeiro lugar, são documentos particulares nos termos do art. 363.º, n.º 2, do CC, já que se trata de documentos elaborados pela entidade emitente sem qualquer intervenção de autoridade ou oficial público. São, também, documentos assinados pelo devedor, conforme o disposto no art. 352.º, n.º 2, do CSC e art. 97.º, n.º 2,

---

[162] Assim, G. FERRI, *Diritto Commerciale*, cit., pp. 769 e 770, embora sem realçar todos os aspectos da *posição obrigacional*.

O mesmo Autor define *títulos de participação* do seguinte modo: «aqueles que atribuem ao seu titular uma posição no âmbito de uma determinada organização social e que o habilitam a exercer os direitos e os poderes que a tal posição são inerentes em virtude da lei ou do acto constitutivo» (cf. *ibid.*, p. 708). Assim, tomando como referência a relação estabelecida entre obrigacionista e colectividade de obrigacionistas, eu diria que as obrigações são inequivocamente *títulos de participação*. Se olharmos para a ligação do obrigacionista à entidade emitente, aí poderíamos dizer que as obrigações são sobretudo *títulos de crédito propriamente ditos*, i. é, «aqueles que incorporam direitos de crédito pecuniários» (cf. PEDRO PAIS DE VASCONCELOS, *Direito Comercial*, cit., p. 26).

[163] Cf. art. 46.º, al. c), do CPC (adaptação do Autor).

do CVM. Por último, do título de obrigação consta o reconhecimento pela entidade emitente da dívida para com o obrigacionista[164].

E realce-se que a obrigação é um título executivo com particular segurança, na medida em que, por força das formalidades que rodeiam a emissão do empréstimo, nomeadamente o registo comercial da emissão[165] e o registo da emissão nos termos dos arts. 43.º e 44.º CVM, afigura-se dificílima a prova da não genuinidade da assinatura não reconhecida, enquanto fundamento para a suspensão da execução[166-167].

11. Constituição das organizações de obrigacionistas e emissão de obrigações

1. Entre as marcas caracterizadoras das organizações de obrigacionistas sobressai extraordinariamente o facto de a aquisição da qualidade do membro derivar da aquisição da qualidade de credor obrigacionista. Há, no fundo, uma relação de *incindibilidade* entre a posição de obrigacionista e a posição de membro da colectividade — o titular de obrigações é credor obrigacionista *et pour cause* membro da colectividade de obrigacionistas da mesma emissão. Em consequência — e este é outro elemento peculiar —, a transmissibilidade da posição de membro é conatural a este tipo de colectividades, sendo que tal ocorre com a transmissão da posição de credor, normalmente por via da alienação do valor mobiliário. Também aqui se manifesta a relação de *incindibilidade* — a transmissão da posição de credor envolve a transmissão da qualidade de membro. Além disso, embora seja um elemento de menor relevo, merece realce o facto de as colectividades de obrigacionistas poderem ser *unipessoais*, dado nada impedir que um só credor, já no momento de subscrição, já em momento posterior por via da aquisição, seja o único titular das obrigações.

Por seu turno, o acto constitutivo não tem cariz voluntário, antes resulta da lei — uma vez surgidas as obrigações, constitui-se *ope legis* a

---

[164] Também os certificados passados pelas entidades registadoras relativos a valores mobiliários escriturais valem como títulos executivos, nos termos do 84.º CVM.

[165] Cf. arts. 351.º e 353.º, n. 2, CSC e art. 3.º, n.º 1, al. l), do CRC.

[166] Cf. arts. 815.º e 813.º do CPC.

[167] Quanto ao título executivo, veja-se ANTÓNIO MONTALVÃO MACHADO/PAULO PIMENTA, *O Novo Processo Civil*, Livraria Almedina, 2.ª ed., Revista e Actualizada, 2000, pp. 51-62; e FERNANDO AMÂNCIO FERREIRA, *Curso de Processo de Execução*, 2.ª ed., Livraria Almedina, Coimbra, 2000, pp. 21-43.

organização de obrigacionistas. Simplesmente, tal não implica a sua actuação, pois pode suceder que durante todo o período do empréstimo não ocorram razões justificativas da sua entrada em acção. Tal-qualmente tive oportunidade de referir para o caso alemão[168], não obstante constituída, a colectividade encontra-se em estado latente, podendo ser despertada mediante convocação pelas pessoas legalmente competentes para o efeito.

2. E em que momento poderá, então, considerar-se constituída a colectividade?

A emissão, entendida em sentido amplo, constitui um processo que engloba «o conjunto de procedimentos necessários à criação de valores mobiliários»[169]. Desde logo, a emissão tem de ser *deliberada pela assembleia geral*, excepto se os estatutos autorizarem o órgão de gestão — conselho de administração ou direcção — a deliberar sobre esta matéria[170-171]. Por regra, o legislador não exige um quórum específico, quer constitutivo, quer deliberativo, para a emissão de obrigações, pelo que a deliberação será aprovada por maioria simples dos votos emitidos, independentemente da percentagem do capital social representado na assembleia[172]. Tratando-se, todavia, de obrigações convertíveis ou com *warrant*, a deliberação de emissão carece de ser tomada por maioria equi-

---

[168] Cf. *supra* ponto 4.

[169] Cf. Osório de Castro, *ob. cit.*, pp. 54 e 55. A emissão em sentido estrito será, nas palavras do Autor, «a incorporação do direito num documento ou a atribuição ao mesmo de forma escritural e o lançamento em circulação dessa forma de representação.»

[170] Cf. art. 350.º, n.º 1.

Quanto à questão de saber se, na falta de estipulação estatutária, o colégio de accionistas pode delegar no órgão de administração a definição das condições de emissão ou mesmo a própria decisão de emissão, consulte-se, por todos, Osório de Castro, *ibid.*, pp. 148-152.

[171] Coloca-se, no entanto, a questão de saber se esta regra tem um alcance geral, abrangendo a emissão de obrigações convertíveis ou com *warrant*, ou se nestes casos a competência é exclusiva da assembleia geral. Sobre o tema, veja-se, Engrácia Antunes, *loc. cit.*, p. 49; Osório de Castro, *ibid.*, pp. 168-170; Fátima Gomes, *ob. cit.*, pp. 76-91 (para um ponto de situação do direito comparado, leia-se, particularmente, a nota 188); Helena Marques da Silva, *O Warrant no Âmbito do Mercado de Valores Mobiliários*, in AAVV, *Direito dos Valores Mobiliários*, Vol. II, Coimbra Editora, Coimbra, 2000, pp. 388 e 389; e Javier Garcia de Enterria, «La prohibición de delegar en los administradores la facultad de acordar la emisión de obligaciones convertibles en acciones: ¿Un supuesto de incumplimiento de las directivas comunitarias?», in *La Ley*, 1990, pp. 931-937.

[172] Cf. arts. 350.º, n.º 1; 383.º, n.º 1; e 386.º, n.º 1.

valente à exigida para aumento de capital por novas entradas — quórum constitutivo de um terço do capital social e quórum deliberativo de dois terços dos votos emitidos —, isto se o contrato de sociedade não tiver elevado a fasquia para consensos mais alargados[173].

A emissão de obrigações está sujeita a *registo comercial* que a sociedade poderá levar a efeito logo após a tomada da deliberação, conquanto em caso de subscrição pública incompleta a sociedade tenha de promover o averbamento no registo comercial do montante efectivo da emissão[174-175].

Sendo valores mobiliários, o processo de emissão de obrigações deve respeitar o prescrito no CVM. Assim, e desde logo, a emissão está sujeita a *registo junto da emitente*, do qual constam todos elementos indispensáveis à individualização da emissão, e que deve ser actualizado em caso de alteração[176]. No caso de oferta pública, a emissão está outrossim sujeita a *registo prévio* na CMVM[177-178]. Seguidamente, há lugar ao *lançamento da*

---

[173] Cf. arts. 366.º, n.º 1; 372-B, n.º 5; 383.º, n.º 2; e 386.º, n.º 3.

Em segunda convocação bastará a maioria simples, desde que na assembleia esteja presente ou representado pelo menos metade do capital social (cf. art. 386.º, n.º 4).

[174] Cf. arts. 351.º, n.º 1; 353.º, n.º 2, ambos do CSC, e 3.º, n.º 1, al. l), do CRC.

O extracto da inscrição do registo deve conter as seguintes menções especiais: o montante, o valor nominal, a natureza da subscrição e a data da deliberação (cf. a al. ag) do art. 16.º do Regulamento do Registo Comercial, Portaria n.º 883/89, de 13 de Outubro).

Tratando-se de emissão por séries, deve ser registada, por averbamento, a emissão de cada série de obrigações, e o extracto de averbamento à inscrição deve mencionar a série emitida e a data (cf. art. 69.º, n.º 1, al. o), do CRC; e art. 17.º-A, al. b), do citado Regulamento do Registo Comercial).

[175] Nos termos do art. 5.º, n.º 3, do DL 408/91, de 17 de Outubro, a emissão de *obrigações de caixa* não está sujeita a registo comercial. Também a emissão de obrigações por sociedades de titularização de créditos não está sujeita a registo comercial (cf. art. 46.º, n.º 4, do DL 453/99 de 5 de Novembro).

[176] Cf. arts. 43.º e 44.º do CVM.

[177] Cf. art. 114.º CVM

Sobre os conceitos de *oferta pública* e *oferta particular*, cf. arts. 109.º e 110.º do CVM. Nos termos do art. 111.º, al. c), do CVM, as ofertas públicas de subscrição de valores mobiliários representativos de dívida emitidos por prazo igual ou inferior a um ano, de obrigações de caixa e de obrigações hipotecárias não estão sujeitas às regras do CVM sobre ofertas públicas.

Veja-se, ainda, o Regulamento da CMVM n.º 14/2000, de 23 de Fevereiro (Sistemas de Registo de Valores Mobiliários); Portaria n.º 289/2000, de 25 de Maio (Registo de Valores Mobiliários Escriturais Junto do Emitente); e Portaria n.º 290/2000, de 25 de Maio (Registo da Emissão de Valores Mobiliários Junto do Emitente).

[178] A oferta particular está simplesmente sujeita a comunicação subsequente à CMVM para efeitos estatísticos (cf. art. 110.º, n.º 2, CVM).

oferta feito por intermédio de anúncio[179]. Os destinatários da oferta que pretendam subscrever as obrigações poderão fazê-lo manifestando a sua *aceitação* através de ordem dirigida a intermediário financeiro, sendo que até cinco dias antes de findar o prazo da oferta ou em prazo inferior constante do documento da oferta é-lhes permitido revogar a sua aceitação[180]. Concluído o prazo da oferta, cujo resultado é imediatamente apurado e publicado[181], dá-se por findo o processo e os subscritores ficam titulares da posição jurídica correspondente ao contrato celebrado[182]. São, por conseguinte, credores obrigacionistas, embora ainda não estejam na posse dos correspondentes valores mobiliários. A atribuição destes, já por inscrição em conta, tratando-se de valores escriturais, já pela entrega dos títulos, tratando-se de documentos em papel, só agora é possível[183]. Ou seja: entre a conclusão do período de subscrição e a atribuição dos valores mobiliários ao seu titular, verifica-se um hiato temporal em que existem obrigações, entendidas enquanto posições jurídicas, mas não estamos em face de obrigações enquanto valores mobiliários, pois estas só se constituem quando adoptam uma forma de representação escritural ou titulada. Ora é precisamente naquele primeiro momento que se constitui a organização de obrigacionistas[184].

3. As referências ao processo de emissão de obrigações quedariam bastante incompletas se não fossem tratadas algumas questões particulares que a este respeito se colocam. Julgo, por isso, plenamente justificada a opção de não avançar para o tema da extinção do empréstimo, sem antes lhes dispensar especial atenção.

O processo de emissão de obrigações apresenta algumas especificidades próprias desta espécie de valor mobiliário. Desde logo, a emissão de obrigações deve obedecer aos requisitos estabelecidos no art. 348.º. Assim, exceptuados os casos particulares previstos no n.º 2, 2.ª parte, e n.º 3 desse preceito, a emissão de obrigações só é possível por sociedades que tenham o seu contrato «definitivamente registado há mais de dois anos» e «cujos dois últimos balanços estejam regularmente aprovados ou que tenham

---

[179] Cf. art. 123.º CVM.
[180] Cf. art. 126.º CVM.
[181] Cf. art. 127.º CVM.
[182] Cf. AMADEU JOSÉ FERREIRA, *Direito dos Valores Mobiliários*, cit., p. 314.
[183] Cf. art. 47.º CVM.
[184] Se a entidade emitente pretender que as obrigações sejam admitidas à negociação em mercado de bolsa a contado deverá observar os requisitos previstos no arts. 227.º e ss. CVM, e a emissão terá de satisfazer as condições particulares do art. 229.º CVM (admissão de obrigações à negociação).

resultado da fusão ou cisão de sociedades das quais uma, pelo menos, se encontre nessas condições»[185]. Além disso, o n.º 4 do mesmo artigo dispõe que as «obrigações não podem ser emitidas antes de o capital estar inteiramente liberado ou de, pelo menos, estarem colocados em mora todos os accionistas que não hajam liberado oportunamente as suas acções.»

Uma outra particularidade da emissão de valores obrigacionais é a existência de um limite quantitativo ao montante total de obrigações de que a sociedade emitente pode ser devedora em dado momento. Este limite, consagrado no art. 349.º, suscita problemas agudos e coloca sérias dúvidas de interpretação. Requer, por isso, análise mais atenta e ponderação cuidada.

11. 1. *Limites à emissão de obrigações*

> «Com relação ao artigo 196.º, direi que concordo com a doutrina n'elle contida, e direi mais de passagem que um dos grandes males, que tem havido em Portugal, é não estar devidamente acautelada a emissão de obrigações, porque uma companhia póde ver-se com falta de dinheiro e póde muitas vezes sacrificar completamente os accionistas, emittindo obrigações por causa das quaes depois se falta ao pacto primitivamente feito com os accionistas.
>
> N'este caso acho preferivel acabar a companhia, ou banco, e seguir cada accionista o seu modo de vida.
>
> Eu conheci um negociante razoavelmente abastado, que vendeu os seus bens todos para entrar n'uma companhia. Quando me encontrava, perguntava-me se eu lhe achava razão, e eu dizia-lhe que não. A resposta d'elle em seguida era que a companhia era interessada n'um objecto essencial para a vida publica, ao que eu ponderava: dê tempo ao tempo.
>
> Effectivamente, passados annos, este homem viu-se reduzido, não completamente à miséria, porque a familia constava apenas de marido e mulher; mas n'uma situação relativamente desgraçada, tendo-se verificado os meus receios, porque a companhia n'um dado momento começou a emitir obrigações e os accionistas ficaram sem receber juros das suas acções.»
>
> José de Saldanha, in *Appendice ao Codigo Commercial Portuguez Aprovado Pela Carta de Lei de 28 de Junho de 1888*, 3.ª ed., Imprensa da Universidade, Coimbra, 1906, p. 192.

---

[185] No caso das sociedades sujeitas à supervisão do Banco de Portugal não há lugar à aplicação deste requisito (cf. n.º 1 da Portaria n.º 974/90, de 11 de Outubro).

Também não estão sujeitas aos limites estabelecidos no artigo 349.º as emissões de obrigações titularizadas cuja notação de risco seja A ou equivalente (cf. art. 50.º do DL 453/99, de 5 de Novembro), embora estejam sujeitas a uma relação entre os fundos próprios e montante das emissões (cf. Aviso do Banco de Portugal n.º 1/2000, de 11 de Julho),

1. Fiel a uma tradição europeia relativamente consolidada[186], o CSC prevê um limite quantitativo à emissão de obrigações. Por via disso, as sociedades «não podem emitir obrigações que excedam a importância do

---

nem as emissões de obrigações por sociedades de garantia mútua (cf. art. 8.º, al. c), do DL n.º 19/2001, de 30 de Janeiro).

[186] Tradição cuja primeira manifestação talvez se tenha verificado em Inglaterra com o *Act* de 31 de Agosto de 1835, nos termos do qual as companhias de caminhos-de--ferro não podiam emitir obrigações por valor superior a um terço do capital social. Alguns anos mais tarde, em Espanha, a *Ley General de Ferrocarriles*, de 3 de Junho de 1855, permitia a emissão até um terço do capital realizado (art. 48), limite que foi ampliado sucessivamente até total desaparecimento. Por outro lado, o *Código de Comercio* espanhol, de 22 de Agosto de 1885, consagrou o princípio de liberdade de emissão (art. 186). Este sistema manteve-se até à entrada em vigor da LSA de 1951 que veio introduzir um limite para a generalidade das sociedades anónimas: o capital social realizado.
Em Itália, o Código Comercial de 1865 dispunha no seu art. 135 que «a sociedade não pode emitir obrigações ou outros títulos ao portador, enquanto o capital não tiver sido integralmente realizado. O montante das obrigações e dos títulos não poderá exceder o valor do capital realizado.» Dois anos mais tarde, o legislador português viria a adoptar solução semelhante. A Carta de Lei de 22 de Junho de 1867, que veio alterar o Código Comercial de 1833 na parte relativa às sociedades anónimas, introduziu aquela que terá sido a primeira manifestação de um limite quantitativo à emissão de obrigações em Portugal: «As sociedades anonymas, que nos seus estatutos estipulem emissão de obrigações ao portador amortisaveis por sorteio, unicamente podem emittir taes titulos fiduciarios com as seguintes condições: 1.ª[...]; 2.ª Representando a emissão uma somma nominal, que nunca exceda o capital social effectivamente pago; [...]» (art. 38.º, 2.ª al., da Primeira Parte, Título XII, Secção VIII, do Código Comercial de 1833, na redacção dada pela Carta de Lei de 22 de Junho de 1867). Posteriormente, o Código de Comércio italiano, de 31 de Outubro de 1882, estabeleceu um limite mais rigoroso: o valor do «capital realizado e existente» (art. 170). O Código Comercial português de 1888 voltaria a inspirar-se no legislador transalpino, prescrevendo o mesmo limite e para todo o tipo de obrigações (art. 196.º: «as sociedades anónimas podem emitir obrigações, nominativas ou ao portador, até importância do capital já realizado e existente nos termos do último balanço aprovado»). A mesma solução foi adoptada na Roménia (art. 173 do Código Comercial romeno de 1887).
Entretanto, o Código Comercial belga de 1873 fixara também um limite, referindo--se, todavia, ao «capital social realizado» (3.ª al.) do art. 68). Em França, a lei de 11 de Junho de 1880 proibia que as empresas de caminhos-de-ferro locais emitissem obrigações por valor superior ao capital social realizado (art. 18). Finalmente, na Noruega, a lei de 6 de Agosto de 1897 determinava que o montante das obrigações emitidas por bancos não poderia ser superior ao décuplo do valor do capital liberado acrescido das reservas.
Europa fora, também se podia encontrar algumas legislações que estabeleciam tal limite. São os casos, por exemplo, do Brasil, México e Japão. A lei brasileira de 15 de Setembro de 1893 fixava no seu art. 42 o limite no capital social. (Note-se, porém, que BRANDEIS, *ob. cit.*, p. 36, alude ao art. 32 da lei de 4 de Novembro de 1882, diferentemente

capital realizado e existente, nos termos do último balanço aprovado, acrescido do montante do capital aumentado e realizado depois da data de encerramento daquele balanço» art. 349.º, n.º 1).

---

de ESCARRA, ob. cit., p. 150, que se refere à mencionada lei de 15 de Setembro de 1893, art. 43. Fica, portanto, a dúvida se ambos os diplomas legais consagravam tal limite ou se terá existido lapso. Seja como for, parece inquestionável que num ou noutro diploma legal terá sido consagrado esse limite.) No México, a Lei sobre as obrigações das sociedades de comércio ou indústria, de 29 de Novembro de 1897, continha um artigo 5 que estipulava o seguinte: «Não poderão ser emitidas obrigações por uma soma superior ao activo resultante do último balanço aprovado; todavia, as sociedades poderão emitir obrigações por uma soma superior a esse activo, quando essas obrigações representem o valor ou o preço dos bens em cuja aquisição sejam aplicadas e a qual tenha sido o motivo da emissão.» Por sua vez, o Código Comercial japonês, de 2 de Maio de 1911, estipulava que o montante da emissão não poderia ultrapassar o valor do capital social liberado ou o valor actual dos activos da sociedade, caso este seja inferior àquela cifra. (Sobre a perspectiva histórica acabada de referir, são de consultar-se, entre outros, BRANDEIS, ob. cit., pp. 34-40; ESCARRA, ob. cit., pp. 147-155; LANZA, Amilcare, «Rapporto quantitativo fra obbligazioni e capitale sociale», in Riv. dir. civ., 1961, II, pp. 201-204; G. F. CAMPOBASSO, Le obbligazioni, cit., pp. 394 e 395, nota 1; e FERNÁNDEZ DEL POZO, Luis, «Nota crítica sobre la existencia de límites cuantitativos a la emisión de obligaciones», in RJC, 1991, pp. 523-525.)

Actualmente, muitos dos países europeus adoptaram um regime de emissão sem restrições quantitativas. São os casos da França, Luxemburgo, Suíça e Alemanha, por exemplo. Neste último caso, todavia, só se pode falar verdadeiramente de liberdade de emissão a partir de 1991, data da entrada em vigor da *Gesetz zur Vereinfachung der Ausgabe von Schuldverschreibungen*, de 17 de Dezembro de 1990, que veio simplificar o regime de emissão de obrigações (cf. HÜFFER, ob. cit., pp. 1124 e 1160). Antes desta data, a emissão estava dependente de autorização ministerial (cf. §§ 795 e 808a do BGB) a ser concedida nos termos da *Gesetz über die staatliche Genehmigung der Ausgabe von Inhaber- und Orderschuldverschreibungen*, de 26 de Junho de 1954 (tanto esta lei, como os mencionados §§ do BGB foram revogados pela *Gesetz zur Vereinfachung der Ausgabe von Schuldverschreibungen*). A autorização era utilizada também enquanto instrumento de política económica. A demonstrá-lo está o facto de por vezes serem fixados montantes máximos para certas emissões. Foi o que se passou em 1966 quando o ministério da economia estabeleceu os limites para os montantes totais das emissões dos *Daueremittenten* (cf. HORN, Norbert, «Les valeurs mobilières en droit allemand», in *Le régime juridique des titres de sociétés en Europe et aux États-Unis*, Presses Universitaires de Bruxelles, 1970, p. 284).

Existem outros países, contudo, que mantêm um tecto máximo para a emissão de obrigações. É o caso de Espanha que fixa o valor máximo no «capital social desembolsado, más las reservas que figuren en el último balance aprobado y las cuentas de regularización y actualización de balances, [...]» (art. 282 LSA). (Este novo valor foi fixado pela lei de 25 de Julho de 1979 que veio alterar os arts. 111 e 114 LSA de 1951. Para um olhar crítico a esta alteração, veja-se ILLESCAS ORTIZ, Rafael, «Nota crítica sobre la reforma de la emisión de obligaciones por las sociedades anónimas», in *Estudios de derecho mercan-*

A fórmula legislativa adoptada suscita pertinentes dúvidas acerca do seu exacto alcance[187]. Desde logo, não é claro o sentido que se deve atribuir à expressão *capital realizado e existente*.

---

til en homenaje al profesor Antonio Polo, Editorial Revista de Derecho Privado, Editoriales de Derecho Reunidas, Madrid, 1981, pp. 365-373.) Em Itália, o limite é o capital realizado e existente, segundo o último balanço aprovado, podendo ser excedido uma vez verificadas as condições previstas no art. 2410 CCIt. Todavia, a restrição legal não é extensiva às entidades bancárias (cf. art. 12, n.os 3 e 4 do *Testo unico delle leggi in materia bancaria e creditizia — decreto legislativo 1.º settembre 1993, n. 385*). (Sobre este diploma, veja-se G. F. CAMPOBASSO, «L'emissione di obbligazioni bancarie» in *BBTC*, I, 1994, pp. 472-484, *passim*; MARCHETTI, Piergaetano, «Le obbligazioni nel testo unico delle leggi in materia bancaria e creditizia», in *BBTC*, 1994, I, pp. 485-497, *passim;* FAUCEGLIA, Giuseppe, «Le obbligazioni emesse dalla banche», in *Giur. comm.*, 1995, I, pp. 465-480; e A. BLANDINI, *loc. cit.*, *passim*. Em relação às sociedades com títulos cotados em bolsa o limite do art. 2410 foi elevado até ao valor do capital e das reservas (deliberação do *Comitato interministeriale per il credito e il risparmio*, de 3 de Março de 1994, ponto 2). Também na Dinamarca, a lei sobre sociedades, de 13 de Junho de 1973, determina que a emissão de obrigações convertíveis em acções não pode superar metade do valor do capital social. Na Bélgica, o limite existe apenas para as obrigações reembolsáveis por meio de sorteio e está fixado no capital social realizado (cf. art. 100 CCBelg).

Fora do continente europeu, existem outros países que consagram tal limite. São os casos do Brasil e Venezuela, por exemplo. No Brasil, a Lei n.º 6.404, de 15 de Dezembro de 1976, veio tornar mais flexíveis os limites da emissão, permitindo que o limite geral fixado no valor do capital social possa ser excedido até alcançar 80% do valor dos bens dados em garantia, no caso de obrigações com garantia real (cf. art. 60, § 1, al. a)) e até 70 % do valor contabilístico dos bens do activo não onerados, no caso de obrigações com garantia flutuante (cf. art. 60, § 1, al. b)). A emissão de obrigações subordinadas não está sujeita a qualquer limite (cf. art. 60, § 4). Também o *Código de Comercio* venezuelano, vigente nos termos da *Ley de Reforma Parcial del Código de Comercio* de 26 de Julho de 1955, estabelece o limite com referência ao «capital aportado y subsistente aún, com arreglo al último balance aprobado» (art. 300).

Muitas hipóteses como se vê. Mas entre estas e aquelas, as de hoje e as de ontem, quem ousará escolher?

[187] As quais, em parte, provêm das incertezas quanto à própria função da existência de um limite ao montante do empréstimo. Sem menos apreço por algumas outras posições, certamente respeitáveis, mas de relevo diminuto, pode afirmar-se que têm sido duas as finalidades aventadas. A posição dominante entende que o objectivo principal que se pretende alcançar é o de garantir os direitos de crédito dos obrigacionistas, assegurando uma determinada consistência do património social — *função de garantia*. De acordo com este entendimento, o legislador terá querido estabelecer uma certa proporcionalidade entre o valor do empréstimo obrigacionista e o património da sociedade, da qual se possa presumir que esta se encontra em condições de cumprir o programa de amortização do

empréstimo. (Neste sentido, entre outros, SAMPAIO PIMENTEL, Diogo Pereira Forjaz de, *Annotações ou Synthese Annotada do Código do Comercio*, tomo II, Imprensa da Universidade, Coimbra, 1875, p. 47; DE FERRA, Giampaolo, «Le garanzie a favore degli obbligazionisti», in *Riv. dir. comm.*, 1959, I, pp. 14 ss.; R. CLARIZIA, *ob. cit.*, p. 612; CAÑO PALOP, José Ramón del, *La emisión de obligaciones: mecanismos de defensa y protección del obligacionista*, in AA.VV., *La seguridad jurídica y el tráfico mercantil*, Editorial Civitas, S. A., Madrid, 1993, pp. 78-79; COTTINO, Gastone, *Diritto commerciale, Le società e le altre associazioni economiche*, Volume I, Tomo II, 3.ª ed., Cedam, Padova, 1994, p. 598; e FÁTIMA GOMES, *ob. cit.*, p. 67, nota 160.)

Já outros Autores têm sustentado que o limite quantitativo à emissão de valores obrigacionais visa assegurar uma adequada estrutura de capitais da sociedade — *função de equilíbrio entre meios de financiamento*. De outro modo, um recurso desmesurado à emissão de obrigações teria a consequência de os obrigacionistas suportarem um risco superior ao dos sócios, que, ao invés, beneficiariam de um poder económico desproporcionado ao risco por si assumido, com todos os perigos inerentes a investimentos com capitais predominantemente alheios. O limite estabelecido estaria assim destinado a assegurar um envolvimento financeiro dos sócios equivalente ao dos obrigacionistas. Por outro lado, ao contribuir para assegurar o equilíbrio financeiro da entidade emitente, o limite contribuiria, em última análise, para tutelar a posição dos obrigacionistas, dos outros credores e dos próprios sócios. Nesse sentido, o limite em questão exerceria uma função de garantia *lato sensu*. (Assim, FERRO-LUZZI, Paolo, «Vecchi e nuovi orientamenti in tema di limiti all'emissione di obbligazioni», in *Riv. dir. comm.*, 1963, I, pp. 219-221, *passim* — que veio retomar e desenvolver a orientação dos comentadores ao *Codice Commerciale* de 1882 —, secundado, entre outros, por G. FERRI, *Le società*, cit., p. 504; G. F. CAMPOBASSO, *Le obbligazioni*, cit., pp. 395-397; e, entre nós, por ANTÓNIO DIAS, ob. cit., pp. 77-79.)

Há igualmente Autores que entendem que as duas funções assinaladas são componentes da *ratio* do limite. (É o caso, por exemplo, de SIMONETTO, Ernesto, «Rapporto fra garanzia e obbligazioni emesse o in corso», in *Riv. soc.*, 1961, pp. 774-777; e F. GALGANO, *Diritto civile e commerciale*, cit., p. 396, nota 1).

Não obstante ambas as posições terem colhido opiniões favoráveis de sectores importantes da doutrina parece-me que nem uma, nem outra explicam adequadamente a função do limite quantitativo previsto no art. 349.º. Na verdade — e apreciando a primeira posição —, em relação ao limite em causa não se pode falar de uma *garantia em sentido técnico*, pois os obrigacionistas não têm o direito de se fazerem pagar, de preferência a outros credores, pelo valor do capital social. Não se pode falar igualmente de uma *garantia em sentido genérico*, tendo em vista a limitação do endividamento da sociedade ao montante do capital, porquanto esta pode recorrer ao crédito pelas mais diversas formas, nada obstaculizando que em qualquer momento a balança entre capitais próprios e alheios se encontre desequilibrada por via de um endividamento excessivo. Posto isto, custa a perceber a razão por que se tem defendido que a regra do art. 349.º visa garantir os créditos dos obrigacionistas. Aliás, se fosse esse o objectivo dificilmente se conseguiria explicar o disposto na alínea b) do n.º 3 do art. 349.º, nos termos da qual esse limite pode ser ultrapassado, desde que ocorram razões de elevado *interesse nacional* que nada têm a ver com a tutela dos obrigacionistas (consulte-se, neste sentido, E. SIMONETTO, *ibid.*, pp. 774-776; FERRO-LUZZI, *ibid.*, pp. 218 e 219; e G. F. CAMPOBASSO, *ibid.*, pp. 396 e 397).

Arguta e polémica a tese de FERRO-LUZZI topa, também ela, com sérias dificuldades. Desde logo, a inexistência de uma norma geral que restrinja a capacidade de endividamento das sociedades é razão bastante para não se adoptar esta posição. O equilíbrio financeiro da sociedade só estaria assegurado no caso de não existirem outras possibilidades de financiamento externo. E ainda que se pense que o que está em causa é impedir que o envolvimento financeiro dos obrigacionistas fosse superior ao dos sócios, não se consegue lobrigar qual a vantagem que daí resulta para aqueles. Pode muito bem suceder que os seus interesses estejam menos acautelados com a impossibilidade de a sociedade recorrer ao financiamento externo através de novas emissões de obrigações. Isto porque se a sociedade tiver de recorrer ao crédito bancário, por exemplo, muito naturalmente ver-se-á constrangida a garantir especialmente o crédito, colocando o novo prestamista em posição avantajada em relação aos credores obrigacionistas. Além de que a forma mais adequada de assegurar que o património social se encontra predominantemente afecto a garantir o programa de amortização é estipular contratualmente um conjunto de restrições ao endividamento da sociedade — o que aliás se verifica com alguma frequência. (Para uma análise relativamente minuciosa das cláusulas contratuais atinentes à protecção dos obrigacionistas, consulte-se CLIFFORD W. SMITH, Jr./JEROLD B. WARNER, «On financial contracting. An analysis of bond covenants», in *Journal Finan. Econ.*, 7, 1979, pp. 117-161).

Posto isto, resta averiguar o verdadeiro significado do art. 349.º. Atendendo a tudo o que foi ventilado, pode dizer-se com alguma propriedade que o legislador trata desigualmente o recurso aos capitais alheios, restringindo a possibilidade de captação de fundos mediante a emissão de obrigações contrariamente a todas as outras formas de endividamento. Esta restrição — julgo ter ficado claro — não só não protege os interesses dos obrigacionistas, como pode mesmo vir a prejudicá-los. Outro tanto se diga em relação à entidade emitente, que vê reduzidas as possibilidades de escolha quanto à obtenção de fundos, circunstância tanto mais relevante se tivermos em conta que o recurso a outras formas de financiamento poder envolver custos que a sociedade poderia evitar caso procedesse à emissão de obrigações: custos fiscais (é o caso do pagamento do imposto de selo no mútuo bancário) e custos com a eventual constituição de garantias. Além disso, as condições oferecidas pelas diversas formas de financiamento podem ser menos vantajosas que aquelas que a sociedade obteria no mercado obrigacionista. Tais considerações apontam para uma conclusão que já se adivinha: o limite imposto pela art. 349.º não desempenha, do meu ponto de vista, qualquer função útil.

Preludiados estes apontamentos e concluída como foi a análise da *ratio* do art. 349.º, parece entretanto levantar-se espontaneamente uma questão, paradoxal na aparência, mas que necessita de ser ponderada: estará o art. 349.º em conformidade com as normas e princípios constitucionais?

Antes de se emitir parecer pertinente, talvez seja útil adiantar um novo conjunto de elementos. O princípio de igualdade é um dos princípios basilares da nossa ordem jurídico-constitucional, estando positivado no art. 13.º da CRP. Sem embargo, a sua essência ultrapassa largamente os estreitos limites impostos pela fórmula gramatical. Na sua dimensão *material* ou *substancial* o princípio da igualdade impõe que se tenha em conta as particularidades de cada situação, o que implica que se trate por «igual o que é igual e desigualmente o que é desigual». O critério que permite distinguir tais situações não é muito claro. Todavia, parece pacífico que se deve atender à «intenção material específica do direito», no sentido de que as diferenças de tratamento terão de assentar numa qualquer justificação juridicamente atendível, num fundamento material objectivamente relevante, sério, razoável e suficiente que as legitimem. Por outro lado, o princípio da igualdade não deve ser observado somente num aspecto humanamente relacional, impondo tratamentos idênticos ou diversos a uns sujeitos e não a outros, mas também num plano estritamente individual, numa perspectiva de condicionamento infundado da acção dos indivíduos em geral. Ou seja: a CRP veda que se discipline desigual e arbitrariamente não apenas os indivíduos, mas também as situações jurídicas.

Neste contexto, o art. 349.º tem de ser analisado em consonância com o princípio de liberdade contratual que rege as relações jurídico-civilísticas. Ao abrigo da liberdade de contratar as sociedades podem suprir as suas carências de capitais recorrendo a financiamento interno ou a financiamento externo. A opção por uma ou outra modalidade envolve uma cuidada ponderação dos efeitos financeiros produzidos, mormente a alteração da estrutura de capitais da sociedade. O mesmo se diga a propósito das inúmeras possibilidades de escolha quanto à obtenção de capitais alheios: a sociedade deverá analisar as diferentes condições que lhe são oferecidas pelos investidores, optando pela que considere mais vantajosa.

Sucede, todavia, que, embora inexistindo uma norma geral que restrinja a capacidade de endividamento das sociedades, esta não pode optar igualmente entre as diferentes fontes de financiamento externo — o art. 349.º coarcta o recurso à emissão de obrigações que excedam o montante do «capital realizado e existente». E, como creio ter ficado demonstrado, a norma em questão não se presta a qualquer função útil. É um preceito cuja razão de ser dificilmente se consegue captar. A aludida *função de garantia* que tradicionalmente se imputa ao art. 349.º não constitui fundamento aceitável. Julgo ter apresentado prova sobeja a este respeito. Como penso ter ficado claro que a *função de equilíbrio entre o envolvimento financeiro dos sócios e dos obrigacionistas* é motivo desprovido de razoabilidade para fundamentar um tratamento dissemelhante entre as várias possibilidades de recurso ao capital alheio. Se a sociedade pode recorrer ilimitadamente ao crédito bancário — porventura em condições menos favoráveis que as proporcionadas pelo

A referência a *capital realizado* deve ser entendida por contraposição a *capital subscrito*[188]. Assim, o limite legal será o valor atribuído para

---

mercado obrigacionista — por que razão lhe é vedado mesmo tratamento para a emissão de obrigações? Eis uma pergunta para a qual parece não existir resposta.

Ora é precisamente esta falta de resposta que nos permite responder àqueloutra pergunta inicialmente formulada. A inexistência de fundamentação material jurídico-constitucionalmente relevante apta a justificar o tratamento desigual atrás descrito inculca no sentido de se considerar que estamos perante uma regulamentação em certa medida arbitrária. O art. 349.º poderá estar, pois, ensombrado pela ameaça de inconstitucionalidade por violação do princípio da igualdade consagrado no art. 13.º da CRP.

[188] É também este o entendimento em Itália (cf., por todos, VIVANTE, *ob. cit.*, pp. 337 e 338).

Devo dizer que a opção por *capital realizado* em vez de *capital subscrito* não é facilmente justificável. De facto, a lei estabeleceu um amplo conjunto de cautelas tendente a assegurar o cumprimento da obrigação de entrada cuja realização tenha sido diferida para momento posterior à data de celebração do contrato de sociedade, pelo que, tanto do ponto de vista da garantia dos credores, como do ponto de vista do equilíbrio das contribuições entre accionistas e obrigacionistas, esbatem-se as diferenças entre *capital subscrito* — aquele que os sócios se obrigaram a realizar — e *capital realizado* — aquela parte do capital subscrito que os sócios efectivamente realizaram —.

Desse conjunto de cautelas destaca-se, desde logo, o facto de os sócios ficarem sujeitos a exclusão e perda total ou parcial da sua participação social e dos pagamentos entretanto efectuados se depois de interpelados não realizarem a sua entrada (cf. arts. 204.º; 205.º; 206.º; 285.º, n.ᵒˢ 4 e 5; e 478.º). (Por via disso, nas sociedades cujo capital esteja representado por acções estas devam revestir a forma nominativa até estarem integralmente liberadas (cf. arts. 299.º, n.º 2, al. a); e 478.º). Acresce que nas sociedades anónimas e em comandita por acções os anteriores titulares das acções em relação às quais haja incumprimento da obrigação de entrada são solidariamente responsáveis com o sócio em mora pelas importâncias em dívida e respectivos juros, à data da perda das acções a favor da sociedade (cf. arts. 286.º, n.º 1; e 478.º). Enquanto que nas sociedades por quotas existe responsabilidade solidária dos outros sócios pelas prestações de entrada que estiverem em dívida (cf. arts. 197.º, n.º 1; e 207.º).

A esta cautela particular, sobrepõem-se as previstas no art. 27.º:

a) excepto no caso de redução de capital, os actos da administração e as deliberações de sócios que liberem total ou parcialmente os sócios da obrigação de entrada são nulos (n.º 1). Note-se, porém, que mesmo tratando-se de redução do capital, tal operação não é totalmente livre como se depreende do disposto no art. 349.º, n.º 5;

b) a sociedade pode accionar as penalidades eventualmente previstas no contrato de sociedade para a falta de cumprimento da obrigação de entrada (n.º 3);

c) os lucros correspondentes às participações não liberadas não podem ser pagos aos sócios que se encontrem em mora, devendo antes ser-lhes creditados para compensação da dívida de entrada (n.º 4);

d) a dívida de entrada não pode ser extinta por compensação, salvo o caso referido na alínea anterior (n.º 5);

e) e, por último, a falta de realização pontual de uma prestação relativa a uma entrada importa o vencimento de todas as prestações em dívida pelo sócio, ainda que respeitem a outras partes sociais (n.º 6) — solução distinta da prevista no art. 781.º do CC, nos termos do qual a perda de benefício do prazo circunscreve-se às prestações da obrigação em falta e não já às prestações de outras obrigações a que o devedor esteja vinculado perante o mesmo credor.

Além disso, em relação às sociedade anónimas e em comandita por acções, a lei impõe uma penalização ao sócio faltoso, estipulando que a partir da mora na realização das entradas e enquanto esta durar, o sócio não pode exercer o seus direitos de voto (cf. arts. 384.º, n.º 4; e 478.º).

Por último, o elenco de mecanismos previstos para assegurar o efectivo cumprimento da obrigação de entrada é completado pelo facto de o legislador ter concedido aos credores da sociedade o poder de se sub-rogarem nos direitos da sociedade quanto a entradas não realizadas e de promoverem judicialmente as entradas antes de estas se terem tornado exigíveis, se tal se revelar necessário para a conservação ou satisfação dos seus créditos (cf. art. 30.º, n.º 1). (Sobre a especial tutela da obrigação de realização de entradas, consulte-se RAÚL VENTURA, *Sociedades por Quotas*, Vol. I, *Comentário ao Código das Sociedades Comerciais*, 2.ª reimpressão da 2.ª edição de 1989, Livraria Almedina, Coimbra, 1999, pp. 143-201; e COUTINHO DE ABREU, Jorge Manuel, *Curso de Direito Comercial*, Vol. II, *Das Sociedades*, Livraria Almedina, Coimbra, 2002, pp. 280-285.)

Não obstante tão provido elenco de razões abonatórias da semelhança entre *capital realizado* e *capital subscrito*, poderá objectar-se com o argumento de que o legislador quis estabelecer, no momento da emissão, uma correspondência exacta entre o montante do empréstimo e o valor das entradas já realizadas. Antecipo-me na réplica: é indubitável que a expressão *capital realizado* engloba as entradas em espécie, pelo que o seu valor deve ser tido em conta para cálculo do limite. Mas atente-se que, por motivo de erro na avaliação, pode haver discrepância entre o valor da participação e o valor dos bens. Nestes casos, o sócio fica obrigado a repor a diferença que porventura exista a seu favor (cf. art. 25.º, n.º 2). Imagine-se então uma sociedade cujo capital foi integralmente realizado em espécie. Se existir erro na avaliação, a disparidade entre o valor do capital social realizado e o valor das entradas efectuadas pode ser significativa. No entanto, a sociedade poderia emitir obrigações até ao primeiro daqueles valores. Deve-se, portanto, concluir que carece de sentido o argumento de que a lei tenha tido em vista uma correspondência efectiva entre o valor dos bens já prestados e o limite à emissão de obrigações. Se assim fosse, o legislador teria estabelecido o limite com referência apenas ao capital realizado em dinheiro.

Por tudo isto, é legítimo concluir-se que é praticamente irrelevante do ponto de vista dos credores como do equilíbrio das contribuições entre sócios e obrigacionistas existir ou

efeitos de capital social às entradas, em dinheiro ou em espécie, efectuadas[189]. Já não será hipótese a considerar[190] a inclusão do valor das reservas existentes, dado que tal interpretação seria dificilmente congraçável com o prescrito na al. a) do n.º 3 do art. 349.º que permite a ampliação do limite, quando a situação financeira da sociedade o justifique, *até ao montante da reserva legal existente*.

A propósito da fórmula *capital (realizado e) existente* tem sido dito que as perdas da sociedade devem ser computadas no cálculo do limite à emissão de obrigações e, consequentemente, ao valor do capital *realizado* devem ser deduzidas as perdas evidenciadas no balanço[191]. O argumento invocado para sustentar esta posição é o de que, atendendo à função de garantia a que o limite se presta, o legislador quis referir-se à consistência actual do capital *realizado*; consistência essa dada pela fracção do capital que, nos termos do balanço, ainda existe no património societário. A questão que se coloca é, pois, a de saber se no caso de ter havido perdas o capital considera-se *existente* apenas na cifra resultante após a dedução das mesmas ou se pelo contrário estas só podem ser tidas em conta uma vez reduzido o capital social.

---

não uma parcela do capital social por realizar. E não havendo razão forte para tratar desigualmente as entradas efectuadas e as entradas diferidas, penso que, quer se defenda a *função de garantia* do limite, quer se opine no sentido da *função de equilíbrio*, é cautela excessiva fixar o limite para a emissão de obrigações no capital realizado. Dito de outro modo, esta alusão ao capital realizado provoca uma restrição inútil, pois praticamente não altera a garantia dos credores, nem o envolvimento dos sócios.

[189] Assim, quando o *valor de subscrição* for superior ao *valor nominal* — o que sucederá se as acções forem emitidas com prémio de emissão — será com reporte a esta última parcela que se deverá calcular o limite do art. 349.º, pois esse ágio não é efectuado a título de realização de capital, devendo pelo contrário ser afecto à constituição de uma reserva sujeita ao regime da reserva legal (cf. al. a) do n.º 2 do art. 295.º). No mesmo sentido, consulte-se DE FERRA, *loc. cit.*, p. 20. (Sobre a função do prémio de emissão, veja-se, entre outros, OSÓRIO DE CASTRO, *ob. cit.*, p. 80; e DI SABATO, *ob. cit.*, p. 371.)

[190] Como aliás é expressamente admitido em Espanha (cf. art. 282, n.º 1, LSA) e em Itália, nos termos já referidos (cf. *supra* nota 186).

[191] Neste sentido, entre outros, veja-se DE FERRA, *loc. cit.*, pp. 20-23; MIGNOLI, Ariberto, «Il capitale "versato ed esistente" come limite all'emissione di obbligazioni», in *Riv. dir. civ.*, 1961, II, pp. 506-509; G. F. CAMPOBASSO, *ibid.*, pp. 398-400; LEITE SANTOS, *loc. cit.*, pp. 104 e 105; JAEGER, Pier Giusto/DENOZZA, Francesco, *Appunti di diritto commerciale*, I, *Impresa e società*, 4.ª ed., Dott. A. Giuffrè Editore, Milano, 1997, pp. 479-480; e FÁTIMA GOMES, *ob. cit.*, p. 67, nota 161.

Assiste razão de sobra a quem afirma que *capital* perdido é *capital* que não existe[192]. Contudo será exagerar um tanto considerar inexistente o capital que figura no balanço na conta relativa ao capital social, sobretudo tendo presente a distinção entre património e capital. Este é uma cifra tendencialmente constante, variando apenas na base de uma deliberação dos sócios. Aquele é um valor variável. É o «capital transformado» para mais ou para menos em virtude do curso dos negócios sociais — é o «capital acrescido» ou o «capital diminuído» pela actividade social[193-194]. Daí que, em meu entender, capital *existente* é o que figura no balanço como tal. As perdas só deverão ser consideradas na eventualidade de os sócios terem deliberado reduzir o capital. De outro modo, a sua ocorrência apenas faz diminuir o património — este é que deixa de existir[195].

---

[192] Cf. E. SIMONETTO, *loc. cit.*, p. 786, que defende a necessidade de se elaborar um balanço *ad hoc* antes da efectiva colocação da emissão a fim de se apurar qual o valor do limite, já que o capital *efectivamente existente* não pode ser dado pelos valores do último balanço aprovado. Nas palavras do Autor: «O balanço passado não pode dar existência actual a um capital perdido.»

[193] MESSINEO, Francesco, *Manuale di diritto civil e commercial*, Vol. III, 7.ª ed., Dott. A. Giuffrè Editore, Milano, 1947, pp. 128 e 129.

[194] O conceito de capital social e respectivas funções mereceu amplo tratamento por parte de PAULO DE TARSO DOMINGUES. Como demonstra este Autor, a noção de capital social comporta um sentido formal e outro real. A doutrina dominante em Portugal, inclina-se para aquele primeiro sentido e concebe o capital social como «uma cifra — abstracta, porque sem (necessária) aderência à realidade, e constante — que resulta da soma do valor das entradas dos sócios» (cf. *Capital e Património Sociais, Lucros e Reservas*, in *Estudos de Direito das Sociedades*, sob a coordenação de J. M. COUTINHO DE ABREU, Livraria Almedina, Coimbra, 4.ª ed., 2001, p. 127). Esta noção traduz algo imprecisamente a realidade capital social, dado que este nem é constante — pois pode variar uma vez observados certos requisitos —, nem há necessária correspondência entre o valor do capital e a soma das entradas. Por conseguinte melhor será dizer-se, com COUTINHO DE ABREU — secundado por PAULO DE TARSO DOMINGUES — que capital social é «a cifra representativa da soma dos valores nominais das participações sociais fundadas em entradas em dinheiro e/ou espécie» (cf. *ibid.*, p. 129).

Falámos em dois sentidos da noção de capital social. Explanado o primeiro, chegou o momento de nos referirmos à acepção real. Capital social real será então «a quantidade ou montante de bens que a sociedade está obrigada a conservar intactos e de que não pode dispor em favor dos sócios, uma vez que se destinam a cobrir o valor do capital social nominal inscrito no lado direito do balanço e que, consequentemente, apenas poderão ser afectados por força dos azares da actividade empresarial» (cf. *ibid.*, pp. 132-134). (Para mais desenvolvimentos, cf. PAULO DE TARSO DOMINGUES, *Do Capital Social. Noção, Princípios e Funções*, BFDUC, Coimbra Editora, Coimbra, 1998.)

[195] É precisamente por esta razão que G. FERRI, *Le società*, cit., pp. 504 e 505, nota 6, entende não serem dedutíveis as perdas mencionadas no balanço. Para o Autor italiano

Poderá objectar-se à conclusão anterior, apresentando o argumento de que o legislador terá pretendido aludir à outra «face» do capital social — o *capital social real*[196]. É uma hipótese com o seu quê de acertada e que, a ser verdade[197], neutraliza o argumento da invariabilidade do capital social por vicissitudes dos negócio sociais — havendo perdas o capital social real varia tal como o património líquido[198]. Mas a ser assim — e só pode assim ser para quem entenda que o critério hermenêutico subjacente é o da função de garantia — a ser assim, dizia, ficaria por explicar a razão pela qual o legislador deliberadamente excluiu as reservas do cálculo do limite. Pois se o que está em causa é aquilatar a consistência patrimonial da sociedade, então aceitar-se que o limite pudesse diminuir sempre que ocorressem perdas, seria aceitar-se que, existindo reservas, ele pudesse aumentar.

---

a posição oposta «funda-se num duplo equívoco: o de que o capital social constitui uma garantia; e o de que a cifra do capital seja variável não já na base de uma deliberação formal, mas em consequência das vicissitudes patrimoniais da sociedade.» Mais à frente, corrobora esta ideia, referindo que a «relação estabelece-se entre capital e empréstimo obrigacionista e não entre património e empréstimo obrigacionista.»

[196] É a posição de E. SIMONETTO, «Concetto e composizione del capitale sociale», in *Riv. dir. comm.*, 1956, I, p. 57; e de PAULO DE TARSO DOMINGUES, *Do Capital Social. Noção, Princípios e Funções*, cit., p. 46, nota 128.

Na opinião do Autor transalpino, o art. 2410, par. 1, CCIt — equivalente ao 349.º, n.º 1, luso — é compatível com as duas acepções de capital social, porquanto a expressão «capital realizado» pode ser entendida igualmente como *capital nominal*, já que uma vez efectuadas as entradas, elas corresponderão a uma *cifra abstracta* da sociedade, e a expressão «capital existente» não deixará de corresponder, segundo este Autor, ao *capital real* e concreto, à massa de bens actualmente existentes e afectos ao exercício da actividade social.

[197] Note-se que para quem, como FERRO-LUZZI, atribua ao limite quantitativo uma *função de equilíbrio entre o empenhamento financeiro dos sócios e o dos obrigacionistas*, a noção de capital social implícita é a de capital social formal: «[...]a expressão do art. 2410, par. 1, pode tranquila e correctamente ser entendida como indicando a cifra fixada no acto constitutivo ou nas eventuais modificações sucessivas deste como capital nominal, no limite em que resulta — total ou parcialmente — realizado.» Nesta ordem de ideias, pouco releva que no acto de emissão do empréstimo o capital resulte em parte perdido, pois o equilíbrio seria reposto na medida em que a lei impede a distribuição de lucros de exercício quando sejam necessários para cobrir prejuízos transitados ou formar ou reconstituir as reservas legais e estatutárias (cf. art. 32.º). Quer dizer: na hipótese de o valor do capital realizado não corresponder, por excesso, ao capital efectivo, o desequilíbrio existente entre o *empenhamento financeiro* de obrigacionistas e de sócios é compensado pelo sacrifício económico imposto a estes sob a forma de renúncia aos dividendos (cf. FERRO-LUZZI, *loc. cit.*, pp. 221 e 222).

[198] PAULO DE TARSO DOMINGUES, *ibid.*, p. 48, nota 141, e p. 49.

Outro dado elucidativo pode encontrar-se na parte final do n.º 1 do art. 349.º — «[...] que excedam o capital realizado e existente, nos termos do último balanço aprovado, *acrescido do montante do capital aumentado e realizado depois da data de encerramento daquele balanço*» — que parece induzir no sentido da desnecessidade de realização de um balanço para se calcular o limite. Logo, se o legislador considerou que o capital existente não tem de ser aferido por reporte a um balanço, talvez seja lícito concluir que nesse conceito não estão incluídas as perdas, dado estas apenas poderem ser apuradas através do balanço.

Assim, penso que com a expressão *capital realizado e existente* a intenção legislativa terá sido a de fixar como limite o valor do capital realizado alterado pelas variações do capital social decorrentes de uma redução de capital[199] ou de um aumento por incorporação de reservas[200].

Em resumo: «capital realizado e existente» porque há capital realizado que não existe — caso da redução de capital — e capital que existe embora não tenha sido realizado — caso do aumento de capital por incorporação de reservas —.

O *último balanço aprovado* a que se refere o art. 349.º, n.º 1, será o último aprovado à data da emissão, já que resulta claro da fórmula legal — «acrescido do montante do capital aumentado e realizado depois da data de encerramento daquele balanço» — que o legislador quis aludir à situação mais próxima possível do momento da emissão[201].

---

[199] É esta a posição de G. FERRI, *Le società*, cit., pp. 504 e 505, nota 6.

[200] Isto sem que pretenda tomar posição quanto à querela de saber se, no caso de incorporação de reservas, estamos perante uma *entrada indirecta* por parte dos sócios. Pois para quem assim entenda o incremento de capital em consequência da incorporação de reservas seria sempre incluído ao abrigo da fórmula *capital realizado*. (Sobre a questão de saber se tal incorporação é uma *entrada indirecta* dos sócios, veja-se, por todos, PAULO DE TARSO DOMINGUES, *ibid.*, pp. 36 e 37).

[201] Aliás, parece desacertado o entendimento segundo o qual o legislador quis referir-se ao último balanço aprovado à data da *deliberação* de emissão do empréstimo. Basta atentar nos casos em que os sócios deliberam simultaneamente a emissão de obrigações e a realização de um aumento de capital que vem a ser subscrito e realizado antes da data de colocação do empréstimo, ou mesmo naqueles em que antes desta data os sócios realizam as entradas em falta. Atender-se ao balanço do momento da deliberação significaria estar-se a calcular o limite com referência a valores desactualizados. Acresce que quando o legislador, em lugares paralelos do código, quis referir-se à data da deliberação disse-o claramente (cf. arts. 105.º, n.º 2; e 239.º). Por fim, note-se que o legislador inclui nas menções obrigatórias dos títulos de obrigações a indicação do capital social, querendo obviamente reportar-se ao capital que se verifica no momento da emissão dos mesmos

O limite estabelecido vale para todas as obrigações emitidas pela sociedade que ainda não tenham sido amortizadas, independentemente de se tratar de emissões diferentes[202]. E parece não restarem dúvidas de que a proporção se deve estabelecer entre o valor do capital realizado e existente e o valor *nominal* do empréstimo[203].

2. Com o intuito de evitar a elisão da regra que impõe o limite quantitativo ao empréstimo, o CSC proíbe a redução do capital social a montante inferior ao da dívida para com os obrigacionistas, salvo por motivo de perdas[204]. Não se trata, pois, de uma proibição total, porquanto a sociedade poderá reduzir o seu capital até que este iguale o valor das obrigações ainda não reembolsadas[205-206]. Do mesmo modo, a sociedade poderá emitir novas obrigações sempre que o montante *actual* da primeira

---

(cf. arts. 352.º, n.º 1, al. a); e 171.º). (Neste sentido, veja-se MIGNOLI, *loc. cit.*, p. 513; e FERRO-LUZZI, *loc. cit.*, p. 223.)

[202] Parece ser esse o sentido do n.º 2 do art. 349.º que alude a *novas obrigações*. O limite calcular-se-á, pois, adicionando o valor nominal de todas as obrigações não amortizadas ao valor nominal das novas obrigações. Além disso, se atendermos à intenção do legislador — a sociedade não deverá ter pendente obrigações em montante superior ao limite legal — deve-se fazer uma interpretação correctiva do preceito no sentido de considerar como momento referencial para o cálculo do valor das obrigações o da *emissão* do novo empréstimo e não o da *deliberação*. De outro modo, uma sociedade que desejasse contrair novo empréstimo, seja para amortizar um anterior que esteja em curso, seja porque este último está prestes a vencer-se, teria de aguardar pelo momento da amortização para deliberar nesse sentido, visto que se assim não fosse as obrigações ainda não vencidas teriam de ser incluídas no cálculo do limite. Ora, esta solução é manifestamente inconciliável com o n.º 1 do mesmo artigo e conduziria a resultados irrazoáveis e inaceitáveis. O preceito deverá ler-se do seguinte modo: «[...] que não tenham sido amortizadas na data de emissão de novas obrigações.»

[203] Nesse sentido aponta claramente o n.º 2 do art. 349.º. Ou seja: — recordando uma expressão feliz de MIGNOLI, *ibid.*, p. 516 — ao capital social realizado não se deve contrapor o *capital obrigacional realizado*, mas sim o nominal, que deferirá daquele sempre que a emissão seja feita com ágio ou prémios de reembolso ou de emissão. (Sobre o ágio e os prémios de reembolso e de emissão, consulte-se OSÓRIO DE CASTRO, *ob. cit.*, pp. 143-144.)

[204] Cf. art. 349.º, n.º 5.

[205] Julgo ser esse o sentido a atribuir à substituição da fórmula *valor nominal do empréstimo* (art. 349.º, n.º 2) por *dívida para com os obrigacionistas*.

[206] Tratar-se-á, todavia, de uma proibição total no caso da emissão de obrigações convertíveis em acções ou com *warrants* (cf. art. 368.º), n.º 1. (Sobre o tema, veja-se ENGRÁCIA ANTUNES, *loc. cit.*, p. 61; e OSÓRIO DE CASTRO, *ibid.*, p. 184.)

emissão seja inferior ao valor *inicial* do capital — realizado e existente — ou tenha havido entretanto um aumento de capital. O legislador quis, por esta via, assegurar que o valor das obrigações não excedesse em nenhum momento a cifra do capital realizado e existente.

A redução do capital social a montante inferior ao da dívida para com os obrigacionistas será permitida se for destinada à cobertura de prejuízos. Todavia, neste caso, os eventuais lucros futuros ficam sujeitos a um particular vínculo de indisponibilidade, devendo ser aplicados a reforço da reserva legal até que a soma desta com o novo capital iguale o montante da dívida ou, tendo sido ampliado o limite, seja atingida a proporção inicialmente estabelecida entre o capital e o montante das obrigações emitidas (art. 349.º, n.º 6)[207-208].

Chegados a este ponto, e tendo sido tudo isto ventilado, talvez seja lícito concluir que não teve eco Renato Vecchione quando, em 1962, num artigo encimado com o subtítulo sugestivo de «ortopedia della legge in sede di voluntaria giurisdizione», desabafou resignado: «nessuno pone in dubio che nella stesura dell'art. 2410 cod. civ. il legislatore non ha avuto la mano felice»[209].

12. Extinção do empréstimo e extinção das organizações de obrigacionistas

1. A causa natural de extinção do empréstimo é o seu cumprimento[210]. Este pode ocorrer num só momento para a totalidade das obriga-

---

[207] Diferentemente se passa em Itália onde é vedada a redução facultativa por perdas (cf. art. 2412 CCIt). Isto é aceite pela grande maioria da doutrina que sobre tal questão se debruçou, dada a frágil base da pretensão de DONNINI, Roberto, «Tutela del possessore di obbligazioni convertibili. Le operazioni sul capitale, la modifica del rapporto di cambio, il diritto di opzione e l'acquisizione anticipata di azioni», in *Società*, 1987, p. 684, que admite a redução facultativa por perdas, de poucos adeptos. Também em Espanha a solução adoptada é diversa na medida em que a redução é sempre possível, embora careça de autorização da assembleia de obrigacionistas quando implique a diminuição da proporção inicial entre capital social e reservas, de um lado, e obrigações ainda não amortizadas, de outro (cf. art. 289 LSA).

[208] Tratando-se se obrigações convertíveis ou com *warrants* terá ainda de se ter em conta o preceituado no art. 368.º, n.º 2. (Sobre o tema, veja-se FÁTIMA GOMES, *ob. cit.*, pp. 206-211.)

[209] Cf. «Emissione di obbligazionie e garanzie reali. (Ortopedia della legge in sede di voluntaria giurisdizione)», in *Dir. fall.*, 1962, II, p. 403.

ções — *amortização total* — ou em várias datas predefinidas — *amortização parcial* —. Sim, a circunstância de o empréstimo ser fraccionado numa multiplicidade de partes alíquotas de reduzido valor permite à sociedade emitente programar a extinção do mesmo de acordo com as suas necessidades de capital. Desde logo, é-lhe permitido optar por parcelar em séries, a serem emitidas em momentos distintos, o montante total do empréstimo, respeitando tão-somente a exigência prevista no n.º 4 do art. 355.º de não lançar «uma nova série enquanto não estiverem subscritas e realizadas as obrigações da série anterior». Pode outrossim estabelecer um plano de amortização em que esteja previsto o reembolso de um certo número de obrigações, em intervalos de tempo predefinidos, sendo que os títulos a reembolsar serão encontrados por sorteio. A amortização parcial também se verifica naqueles casos em que a entidade emitente reembolsa parcialmente todas as obrigações em datas previamente fixadas. Donde o concluir-se que a amortização parcial não tem como efeito a extinção de todas as obrigações — *amortização por sorteio* — nem necessariamente de qualquer delas — *amortização por dedução ao valor nominal* —[211].

2. Já tive oportunidade de aludir à *incindibilidade* das qualidades de credor obrigacionista e de membro da respectiva colectividade. Tal facto explica a íntima relação entre a extinção do empréstimo e a extinção da organização de obrigacionistas[212]. Aliás — e esta é uma nota essencialís-

---

[210] Ademais, o empréstimo poderá cessar em virtude de outras causas, sejam elas *indirectas*, sejam *directas*, nos termos gerais. (Sobre as *causas de extinção* do vínculo obrigacional em geral, veja-se, por todos, ALMEIDA COSTA, Mário Júlio de, *Direito das Obrigações*, 8.ª ed., Livraria Almedina, Coimbra, 2000, pp. 1007 ss.)

[211] Sobre a extinção do empréstimo, consulte-se ARRILLAGA, *ob. cit.*, pp. 122-146; PETTITI, *I titoli obbligazionari delle società per azioni*, cit., pp. 297-327; DUQUE DOMÍNGUEZ, *loc. cit.*, pp. 865-869; e G. F. CAMPOBASSO, *Le obbligazioni*, cit., pp. 426--434.

[212] Naturalmente que a extinção do empréstimo não pode confundir-se com o vencimento das obrigações. É precisamente essa ideia que vem referida numa decisão de 7 de Março de 1967 da *Chambre commerciale de la Cour de cassation* (França), publicada na *RTD com.*, 1967, pp. 803-805, de que aqui se transcreve um excerto para individual aquilatação: «a organização não se dissolve na data em que o empréstimo deveria ser completamente reembolsado; a assembleia pode validamente reunir depois do vencimento do empréstimo, se for necessário para assegurar a defesa dos obrigacionistas e desde que [...] a entidade emitente não tenha cumprido com todos os seus deveres contratuais. A solução é bem evidente: a organização não se dissolve enquanto todos os direitos dos obrigacionistas não sejam definitivamente extintos.»

sima do seu regime — a *única causa de extinção* das colectividades de obrigacionistas será a extinção do empréstimo. É que nos termos do art. 355.º, n.º 1, os «credores de uma mesma emissão de obrigações podem reunir-se em assembleia de obrigacionistas.» Significa isto que enquanto tenham a qualidade de credores constituirão inevitavelmente, e independentemente da sua vontade, o substrato pessoal da organização de obrigacionistas da correspondente emissão. A sua extinção não opera nem mesmo por vontade das partes.

Em caso de amortização parcial com reembolso total de algumas obrigações, dá-se um fenómeno de redução do substrato pessoal da colectividade, mas esta não se extingue. Os credores obrigacionistas que em virtude das vicissitudes do sorteio sejam totalmente reembolsados deixam de pertencer a ela[213].

E com estas duas marcas caracterizadoras das organizações de obrigacionistas — a sua única causa de extinção é a extinção do empréstimo e a perda de qualidade de obrigacionista está intrinsecamente ligada ao reembolso da obrigação — termino as breves considerações a que me propus acerca do âmbito de actuação das organizações de obrigacionistas. É tempo de entrar no centro nevrálgico do pensamento problemático desta investigação: a competência das assembleias.

---

[213] Sobre a questão de saber em que medida os direitos dos titulares de obrigações vencidas podem ser modificados por uma deliberação da assembleia, cf. *infra* ponto 23 (6).

CAPÍTULO III

COMPETÊNCIA DAS ASSEMBLEIAS DE OBRIGACIONISTAS

13. Enunciado da questão

Em *Le nouveau régime des obligataires*, escreve Cordonnier: «L'étendue des pouvoirs de l'assemblée des obligataires forme le couer du nouveau statut légal»[214]. Não me atrevo a contestar tal asserto, não só por causa da confortável margem de imprecisão com que o legislador tratou esta matéria, particularmente no que respeita à *modificação dos créditos dos obrigacionistas*, mas também por ser este um domínio de notável restrição à autonomia privada, tocando mais de perto, portanto, os interesses desta categoria de prestamistas. Melindroso é o tema, não haja dúvida. Testemunha-o esse mesmo Autor: «Ele levanta problemas difíceis porquanto se trata de conciliar dois interesses contraditórios: de um lado, o cuidado de confinar em limites justos os sacrifícios que a maioria pode impor aos restantes coobrigacionistas e, de outro, o receio de ampliar desmesuradamente o âmbito das decisões unânimes, praticamente irrealizáveis [...]»[215]. Relembra-o Wood, para quem o âmago da questão consiste em harmonizar os interesses colidentes de conferir *ampla flexibilidade* na tomada de decisões e, de envolta, *preservar os direitos fundamentais* dos investidores[216]. Daqui se depreende que, se existe questão candente na problemática das assembleias de obrigacionistas, ela não poderá deixar de ser a do âmbito dos poderes da assembleia.

Conforme a sua importância e objecto, os poderes que cabem à assembleia podem classificar-se em três grupos. Um primeiro grupo é

---

[214] Cf. p. 79.
[215] Cf. *ibid.*, p. 79.
[216] Cf. *ob. cit.*, p. 229.

constituído pelas matérias respeitantes ao funcionamento e actuação das organizações de obrigacionistas, designadamente a nomeação, retribuição e destituição do representante comum[217], a constituição de um fundo e prestação das respectivas contas, a autorização ao representante comum para propositura de acções judiciais e, enfim, a reclamação de créditos em acções executivas[218]. Seguem-se as respeitantes ao exercício do poder de *ingerência* na esfera de actividade da sociedade. É o caso da oposição às operações de fusão e cisão[219]. Por último, as deliberações sobre os direitos de crédito dos obrigacionistas, como sejam a modificação das condições do empréstimo e providências de recuperação de empresas e acordo extraordinário. *Poderes organizativos e de administração*, *poderes de ingerência* e *poderes contratuais*: eis, em suma, o elenco de competências da assembleia.

Mas importa desde já ressalvar que tais poderes devem ser exercidos com observância de um triplo limite legal: o não aumento de encargos dos obrigacionistas, a igualdade de tratamento e o interesse comum.

---

[217] Em concordância com o disposto no art. 359.º, n.º 4, os obrigacionistas podem outrossim aprovar um regulamento das funções de representante comum.

[218] Quando se trate de obrigações com juro suplementar ou prémio de reembolso dependentes dos lucros realizados pela sociedade, a assembleia de obrigacionistas deverá igualmente nomear o revisor oficial de contas incumbido de emitir parecer sobre o lucro societário para efeitos do cálculo desse juro suplementar ou prémio de reembolso (cf. *supra* nota 143).

[219] Tratando-se de obrigações emitidas por sociedade de titularização de créditos, o poder de ingerência na esfera social engloba a «alienação de parte significativa do património» da sociedade emitente, a qual está sujeita a autorização da assembleia de obrigacionistas (cf. art. 44.º, n.º 1, al. b), do DL n.º 453/99, de 5 de Novembro).

SECÇÃO I

LIMITES

SUMÁRIO: 14. Proibição de aumento de encargos; 15. Igualdade de tratamento; 16. Interesse comum.

14. Proibição de aumento de encargos

Embora hoje se deva considerar ilegal[220], foi prática corrente no passado o recurso pelo Estado ao poder de autoridade para impor aos particulares a privação de parte do seu património, comprometendo-se a reembolsar e remunerar o capital cedido. Os *empréstimos forçados* — assim se denomina esta modalidade de crédito público — caracterizam-se essencialmente pelo seu carácter público e obrigatório. Na linguagem clara de Teixeira Ribeiro: «Umas vezes, o Estado pede, e quando o Estado pede, quem quer empresta, quem não quer não empresta: temos os empréstimos facultativos. Outras vezes, embora raras, o Estado exige; e quando o Estado exige, até empresta quem não quer; temos os empréstimos forçados»[221-222].

---

[220] Assim, PAZ FERREIRA, *Da Dívida Pública e das Garantias dos Credores do Estado*, cit., pp. 417 ss.

[221] Cf. TEIXEIRA RIBEIRO, José Joaquim, *Lições de Finanças Públicas*, 4.ª ed., Coimbra Editora, Coimbra, 1991, p. 155. Sobre as razões que motivam o Estado a lançar mão deste tipo de empréstimo, veja-se as pp. 156 e 157.

[222] Sobre esta figura, pode consultar-se, além da obra referida na nota anterior, CAVACO SILVA, Aníbal, «A Teoria do Empréstimo Público Forçado», in *Economia*, Vol. IV, n.º 2, Maio, 1980, pp. 243-269; e SOUSA FRANCO, *ob. cit.*, pp. 86, 91 e 92.

Actualmente, esta modalidade tem vindo a cair de uso. Ao que parece, a última vez que o governo português o terá tentado fazer foi em 1976, quando procurou impor, infrutiferamente, um empréstimo forçado do *décimo terceiro mês* aos trabalhadores (cf. SOUSA FRANCO, *ibid.*, p. 91, nota 2).

Suponho ter sido essa a principal razão pela qual o legislador, receando uma interpretação incontida da fórmula *modificação das condições dos créditos*, vedou à assembleia «deliberar o aumento de encargos dos obrigacionistas»[223-224]. O legislador quis dissipar quaisquer dúvidas que pudessem surgir quanto à faculdade de a maioria impor o dever de se efectuarem prestações suplementares ao capital inicialmente cedido, tendo em conta a possibilidade de se decidir sobre a alteração do conteúdo prestacional do empréstimo. Os «encargos» a que o legislador alude incluem, assim, as novas contribuições a título de empréstimo; as transferências de meios de liquidez para a sociedade.

A esta possível perspectivação, compreende-se talvez melhor que nem todas as deliberações que impõem a realização de prestações de capital estão vedadas por lei. Na verdade, casos há em que o funcionamento das colectividades obrigacionistas depende da existência de meios económicos aptos a cobrir as despesas necessárias. Imagine-se, por exemplo, os custos com um processo judicial a intentar contra a sociedade emitente. Aliás, tendo em vista situações semelhantes, o próprio legislador prevê a possibilidade da assembleia deliberar sobre a constituição de um fundo para as despesas necessárias à tutela do interesse comum[225].

Mas a proibição de aumento de encargos não se cinge a este aspecto. Outras decisões que impliquem o incremento da onerosidade das prestações do obrigacionista estão igualmente vedadas. Pense-se na antecipação da data de realização das prestações ou no aumento dos juros moratórios para o atraso nas mesmas, tratando-se de empréstimo que deva ser realizado em momentos distintos[226]. Do mesmo modo, se na pendência de um empréstimo obrigacionista com *warrants* for acordada a alte-

---

[223] Lê-se em BUISSON, A., *Les groupements d'obligataires, étude juridique, économique et législative*, Paris, 1930, p. 137, uma frase em absoluto concordante com esta suposição: «le système condamnable en matière de finances publiques serait proprement intolérable dans les rapports privés.»

[224] Cf. art. 355.º, n.º 9.

Regra idêntica pode encontrar-se nos ordenamentos jurídicos alemão e francês. Aquele dispõe que não podem ser criadas prestações a favor do credor por deliberação da assembleia (cf. § 1, al. 3.ª, da SchVG). Este contém um preceito em tudo semelhante ao previsto no CSC: «As assembleias não podem aumentar os encargos dos obrigacionistas nem estabelecer um tratamento desigual entre os obrigacionistas de uma mesma colectividade» — cf. art. 317 da L1966 (esta regra já tinha sido consagrada no DL de 30 de Outubro de 1935 (art. 21)).

[225] Cf. art. 355.º, n.º 4, al. e).

[226] Cf. CORDONNIER, *ob. cit.*, pp. 102 e 103; e HUREAU, *ob. cit.*, p. 238.

ração das condições de subscrição de acções, esta mudança não pode redundar num *aumento dos encargos* dos obrigacionistas.

15. Igualdade de tratamento

Reconhecido como um dos princípios essenciais do direito societário[227], o princípio de igual tratamento foi acolhido expressamente quanto às deliberações de obrigacionistas[228].

Esta regra decorre naturalmente do facto de a colectividade obrigacionista existir em função de um interesse comum, partilhado por todos os seus membros, o qual por sua vez se traduz na paridade de posições jurídicas dos titulares de obrigações de uma mesma emissão: dir-se-á que os mesmos interesses levaram à aquisição de valores obrigacionais iguais; os valores obrigacionais iguais conferem os mesmos direitos; os mesmos direitos reclamam tratamento igual[229]. Associe-se a esta mesmidade, a esta solidariedade e reciprocidade de interesses, direitos e deveres entre

---

[227] Cf. FERRER CORREIA, *A Representação dos Menores Sujeitos ao Pátrio Poder na Assembleia Geral das Sociedades Comerciais. (A Propósito do Acórdão do Supremo Tribunal de Justiça de 6 de Janeiro de 1961)*, Coimbra Editora, Coimbra, 1963, p. 32; ANTÓNIO CAEIRO, *A Exclusão Estatutária do Direito de Voto nas Sociedades por Quotas*, in *Temas de Direito das Sociedades*, Livraria Almedina, Coimbra, 1984, p. 72, nota 1; VELASCO SAN PEDRO, Luis Antonio, «Acciones propias e igualdad de los accionistas. Cuestiones de derecho de sociedades y de derecho del mercado de valores», in *RdS*, 1994, n.º 2, p. 20; HENN, Günter, «Die Gleichbehandlung der Aktionäre in Theorie und Praxis», in *AG*, 9, 1985, pp. 240-242, *passim*; e KARSTEN SCHMIDT, *Gesellschaftsrecht*, 3.ª ed., Carl Heymanns Verlag KG, Köln, Berlin, Bonn, München, 1997, p. 469.

[228] Cf. art. 355.º, n.º 9.
Igualmente na Alemanha (cf. § 12, al. 1.ª, da SchVG) e em França (cf. art. 317 L1966). Também o COSuiç prescreve que as deliberações devam afectar os obrigacionistas em igual medida, excepto se os mais prejudicados prestarem o seu consentimento. O legislador prescreve ainda a nulidade dos acordos através dos quais a entidade emitente conceda tratamento vantajoso a certos obrigacionistas individualmente considerados (cf. art. 1174).

[229] Em que «igual» significa igualdade qualitativa e não igualdade quantitativa, como elucida HENN, *loc. cit.*, p. 241 — será, em alguns casos, uma igualdade na proporção [cf. MANUEL DE ANDRADE, *Teoria Geral da Relação Jurídica*, Vol. I, cit., p. 184, nota 1; e COUTINHO DE ABREU, *Do Abuso de Direito. Ensaio de um Critério em Direito Civil e nas Deliberações Sociais*, Livraria Almedina, Coimbra, 1983 (Reimpressão 1999), p. 154].

todos os membros da colectividade obrigacionista, a marca de impessoalidade que caracteriza este tipo de empréstimos — do ponto de vista da entidade emitente não são decisivas as particulares características dos investidores, sobretudo nos empréstimos por apelo à subscrição pública — e teremos duas boas razões para aceitar o princípio de igual tratamento[230].

A essência do princípio de tratamento igual consiste na negação de favorecimentos: «cada um tem o direito a não ser tratado pior de que os outros», escreve Kübler[231-232]. Todavia, tratamento *igual* não significa o *mesmo* tratamento. Significa tão somente a proibição do arbítrio (*Diskriminierungsverbot*)[233]. Esta relativização é exemplarmente apontada por Menezes Cordeiro: «tratar o igual por igual e o diferente de modo diferente, consoante a medida da diferença»[234-235].

O princípio de tratamento igualitário exige, pois, que as propostas submetidas à assembleia devam ser dotadas de *generalidade* — isto é, não tenham destinatário ou destinatários determinados. Quanto à modificação das condições do empréstimo, factores como o local de residência do credor, a sua nacionalidade, o número dos valores, etc., não poderão consti-

---

[230] A nota de impessoalidade é sublinhada por D'ALESSANDRO, Floriano, «La Seconda direttiva e la parità di trattamento degli azionisti», in *Riv. soc.*, 1987, pp. 3 e 4, que a propósito da igualdade de tratamento dos accionistas fala de *spersonalizzazione della partecipacipazione azionaria*, ideia que reitera, expressivamente, logo de seguida, quando anota: «nell'anonima sono associati sacchi di danaro, piuttosto che uomini.» No mesmo sentido, veja-se VELASCO SAN PEDRO, *loc. cit.*, p. 23: «En la medida en que en la sociedad anónima no importan las personas, sino sus aportaciones (el dinero es sempre dinero, proceda de quien proceda), las diferencias de trato basadas en condiciones personales resultan incompatibles com este tipo.»

[231] Cf. KÜBLER, Friedrich, *Gesellschaftsrecht. Die privatrechtlichen Ordnungsstrukturen und Regelungsprobleme von Verbänden und Unternehmen*, 5.ª ed., C.F. Müller Verlag, Heidelberg, 1998, p. 180.

[232] K. SCHMIDT, *ob. cit.*, p. 471, destaca duas dimensões do *Gleichbehandlungsgrundsatz*: um *status positivus* que se traduz na pretensão a tratamento igual; e um *status negativus* que se consubstancia em direitos de defesa contra tratamentos preferenciais e contra a desigualdade na distribuição de encargos.

[233] K. SCHMIDT, *ibid.*, p. 468.

[234] Cf. *Da Boa Fé no Direito Civil*, reimpressão, Livraria Almedina, Coimbra, 1997, p. 1271.

[235] No mesmo sentido, MARCUS LUTTER, «Die entgeltliche Ablösung von Anfechtungsrechten — Gedanken zur aktiven Gleichbehandlung im Aktienrecht —», in *ZGR* 1978, pp. 354 e 355: «Accionistas que estejam na mesma posição jurídica e fáctica devem ser tratados do mesmo modo que os restantes consócios.»

tuir razão válida para a concessão de condições diferentes[236]. Para além do domínio das *condições do empréstimo*, o princípio em questão tem também grande relevo. Um obrigacionista maioritário não poderá, por exemplo, impor à minoria uma desproporcional repartição dos custos necessários à tutela do interesse comum.

Tal como resulta do art. 355.°, n.° 9, o princípio de tratamento igualitário constitui um *limite imanente* aos poderes da maioria[237]. A consagração expressa está, por conseguinte, circunscrita às deliberações dos obrigacionistas. Porém, o seu âmbito de aplicação é muitíssimo mais vasto, abrangendo as relações daqueles com a entidade emitente e representante comum. À semelhança do princípio da igualdade dos accionistas, a sua existência é incontestável, embora se possa debater o seu fundamento[238].

Neste particular, a problemática do tratamento igualitário ganha outra densidade e acrescida relevância. Não tanto no respeitante às relações representante comum — obrigacionistas. Aqui, impõe-se-lhe basicamente que, no exercício das suas funções, não discrimine os obrigacionistas. O problema assume outros contornos no que tange as relações sociedade — obrigacionistas. Ora, parece-me mais ou menos claro que no cumprimento do contrato os obrigacionistas não podem ser injustificadamente discriminados. Dito de outro modo: a entidade emitente não pode conceder tratamento preferencial a certos obrigacionistas, por exemplo, no

---

[236] Menos pacífica é a solução a dar na hipótese de a entidade emitente propor a substituição da cláusula de reembolso em data certa e na totalidade pelo reembolso mediante sorteio. Em concordância com o defendido no texto, creio que se a proposta revestir a característica da *generalidade* não violará o princípio de tratamento igualitário, uma vez que todos são colocados em pé de igualdade quanto à possibilidade de reembolso.

[237] K. SCHMIDT, *ob. cit.*, p. 469.

[238] O princípio de igual tratamento é um daqueles grandes princípios do direito das sociedades cuja existência a generalidade dos Autores não hesita em admitir, independentemente de consagração legal expressa. Assim, por exemplo, FERRER CORREIA, *A Representação dos Menores Sujeitos ao Pátrio Poder na Assembleia Geral das Sociedades Comerciais*, cit., p. 32. Para este Autor «tem de entender-se, mesmo no silêncio da lei, que às relações dos sócios com a sociedade deve presidir uma norma estrita de justiça relativa. A obrigação de tratar irmãmente todos os seus membros resulta para a sociedade do próprio contrato social, contrato de que o princípio de paridade de tratamento constitui base essencial e seguro pressuposto: os contraentes celebraram o negócio jurídico na ideia de que *seria assim*, e nem de outro modo o teriam celebrado.» Por sua vez, MENEZES CORDEIRO, *Da Boa Fé no Direito Civil*, cit., p. 1277, *passim*, considera que o princípio de tratamento igualitário é uma concretização da boa fé.

reembolso do capital ou pagamento dos juros. Mas estar-lhe-á vedada a possibilidade de celebrar com alguns deles acordos modificativos do empréstimo? Eis uma questão polémica.

Partindo de um dado inquestionável — a livre disponibilidade dos valores obrigacionais pelo seu titular —, Alonso Espinosa concluiu que o obrigacionista «puede acordar particularmente com el deudor, al margem de la A.O., modificaciones en sus derechos»[239]. O fraccionamento do empréstimo em unidades autónomas justificaria por si só que se pudesse encetar negociações individuais com a entidade emitente. Com uma importante consequência: «siempre que las modificaciones se refieran a las condiciones contractuales de suscripción [...] tales obligacionistas que acepten la modificación del contenido de sus derechos particularmente com el deudor, dejan de estar inmersos en la comunidad de intereses que fundamenta la A.O. Sus intereses ya no son comunes a los del resto»[240]. Inevitavelmente — acrescenta um pouco mais à frente — o seu crédito deve deixar de estar representado por valores obrigacionais, pois ao perder a característica da igualdade, perde também o carácter de título-obrigação[241].

A posição de Alonso Espinosa contém implicitamente um pressuposto inaceitável: o de que o princípio de paridade de tratamento tem carácter *dispositivo*. De facto, só nessa medida se pode aceitar que por acordo restrito a algum ou alguns obrigacionistas a entidade emitente possa a um tempo conceder-lhes tratamento particular e negá-lo a todos os restantes.

«Assegurar expectativas e direccionar condutas são indubitavelmente funções primárias do direito», disse Baptista Machado[242]. A tutela da confiança será assim uma aspiração ética elementar que a ordem jurídica não pode deixar de proteger. Ora num contrato de empréstimo obrigacionista, tipicamente de longa duração e em que o montante global do empréstimo é fraccionado em partes alíquotas conferindo direitos iguais, é natural a criação de expectativas quanto ao comportamento futuro da entidade emitente. Todos os credores esperam ser tratados de modo exactamente idêntico a todos os outros coobrigacionistas — têm uma expectati-

---

[239] *Ob. cit.*, p. 137.
[240] *Ibid.*, p. 137.
[241] Posição de resto muito semelhante à defendida anteriormente por VIVANTE, *ob. cit.*, pp. 333 e 334, e ASCARELLI, Tullio, «Problemi in tema di titoli obbligazionari», in BBTC, 1951, p. 39.
[242] *Tutela da Confiança e "Venire Contra Factum Proprium"*, in *Obra Dispersa*, Vol. I, SCIENTIA IVRIDICA, Braga, 1991, p. 346.

va a tratamento igual. Neste contexto, assume relevo particular a *igualdade de oportunidades*, com exclusão de privilégios de quaisquer espécie[243]. Colocada a hipótese de modificação das condições do empréstimo, a entidade emitente deve adoptar um comportamento imparcial, não discriminatório, dispensando a todos iguais possibilidades de optar pela alteração do vínculo prestacional[244-245].

---

[243] MENEZES CORDEIRO, *Da Boa Fé no Direito Civil*, cit., p. 1272.
É este mesmíssimo espírito de *igualdade de oportunidades* que inspira o art. 321.º que preceitua a igualdade de tratamento dos accionistas quanto às aquisições e alienações de acções próprias e cuja aplicação ao regime de obrigações próprias é determinada pelo art. 354.º, n.º 1 — cf. RAÚL VENTURA, *Estudos Vários Sobre Sociedades Anónimas. Comentário ao Código das Sociedades Comerciais*, Livraria Almedina, Coimbra, 1992, pp. 369--373; MARIA VICTÓRIA ROCHA, *Aquisição de Acções Próprias no Código das Sociedades Comerciais*, Livraria Almedina, Coimbra, 1994, pp. 210-218 («A igualdade de tratamento deve ser aqui entendida como igualdade de oportunidades e comportamento neutral nos órgãos societários no processo de aquisição (Chancengleichheit)»); e OSÓRIO DE CASTRO, *ob. cit.*, p. 161 e nota 123.

[244] MENEZES CORDEIRO, *Da Boa Fé no Direito Civil*, cit., pp. 1248-1250, define os pressupostos para a protecção jurídica da confiança: a) *uma situação de confiança*; b) *uma justificação para essa confiança*; c) *um investimento de confiança*; e d) *a imputação da situação de confiança*. Estes quatro requisitos não são absolutamente indispensáveis, podendo faltar algum deles.
Vejamos se a confiança do credor obrigacionista em receber tratamento igual aos restantes coobrigacionistas observa os mencionados requisitos. O primeiro deles — *situação de confiança*, «traduzida na boa-fé subjectiva e ética» — não tem aplicação neste caso, dado que na base da confiança não está uma aparência. No que respeita ao segundo requisito, extrai-se da igualdade dos valores obrigacionais legalmente imposta (cf. art. 349.º, n.º 1) a *justificação* do estado de confiança. [Tal justificação advém igualmente, quanto aos empréstimos por apelo à subscrição pública, da igualdade de tratamento na realização da oferta — cf. art. 112.º do CVM: «As ofertas públicas devem ser realizadas em condições que assegurem tratamento igual aos destinatários (...)»] Apreciando o terceiro requisito, pode dizer-se que a subscrição do empréstimo por parte do credor é feita no pressuposto de tratamento igualitário (*investimento*). Por último, quanto ao quarto, vê-se que a criação da situação de confiança é imputável à entidade emitente: a emissão de um empréstimo fraccionado em partes iguais cria uma «autovinculação» da sociedade a adoptar um comportamento neutral (*imputação*).
Classificação muito semelhante pode encontrar-se em BAPTISTA MACHADO, *Tutela da Confiança e "Venire Contra Factum Proprium"*, cit., pp. 414-419.

[245] A propósito da posição dos sócios, OPPO, Giorgio, «Eguaglianza e contratto nelle società per azioni», in *Riv. dir. civ.*, 1974, I, pp. 650-654, fala de um direito do sócio *ao respeito das posições recíprocas*, inderrogável pelos órgãos sociais. Referindo-se concretamente aos administradores da sociedade anónima, sublinha que no exercício das suas funções não lhes é consentido tratar preferencialmente alguns sócios. O argumento

Custa portanto aceitar, sem mais, a opinião de Alonso Espinosa. Querer outorgar cunho especificamente *voluntarista* ao princípio de igualdade de tratamento é por certo contrariar a intencionalidade do sistema[246-247].

Não quero com isto dizer que em caso algum será ilícita uma modificação individual do contrato ou que a sociedade deva em quaisquer circunstâncias conceder as mesmas possibilidades de escolha a todos os titulares de obrigações. O princípio em causa não é ilimitado. Desde logo,

---

apresentado é o de que a sociedade não pode contradizer as posições recíprocas estabelecidas no contrato social: «La società e i suoi organi, nati dal contratto e (almeno nei rapporti *inter partes*) per l'esecuzione del contratto, se possono regolare e modificare i modi e i mezzi del perseguimento dello scopo lucrativo inizialmente previsti [...] non possono toccare le posizioni reciproche delle parti nel rapporto contratuale» (p. 648).

[246] A mesma crítica pode ser feita à tese de PETTITI, Domenico, «L'emissione di obbligazioni come finanziamento di gruppi», in *BBTC*, 1961, I, pp. 189 e 190; e *I titoli obbligazionari delle società per azioni*, cit., pp. 37-39. Este Autor admite a legalidade dos acordos individuais, embora acrescente que estes devam ceder perante uma deliberação contrária da assembleia. Ora tal posição não parece ser de aceitar, pois embora o princípio de igualdade não seja absoluto, ele é inderrogável, não podendo estar dependente da vontade da maioria.

[247] Vem a propósito brindar o leitor com um caso curiosíssimo da *Corte di Appelo di Roma* (sentença de 10 de Julho de 1973, n.º 1841), in *Temi rom.*, 1973, II, pp. 382-385. Os factos relevantes são os que se seguem. A sociedade FIN-GEN — FINANZIARIA GENERALE S.p.A. emitiu um empréstimo obrigacionista por um prazo de quinze anos, sendo que dois dos títulos obrigacionais foram subscritos pelo Presidente do Conselho de Administração. Na pendência do empréstimo, este transfere os mencionados títulos a um terceiro. O que há de incomum e de original neste caso reside no facto de o Presidente do Conselho de Administração ter concedido, alegadamente em nome da sociedade, condições particulares ao adquirente, quais sejam uma maior taxa de juro e o direito de exigir o reembolso antecipado com a simples formalidade de um pré-aviso de dois meses.

Levado o caso à barra do Tribunal, não hesitaram os Meritíssimos Juízes em considerar válido o acordo, com a fundamentação que passo a citar: «[...] nada impede uma sociedade de reservar a um obrigacionista, por acordo particular, um tratamento favorável [...] É verdade que a modificação das condições do empréstimo deve ser deliberada pela assembleia de obrigacionistas (art. 2410, 1 par., al. 2), mas só quando tais modificações tenham alcance geral, abrangendo todos os obrigacionistas. Não é esta, porém, a hipótese em apreço que se caracteriza pelo compromisso, assumido pela sociedade perante um obrigacionista e em relação a dois títulos pelo mesmo possuídos, de uma tratamento mais favorável, consistindo no reconhecimento de uma mais elevada taxa de juro e na antecipação da data de reembolso do empréstimo, em alteração à deliberação da assembleia geral de emissão das obrigações.»

Ciência jurídica transalpina, sempre criativa e rica em excogitações...

e dado estarem em causa interesses disponíveis, o consentimento do prejudicado poderá ter o efeito de uma excepção ao mesmo princípio[248]. Por outro lado, a proibição em questão não é uma proibição da diferença, mas sim da diferença injustificada, do arbítrio. Pelo que, existindo uma justificação razoável, um fundamento material bastante, a diferença de tratamento será legítima[249]. E qual será o critério para se qualificar como justificada a diferença de tratamento? Na esteira de Marco Cassotana, direi que a violação da regra da igualdade será legítima desde que seja *necessária* — por não existirem opções menos lesivas — e *adequada* — é o meio mais correcto, mais acertado — para satisfazer o interesse comum dos obrigacionistas[250-251].

16. Interesse comum

0. Amiudadas vezes, o CSC recorre à fórmula *interesse comum* dos obrigacionistas. Fá-lo para circunscrever, de um modo genérico, o âmbito de competência da assembleia: a esta só cabe deliberar sobre assuntos que sejam do interesse comum dos obrigacionistas[252]. Princípio este concretizado a propósito das deliberações que imponham novas contribuições aos obrigacionistas: apenas lhes pode ser exigido participar num fundo comum desde que tal se revele necessário à tutela do interesse comum e, consequentemente, os obrigacionistas só serão responsáveis pelas despesas efectuadas que se mostrem adequadas à realização daquele objectivo[253]. Num outro plano, o legislador usa o conceito para determinar o sentido de actuação do representante comum dos obrigacionistas. Diz o

---

[248] Cf. OSÓRIO DE CASTRO, *ob. cit.*, p. 159, nota 117; e ANTÓNIO CAEIRO, *A Exclusão Estatutária do Direito de Voto nas Sociedades por Quotas*, cit., p. 72, nota 1. O direito é inderrogável mas renunciável (não pode ser suprimido pela maioria, mas apenas pelo afectado).

[249] Cf. GOMES CANOTILHO, José Joaquim, *Direito Constitucional*, 5.ª ed., Livraria Almedina, Coimbra, 1991, pp. 577, 578 e ss; e MENEZES CORDEIRO, *Da Boa Fé no Direito Civil*, cit., pp. 1112, 1277–1281.

[250] Cf. *L'abuso di potere a danno della minoranza assembleare*, Dott. A. Giuffrè Editore, Milano, 1991, pp. 162–168.

[251] Um exemplo: no caso da entidade emitente encontrar-se em situação financeira difícil, o acordo com certos credores obrigacionistas de extinção dos seus créditos por compensação poderá não violar a regra de tratamento igual se essa medida for *necessária* e *adequada* à tutela do interesse comum.

[252] Cf. art. 355.º, n.º 4.

[253] Cf. alínea e) do n.º 4 do art. 355.º.

n.º 1 do art. 359.º: «O representante comum deve praticar, em nome de todos os obrigacionistas, os actos de gestão destinados à defesa dos interesses comuns destes.» Proposição igualmente individualizada quanto ao particular dever de prestação de informações: «O representante comum deve prestar aos obrigacionistas as informações que lhe forem solicitadas sobre factos relevantes para os interesses comuns» art. 359.º, n.º 2).

Interessando-nos sobretudo a temática das deliberações dos obrigacionistas, urge, antes de mais, atender ao valor da função delimitadora da competência da assembleia que a fórmula em questão é apta a desempenhar. A este propósito, inclino-me no sentido de considerar que a cláusula geral do art. 355.º, n.º 4 — «os assuntos que por lei lhe sejam atribuídos ou que sejam do *interesse comum* dos obrigacionistas» — tanto visa alargar o âmbito de competência da assembleia a matérias não expressamente previstas no elenco legal, como constituir uma barreira de carácter geral a todas as deliberações adoptadas — toda e qualquer deliberação deve estar de acordo com o *interesse comum*. Tal não significa que todas as deliberações da assembleia devam concretizar de forma directa esse interesse. Casos há, inclusive, onde é dificilmente lobrigável um *interesse comum* distinto daquele que é objecto específico da deliberação[254]. Trata-se somente de estabelecer o princípio de acordo com o qual a colectividade obrigacionista deve, em qualquer caso, prosseguir o *interesse comum*.

A questão assume particular melindre no tocante às matérias que acarretam a desconsideração da autonomia privada dos obrigacionistas. Nesta hipótese verifica-se um sacrifício dos interesses individuais em favor de um alegado interesse comum. Ora, a restrição da liberdade de cada um tem de encontrar justificação em algo superior. De acordo com o princípio maioritário, esse algo será sempre a liberdade dos outros, a liberdade da maioria. Sucede, porém, que esta não pode impor sacrifícios à

---

[254] Veja-se, particularmente, algumas referentes ao aspecto organizativo, como a nomeação, retribuição e destituição do representante comum.

Semelhantemente, PESCATORE, Salvatore, «Il rappresentante comune degli obbligazionisti», in *Riv. dir. comm*, 1968, I, p. 126, o qual sublinha que «o conceito de interesse comum revela-se numa série de actos ou factos em relação mais ou menos directa com ele, dado que não pode pôr-se no mesmo plano hipóteses como aquela em que o grupo de subscritores modifica as condições do empréstimo e aquela em que o mesmo grupo delibera sobre as despesas a efectuar para a tutela do interesse comum.»

Posição análoga foi já defendida, em Itália, a respeito das assembleias especiais dos titulares de *azioni di risparmio* por CONCETTO COSTA, *Il rappresentante comune degli azionisti di risparmio nell'organizzazione della società per azioni*, Dott. A. Giuffrè Editore, Milano, 1984, p. 99.

minoria motivados por razões subjectivas e particulares. A própria liberdade da maioria não é ilimitada. Esta tem de actuar em obediência a uma motivação concreta. É neste terreno que a determinação de um *interesse comum* joga toda a sua utilidade. Ele é, ao mesmo tempo, fundamento da adopção do princípio maioritário e critério legitimador da actuação da assembleia[255-256].

Segue-se desta amostragem simples que o conceito de *interesse comum* desempenha um papel importante, a vários títulos, na disciplina da organização dos obrigacionistas. Tal justifica que vários Autores tenham procurado precisar o seu sentido, embora no estado actual do problema ainda não se vislumbre uma fórmula pacificamente aceite pela generalidade da doutrina.

1. As dificuldades surgem logo a respeito de saber quem são os titulares do *interesse comum*. Afigura-se um tanto exagerada a posição daqueles que, como R. Papetti, têm dificuldade em distinguir o interesse comum dos obrigacionistas do interesse social[257]. Invoca o Autor dois argumentos para sustentar a sua posição. O primeiro consiste no facto de existirem valores obrigacionais intensamente ligados ao desenvolvimento dos negócios sociais, como sejam as obrigações convertíveis ou com *warrants* e ainda as obrigações com juro, plano de reembolso ou prémio dependentes e/ou variáveis em função dos lucros da entidade emitente. Um segundo argumento estará na constatação de que muitas vezes os subscritores das obrigações são os próprios sócios da emitente, originando aquilo a que R. Papetti sugestivamente chama de *contaminazione di gruppi* e a sobreposição dos interesses de que os obrigacionistas são em abstracto e em concreto portadores[258].

Quanto ao primeiro argumento, parte-se da circunstância de existirem obrigações que atribuem direitos em certa medida conexos com o desempenho da sociedade para chegar à conclusão de que, em tais casos, verifica-se uma identidade ou pelo menos forte aproximação do interesse dos obrigacionistas ao interesse dos sócios. Ora o caso não se afigura tão óbvio como parece. O conceito de *interesse social* tem sido definido por

---

[255] Também ALONSO ESPINOSA, *ob. cit.*, p. 111, reconhece esta dupla relevância.

[256] Deste modo, as deliberações contrárias ao *interesse comum* são susceptíveis de ser impugnadas nos termos do art. 58.º, n.º 1, al. b), aplicável por remissão do art. 356.º; n.º 1.

[257] Cf. RICCARDO PAPETTI, «Nota all'ordinanza del Tribunale di Monza del 12 gennaio 1995», in *Foro pad.*, 1995, I, pp. 68 e 69.

[258] Id., *ibid.*, p. 69, nota 8.

referência à finalidade lucrativa do contrato de sociedade: qualquer sócio enquanto tal aspira a que a actividade societária proporcione lucros[259].

---

[259] São conhecidas as opiniões da doutrina portuguesa quanto à noção de *interesse social*. Interessando-me mais conciliar interpretações do que ressaltar disparidades, direi apenas que, independentemente das aproximações — ora um tanto *contratualistas*, ora com pendor *institucionalista* —, a generalidade dos Autores põe em relevo o interesse do sócio no lucro societário, enquanto elemento importante do conceito de interesse social. Assim:

a) FERRER CORREIA, *Lições de Direito Comercial*, Vol. II, cit., p. 234, que o define como sendo «o interesse em que a exploração da empresa colectiva se faça em termos de proporcionar o maior rendimento possível. Pois o motivo que determinou cada uma das partes a contratar não foi a obtenção do maior lucro possível através da prestação feita?»;

b) LOBO XAVIER, *Anulação de Deliberação Social e Deliberações Conexas*, cit., p. 242, nota 116, para quem *interesse social* é «o interesse de todo e qualquer sócio na consecução do máximo lucro através da actividade da empresa colectiva»;

c) PEREIRA COELHO, Francisco Manuel de Brito, «Grupos de Sociedades. Anotação Preliminar aos Arts. 488.º a 508.º do Código das Sociedades Comerciais», in *BFD*, 64.º, 1988, p. 311, nota 36: «havendo no contrato de sociedade, e na vida desta, interesses individuais (conflituantes) dos sócios (por ex., na avaliação das entradas, na determinação da composição dos órgãos de administração, no critério de repartição dos lucros e das perdas, etc.) e um fundamental interesse comum que é a consecução do maior lucro (interesse que não é, porém, titulado por qualquer pessoa supra-individual, mas é apenas um interesse ... comum aos sócios), o interesse social só pode ser precisamente este interesse comum, que é de resto aquele com que têm a ver todas ou quase todas as decisões relativas à gestão empresarial»;

d) BRITO CORREIA, *Direito Comercial*, Vol. II, cit., p. 53: «Os interesses sociais individuais dos sócios constituem ainda o interesse social na medida em que são satisfeitos por uma actividade da sociedade de que os sócios beneficiam enquanto tais (por exemplo, o interesse à distribuição dos lucros)»;

e) ELISEU FERREIRA, «Disciplina Jurídica dos Grupos de Sociedades. Breves Notas Sobre o Papel e a Função do Grupo de Empresas e a sua Disciplina Jurídica», in *CJ*, 1990, IV, pp. 52-55, que adoptando uma perspectiva institucionalista, não já no sentido extremo de imputação do interesse social a uma entidade supra-individual, mas apenas no sentido de que os titulares de tal interesse são os sócios e «diversos outros sujeitos», defende que no CSC o interesse social é «não o interesse isolado de cada sócio, mas sim o resultado da conjugação dos interesses comuns dos sócios e trabalhadores», embora sempre reconheça que «esse objectivo [o interesse social] que a sociedade se propõe é o *fim lucrativo*, no sentido de acumulação de riqueza, no interesse público da comunidade, e não apenas entendido como *ganho* (diferença entre a receita e a despesa) a atribuir aos sócios, no fim de cada exercício»;

f) ENGRÁCIA ANTUNES, José Augusto Quelhas Lima, *Os Grupos de Sociedades. Estrutura e Organização Jurídica da Empresa Plurissocietária*, Livraria Almedina, Coimbra, 1993, pp. 79 e 80, nota 160, segundo o qual «se de um interesse autónomo, próprio da sociedade se pode falar, à luz do qual os negócios sociais da empresa devem ser condu-

Diferentemente, nos valores em apreço o lucro da sociedade é tão-somente uma componente do interesse dos obrigacionistas. O retorno do investimento feito oscila, em certa medida, com a evolução da situação financeira

---

zidos (veja-se, maxime, art. 64.º CSC), então tal interesse não poderá de deixar de se reconduzir, ao menos no seu núcleo mínimo fundamental e inderrogável, ao interesse paralelo da sociedade, dos respectivos sócios e até mesmo dos credores sociais na prosperidade e rentabilidade da própria empresa social», esclarecendo, no que toca aos sócios, que dessa *rentabilidade* depende «a maximização dos dividendos a distribuir ou a valorização do património social (que se traduzem, respectivamente, num aumento dos lucros periódicos ou finais dos associados)»;

g) Osório de Castro, Carlos, «Participação no Capital das Sociedades Anónimas e Poder de Influência», in *RDES*, 36.º, 1994, p. 349, que alude ao «interesse para cuja realização se conclui e executa o contrato de sociedade, abrangendo, além do interesse de que o património da sociedade, constituído pelas entradas dos sócios, seja usado para o exercício da actividade que constitui o objecto da sociedade (interesse social preliminar), o interesse de que essa actividade se endereçe à obtenção de lucros (interesse social intermédio) e o interesse de que os lucros sejam divididos entre os sócios (interesse social final)», e *ob. cit.*, p. 211: «o interesse social não é senão o interesse comum de todos os sócios, o "interesse objectivo da colectividade dos sócios", o interesse, ao cabo e ao resto, de que a actividade da empresa colectiva se dirija à consecução do máximo lucro»; e

h) Raúl Ventura, *Sociedades por Quotas*, Vol. III – arts. 252.º a 264.º (reimpressão), *Comentário ao Código das Sociedades Comerciais*, Livraria Almedina, Coimbra, 1996, p. 151, que o define como o «interesse dos sócios, nessa qualidade, ou seja, o interesse que os levou a efectuar contribuições para o exercício em comum de uma actividade, a fim de partilharem os lucros.»

Para a teoria do *interesse social*, notável contribuidor de elementos foi sobretudo Coutinho de Abreu em *Do Abuso de Direito*, cit., pp. 108-121; *Da Empresarialidade. (As Empresas no Direito)*, Livraria Almedina, Coimbra, 1996, pp. 225-243; e *Curso de Direito Comercial*, Vol. II, cit., pp. 286-302. Aceitando certa perspectiva *contratualista*, refere que «todos os contratualistas são concordes em afirmar este interesse como um interesse comum a todos os sócios. E existe, de facto, essa comunidade — todo e qualquer sócio pretende obter o máximo lucro através da actividade da empresa social. O fim lucrativo é mesmo um elemento essencial do contrato de sociedade. Mas, realce-se, o interesse colectivo só é qualificado como interesse social na medida em que se prende com a causa comum do contrato de sociedade — o lucro.»

Destacando, de seguida, o aspecto relacional do conceito de interesse — será sempre a «relação entre uma pessoa, que tem uma necessidade, e o bem que essa pessoa julga apto para satisfazer tal necessidade. Ou, mais simplesmente, é a relação entre uma necessidade (sempre humana) e um bem» — nega a imutabilidade e unicidade do interesse social. Nas «assembleias gerais podem confrontar-se interesses sociais diversos. A quem cabe escolher? À maioria. [...] É ela que delibera *o* interesse social concreto [...] tendo o fim lucrativo comum como "estrela polar".» Em conclusão, Coutinho de Abreu apresenta o *interesse social* como «a relação entre a necessidade de todo o sócio enquanto tal na obtenção

da entidade emitente; nessa medida o lucro societário assume grande relevo na posição dos obrigacionistas. Mas o interesse destes não se resume a tal, porquanto inclui também a componente do crédito. Soa, pois, a exagero óbvio querer confinar o *interesse comum dos obrigacionistas* nos apertados limites do interesse dos sócios[260-261].

Quanto à ulterior argumentação, aparentemente tão aceitável, sempre se dirá que, sendo verdade que em relação ao sócio-obrigacionista verifica-se uma *simultaneidade* dos interesses de cada categoria, não é menos verdade que tais interesses mantêm a sua individualidade e assumem relevância jurídica autónoma. O *interesse*, enquanto conceito jurídico válido, é alheio aos motivos e, por conseguinte, à situação concreta e particular do seu titular[262]. Trata-se de um conceito abstracto e objectivo, na justa medida em que não leva em linha de conta a posição concreta do seu titular; em que se separa do conjunto de relações, interesses ou conveniências que ele possa ter e que o motivem a votar certa proposta neste ou naquele sentido. Só assim se pode encontrar o interesse comum a todos eles. Daí que, embora útil para a concretização de interesses particulares e partilhados por todos os obrigacionistas, a actuação dos órgãos da colectividade obrigacionista contrária ao *interesse comum*, abstractamente definido, será sempre ilegal. Destarte, o interesse comum não é apenas distinto do interesse da maioria, mas também se dissocia daquele interesse

---

de lucros e o meio julgado apto para satisfazê-la.» (Sobre o conceito de interesse social, após a entrada em vigor do CSC, consulte-se *Da Empresarialidade*, cit., pp. 225-243.)

(Com interesse para o estudo do tema, veja-se ainda, para uma acentuada visão institucionalista OLIVEIRA ASCENSÃO, José de, *Direito Comercial*, Vol. I, *Parte Geral*, Lisboa, 1987/6 [reimpressão de 1994], pp. 446 e 447; e com perspectiva diferente, MENEZES CORDEIRO, *Da Responsabilidade Civil dos Administradores das Sociedades Comerciais*, Lex, Lisboa, 1997, pp. 516-522; Id. *Tratado de Direito Civil Português*, I, *Parte Geral,* Tomo II, *Coisas*, Livraria Almedina, Coimbra, 2000, pp. 203-208.)

[260] Recorrendo aos exemplos das obrigações convertíveis e com *warrants*, JAEGER, Pier Giusto, «Gli azionisti: spunti per una discussione», in *Giur. comm.*, 1993, I, pp. 23 e 24, refere que a evolução da actividade financeira tornou menos precisa a separação da posição dos sócios da dos credores. Sem embargo, o Autor não confunde tais posições, reconhecendo que a própria lei prevê específicas formas de tutela para cada uma delas.

[261] Também ANTÓNIO DIAS, *ob. cit.*, p. 139, exprime a ideia de que «o interesse da sociedade não encontra necessariamente correspondência no interesse comum dos obrigacionistas».

[262] Cf. JAEGER, Pier Giusto, *L'interesse sociale*, Dott. A. Giuffrè Editore, Milano, 1964, pp. 4-7.

que a totalidade dos obrigacionistas partilha em dado momento por razões puramente contingentes e ocasionais[263].

Ainda a propósito desta problemática, pode invocar-se a circunstância de a organização dos obrigacionistas servir também os interesses da entidade emitente, nomeadamente por permitir que a modificação do emprés timo seja decidida pela maioria, dispensando o consentimento individual que de outro modo seria imprescindível[264], como argumento favorável à tese que aproxima o interesse comum dos obrigacionistas do interesse social[265]. Neste particular, julgo que o argumento em análise já foi suficientemente refutado por G. F. Campobasso, notando que embora o interesse social possa, no limite, convergir com o interesse comum dos obrigacionistas, será sempre este último que constitui o escopo precípuo a alcançar pela assembleia e pelo representante comum. Na verdade, estes dois órgãos devem sempre pautar a sua actuação por aquele interesse. Não que a existência de uma colectividade obrigacionista seja prejudicial à entidade emitente, bem pelo contrário, facilita o seu relacionamento com a massa de credores. Todavia, quanto ao *mérito* da actuação, afigura-se indiscutível que «é só a melhor tutela de tal interesse que deverá ser assumida como regra de comportamento pela assembleia e pelo representante comum»[266-267].

---

[263] No sentido da necessidade de se distinguir entre *interesse social* e *interesse da maioria*, consulte-se P. G. JAEGER, *ibid.*, pp. 96 e 97; e COUTINHO DE ABREU, *Do Abuso de Direito*, cit., pp. 114-117. Sobre a possibilidade das deliberações unânimes contrariarem o *interesse social*, consulte-se, por todos, P. G. JAEGER, *ibid.*, pp. 180-187.

[264] Veja-se *supra* ponto 9.

[265] Segundo ALONSO ESPINOSA, *ob. cit.*, p. 114, nota 82, esta posição será defendida, entre outros, por F. GALGANO, ainda que implicitamente, numa espécie de terceiro grupo opinativo.

Não creio ter sido intenção deste último Autor perfilhar tal teoria. Simplesmente ele afirma que a organização dos obrigacionistas foi criada para servir primariamente os interesses da entidade emitente (posição aliás contrária à defendida anteriormente em «Recensione a Domenico Pettiti. *I titoli obbligazionari delle società per azioni*, Giuffré, Milano, 1964», in *Riv. dir. civ.*, 1964, I, p. 322). Nada disto equivale, como veremos no texto, a afirmar-se que esta entidade partilha em pé de igualdade com os obrigacionistas do seu interesse comum. Se bem interpreto, ALONSO ESPINOSA terá extraído das palavras de F. GALGANO um sentido que lá não se encontra. Distracção de sábio, sempre desculpável...

[266] Neste sentido, por exemplo, uma proposta de modificação das condições do empréstimo vantajosa para a sociedade somente pode ser aprovada se se verificarem certas circunstâncias objectivas que a tornem útil para os obrigacionistas.

[267] G. F. CAMPOBASSO, *Le obbligazioni*, cit., pp. 488 e 489. No mesmo sentido, veja-se ANTONELLA LONCIARI, «Il conflitto d'interessi tra portatori di obbligazioni

Deste modo, pode concluir-se que *titulares* do interesse comum são apenas os obrigacionistas e não já a sociedade emitente ou os seus sócios.

2. Qual então o *conteúdo* do interesse comum? Ao tempo em que P. G. Jaeger escrevia que «não é possível contrapor o interesse colectivo ao interesse individual»[268], Pettiti, naquela que é considerada a obra fundamental em Itália sobre a temática dos empréstimos obrigacionistas, afirmava duvidar que exista uma antítese substancial entre interesse comum e interesse individual, entendido este como o «interesse típico do credor ao respeito pontual das obrigações assumidas pela sociedade»[269]. Julgo ser este um excelente ponto de partida.

De facto, tendo sido concluído que os titulares exclusivos do *interesse comum* são os obrigacionistas, parece ser de aceitar-se que tal interesse não difere do interesse de cada um deles resultante do cumprimento do contrato. Ao celebrar o contrato de empréstimo, o obrigacionista procura obter certo bem ou utilidade que aqui é de natureza puramente económica — a consecução do retorno contratualmente previsto. Ora a realização por parte da sociedade das prestações debitórias visa satisfazer tal finalidade, a qual se apresenta comum a todos os obrigacionistas enquanto tais — é uma comunidade quanto ao fim[270-271].

---

diverse», in *Riv. soc.*, 1995, p. 71. Também em sentido crítico ALONSO ESPINOSA, *ob. cit.*, pp. 114 e 115, para quem os benefícios que a entidade possa obter pela existência de uma organização de obrigacionistas serão sempre benefícios *indirectos* e *consequência* da tutela dos obrigacionistas.

Isto mesmo deixou bem especificado BRITO CORREIA, *Direito Comercial*, Vol. II, cit., p. 50, reportando-se ao conceito de interesse social: «O interesse social deve considerar-se, não como mero limite à liberdade de acção da sociedade (ou dos seus órgãos — o que é o mesmo), mas como verdadeira função desta. É para ele que a sociedade existe. A sociedade não é, em regra, obrigada a agir, mas quando actua, tem um interesse próprio a prosseguir, definido pelos fins para que a sociedade foi fundada e vive.»

[268] Cf. *L'interesse sociale*, cit., p. 9.

[269] Cf. PETTITI, *I titoli obbligazionari delle società per azioni*, cit., p. 34.

[270] Sobre a relevância da causa comum na definição de *interesse social*, consulte-se, por todos, COUTINHO DE ABREU, *Do Abuso de Direito*, cit., pp. 117 e 118.

[271] Em sentido contrário parece manifestar-se A. FORMIGGINI, *ob. cit.*, pp. 117 e 118, que faz alusão à hipótese de um empréstimo obrigacionista ser subscrito em virtude de causas diversas: parte do credores adquiririam os títulos em virtude de uma contrapartida em capital; outra parte em virtude da conversão de créditos anteriores. Nesta hipótese, defende o Autor que aqueles credores estarão mais predispostos a aceitar uma modificação das condições do que os segundos, que em tal caso serão mais prejudicados.

Com o devido apreço pela competência do mestre transalpino, acho que este

Clarificado o ponto de partida, importa salientar que a utilidade resultante do cumprimento do contrato é apenas um dos pólos da relação que constitui o interesse, entendido enquanto «relação entre uma pessoa, que tem uma necessidade, e o bem apto para satisfazer tal necessidade»[272]. No caso em apreço, a necessidade é a consecução do retorno previsto no contrato; o bem é algo de variável, determinado pela assembleia em cada deliberação ou pelo representante comum na sua actuação. Quer dizer: o *interesse comum* não é imutável, nem único. A propósito dos mais diversos assuntos podem vislumbrar-se distintos *interesses comuns*, pertencendo à assembleia e ao representante optar pelo mais adequado à satisfação da finalidade comum. Tais decisões definem o *interesse comum concreto*.

Assim, o *interesse comum dos obrigacionistas* poderá ser entendido como a relação entre a necessidade típica do obrigacionista na obtenção do retorno contratualmente previsto e o meio considerado adequado a satisfazê-la[273].

---

raciocínio prova tanto como o de quem considerasse serem distintos os *interesses* dos obrigacionistas em virtude das suas conveniências ou preferências particulares. Ora o sentido que aqui se deve atribuir ao conceito é um sentido exclusivamente objectivo, com abstracção pela posição singular do seu titular. (Neste sentido, veja-se, por todos, P. G. JAEGER, *L'interesse sociale*, cit., pp. 3-7: «soltanto sulla base di una concezione obbiettiva dell'interesse è possibile utilizzare tale nozione come strumento dogmatico di recerca», e mais frontalmente: «chi attribuisce al termine interesse un significato soggettivo, come sinonimo di motivo, non riesce a dare alcun senso a norme positive che a questo termine fanno riferimento.»)

Por outro lado, afirmar-se que o prejuízo dos credores que aceitaram uma conversão dos créditos anteriores, em caso de modificação das condições, é superior ao daqueles que investiram «dinheiro fresco» é algo que se afigura, no mínimo, como muito discutível.

[272] Sobre a dimensão relacional do conceito de *interesse*, veja-se, por todos, COUTINHO DE ABREU, *Do Abuso de Direito*, cit., pp. 119-121. No texto seguimos muito de perto o pensamento do Autor quanto à definição de *interesse social*.

[273] Ainda a propósito desta problemática, apraz-me trazer aqui a interessante hipótese de S. PESCATORE, segundo a qual o âmago do conceito de interesse comum consiste na particular forma de tutela unitária e colectiva do grupo ante a entidade emitente (cf. *loc. cit.*, p. 127, *passim*). Cá está algo que nem será fácil de aceitar, nem de rejeitar liminarmente.

Partindo da análise de um conjunto de situações nas quais se pode deparar com uma *comunhão de interesses*, S. PESCATORE chega à conclusão que também nas organizações de obrigacionistas se pode encontrar tal comunhão, a que Autor chama de «comunhão de interesses entre participantes». De facto, pode aqui encontrar-se todos os elementos típicos de uma comunhão de interesses, como, por exemplo, a subordinação do interesse individual ao interesse colectivo e o facto de as vicissitudes referentes ao interesse comum afectarem automaticamente a posição de todos os participantes. Deste modo, os obrigacionistas distinguem-se dos restantes credores da entidade emitente em relação aos quais se verifica somente um estado de *coincidência de interesses* (cf. *loc. cit.*, pp. 116 ss).

Uma vez qualificada a situação dos obrigacionistas como um estado de *comunhão de interesses*, S. PESCATORE procura definir o âmbito desse fenómeno, o que faz tomando como referência o carácter unitário do empréstimo. Esta circunstância é sobremaneira quintessenciada pelo Autor, de tal sorte que considera as próprias posições singulares dos obrigacionistas como meras posições *in fieri*, que somente se autonomizam no momento do vencimento. Antes disso, o que existem são *situações de facto* susceptíveis de alteração e cuja tutela cabe exclusivamente ao grupo. Enquanto tais posições não se concretizam na esfera jurídica individual, o exercício por parte dos obrigacionistas autonomamente considerados dos meios de defesa dos seus direitos é susceptível de traduzir-se num prejuízo para o interesse dos restantes coobrigacionistas, devendo, por isso, ser vedado. O *interesse comum* assume, assim, uma feição dinâmica, pois enquanto tutela global e unitária não se resume à estática defesa dos direitos do grupo, predeterminados no momento da emissão, mas acompanha a eventual modificação de que possam ser objecto ao longo do período do empréstimo. Nesta perspectiva, o âmbito da tutela unitária abarca qualquer acto ou facto respeitante aos aspectos patrimoniais colectivos da operação, os quais quedam subtraídos ao exercício individual (cf. *loc. cit.*, pp. 123-127, *passim*).

Aparentemente irresistível, a posição de S. PESCATORE perde alguma força após análise atenta. É verdade que um empréstimo obrigacionista faz surgir uma interconexão de interesses entre os detentores dos valores que o representam, dado que estes estão na mesmíssima posição frente à entidade emitente. É ainda verdade que a subordinação do interesse individual ao interesse colectivo afigura-se, algumas vezes, como o melhor meio para tutelar os próprios interesses individuais — pense-se no caso em que, em face das circunstâncias, urge modificar as condições do empréstimo, e algum «obrigacionista perverso» obsta a tal operação, provocando um prejuízo a todos.

Mas S. PESCATORE vai um tanto longe ao negar a própria existência de direitos individuais; ao qualificar a posição dos obrigacionistas como meras *situações de facto* que não dão lugar a tutela autónoma. O empréstimo obrigacionista é um contrato a termo e, como tal, o momento do cumprimento das prestações relativas ao pagamento dos juros e à restituição do capital é deferido para uma data futura. Significa isto que o credor é titular de uma posição *in fieri*? Não significa tal. Significa, apenas, que não pode exigir o cumprimento das prestações antes da data de vencimento. Por outro lado, como elucida ALONSO ESPINOSA, *ob. cit.*, p. 115, «a emissão de obrigações é uma operação economicamente unitária, mas juridicamente plural», na medida em que existem tantos contratos quantos os subscritores que, deste modo, detêm uma posição autónoma *ab initio*, não se vislumbrando um fenómeno de contitularidade.

A ser assim, não parece, pois, muito objectiva, no seu cunho generalizado, a opinião de S. PESCATORE, negando a autonomia *ab initio* dos direitos dos obrigacionistas.

SECÇÃO II

MATÉRIAS DE COMPETÊNCIA DAS ASSEMBLEIAS DE OBRIGACIONISTAS

SUBSECÇÃO I

PODERES ORGANIZATIVOS E DE ADMINISTRAÇÃO

> SUMÁRIO: 17. Nomeação, retribuição e destituição do representante comum; 18. Constituição de um fundo comum e prestação das respectivas contas; 19. Autorização ao representante comum para a propositura de acções judiciais; 20. Reclamação de créditos em acções executivas.

17. Nomeação, retribuição e destituição do representante comum

0. À semelhança da generalidade das colectividades de pessoas que partilham um objectivo comum e para cuja realização se organizam, adoptando regras atinentes à formação e expressão da vontade maioritária, também a colectividade de obrigacionistas não prescinde de um elemento que, a par daqueloutro com funções eminentemente deliberativas, esteja incumbido de executar as decisões do grupo e de o representar nas mais diversas situações[274].

---

[274] No seu «Struttura logica e contenuto normativo del concetto di persona giuridica», in *Riv. dir. civ.*, 1965, I, pp. 619 ss., F. GALGANO refere que uma característica das pessoas colectivas é a necessidade de existência de uma *organização interna do grupo*, composta por uma assembleia dos membros e um *órgão de direcção* a quem ficam reservadas as funções administrativas. Esta será, nas palavras do Autor, uma nota distintiva entre os entes colectivos dotados de personalidade jurídica e os que dela carecem. Não obstante, reconhece que algumas associações de indivíduos a quem a lei não atribui

Intui-se facilmente a importância que tal elemento possa ter. Desde logo, no que respeita ao funcionamento interno da colectividade, ele é não só o «órgão propulsivo» da assembleia[275], competindo-lhe proceder à sua convocação quando a tal esteja legalmente obrigado ou repute conveniente, bem como o elemento incumbido de assegurar o regular desenvolvimento das diversas fases da reunião, designadamente a discussão das matérias e votação das propostas, pois compete-lhe assumir a presidência da assembleia[276-277].

Ainda mais interessante que esta função voltada para o interior da colectividade — e indubitavelmente mais importante numa perspectiva funcional — é o facto de ele servir de *elemento de conexão* com a entidade emitente, função que cumpre mediante o exercício de certos poderes-deveres fundamentais à tutela dos interesses dos obrigacionistas: os de assistir aos sorteios para reembolso de obrigações[278] e às assembleias gerais da sociedade[279-280], assim como receber e analisar toda a

---

personalidade jurídica são igualmente dotados de uma *organização interna* nos moldes acabados de referir. Assim, por exemplo, as *associazioni non riconosciute*.

Debate-se na doutrina a questão da existência necessária ou facultativa do representante comum. Ora, à luz do direito positivo português é inegável que o representante comum é um elemento necessário na estrutura organizativa dos obrigacionistas, no sentido de que a lei lhe atribui certas competências, essenciais para a tutela dos interesses dos obrigacionistas, que só por ele podem ser exercidas, nomeadamente o direito de receber a documentação societária e de assistir aos sorteios para reembolso de obrigações, bem como o direito à informação societária (cf. art. 359.º, n.º 1, als. d) e e); e art. 293.º). Esboçam idêntica opinião G. F. CAMPOBASSO, *Le obbligazioni*, cit., p. 510 e G. FERRI, *Le società*, cit., p. 510.

[275] G. F. CAMPOBASSO, *ibid.*, p. 513.

[276] Cf. art. 359.º, n.º 1, al. f).

[277] Sobre o relevo da função de presidente da assembleia, tem todo o interesse consultar-se o ponderado estudo de PETTITI, Domenico, *Note sul presidente dell'assemblea di società per azioni*, in *Studi in onore di Alberto Asquini*, III, Cedam, Padova, 1965, pp. 1477-1501.

[278] O art. 2420 CCIt estipula que o sorteio das obrigações deve ser feito, sob pena de nulidade, na presença do representante comum ou, na sua falta, e para não se protelar o processo de reembolso, de um notário (cf. FRÈ, *ob. cit.*, p. 512).

Diversa é a solução dada pelo legislador espanhol: exige-se a presença do *comisario* e, simultaneamente, de um notário. A não observância das formalidades do sorteio confere aos obrigacionistas o direito ao reembolso antecipado (cf. art. 308, 2, LSA).

[279] O direito do representante comum assistir às assembleias gerais da entidade emitente é igualmente aludido no art. 379.º, n.º 3: «Podem ainda estar presentes nas assembleias gerais de accionistas os representantes comuns de titulares de acções preferenciais sem voto e de obrigacionistas.» Cotejado com o número anterior — «Os accionistas sem direito de voto e os obrigacionistas podem assistir às assembleias gerais e participar na

discussão dos assuntos indicados na ordem do dia, se o contrato de sociedade não determinar o contrário» (art.º 379.º, n.º 2) — dá a impressão de que o legislador quis distinguir uma e outra situação, autorizando os obrigacionistas a assistirem à reunião e discutirem os assuntos incluídos na ordem do dia, enquanto que a intervenção do representante comum na assembleia resumir-se-ia ao direito de estar presente.

Não parece todavia que assim deva ser, uma vez que a presença na assembleia visa essencialmente tornar exequível a participação.

Objectar-se-á que nem sempre o legislador associou a presença à participação e isso é verdade. Comprova-o o facto de o art. 379.º, n.º 6, se referir à possibilidade de pessoas sem direito de participação presenciarem a reunião. Existe, porém, um elemento essencialíssimo que volta a inclinar o fiel da balança. De facto, se atendermos à intervenção dos obrigacionistas nas assembleias de sócios da entidade emitente, veremos que ela tem um duplo relevo. De um lado, é importante para que os obrigacionistas possam inteirar-se da evolução da sociedade, particularmente da sua situação financeira e das opções estratégias. Compreende-se, pois, que lhes assista ao direito de falar, colocar dúvidas, pedir esclarecimentos, com o fito de se elucidarem sobre os aspectos que julguem relevantes. Por outro lado, sendo a assembleia um local privilegiado de esclarecimento de pontos de vista, aceita-se facilmente que possam participar na discussão sobre as matérias propostas a votação, dando a conhecer as suas opiniões, eventualmente relevantes para a formação do sentido de voto dos sócios.

Mas se assim é, parece ter de concluir-se que o *direito de assistir* às assembleias da entidade emitente deve ter igual conteúdo para os obrigacionistas e representante comum. Em primeiro lugar, este é o elemento legalmente encarregue de gestionar os interesses dos obrigacionistas. Em segundo lugar, o legislador previu a possibilidade de a sociedade, a seu talante e em sede estatutária, coarctar o direito de assistência aos obrigacionistas, caso em que a única via inarredável para se realizar aquela dupla função é a de permitir ao representante comum uma participação tão abrangente quanto a dos obrigacionistas. (À questão de saber se os estatutos da sociedade podem excluir apenas o direito de participação e já não o direito de presença, tem sido respondido no sentido de que ambos os direitos são susceptíveis de afastamento — cf. VASCO LOBO XAVIER, *ob. cit.*, p. 187, nota 85; e LUCAS COELHO, Eduardo de Melo, *A Formação das Deliberações Sociais. Assembleia Geral das Sociedades Anónimas*, Coimbra Editora, Coimbra, 1994, pp. 50-52, nota 33). Diferente era a posição de CUNHA GONÇALVES, *ob. cit.*, p. 467, para quem a expressão «se os estatutos não determinarem o contrário» reportava-se ao direito de voto dos accionistas, sendo certo que nem o direito de assistir à assembleia, nem o de discutir os assuntos da ordem do dia, poderiam ser suprimidos.) É significativo, aliás, que o CSC equipare o representante comum aos sócios para efeitos de titularidade do direito de receber e examinar a documentação social (cf. art. 359.º, n.º 1, al. d)).

E a quem proponha, apressada e precipitadamente, que então tal direito deva ser reconhecido ao representante comum, somente quando os estatutos não autorizem os obri-

documentação da sociedade, nas mesmas condições que os accionistas[281], e ainda obter informações nos termos do art. 293.º.

Sabe-se, igualmente, que lhe estão reservados *poderes de gestão* conducentes à tutela do interesse comum. Trata-se, no fundo, de dar execução às deliberações da assembleia e praticar um vasto conjunto de actos, ainda que meramente materiais, que interessem à colectividade dos obrigacionistas. Fora de questão, a meu ver, está a possibilidade de os obrigacionistas delegarem, de uma forma genérica, no representante qualquer das competências que a lei lhes reserva. Ainda que sobre tais matérias o

---

gacionistas a participar na assembleia, contraponho o argumento de que não se vislumbram inconvenientes de monta ou acrescidos na sua intervenção ao lado de daqueles. (Partilham desta opinião, S. PESCATORE, *loc. cit.*, pp. 151-152; e G. F. CAMPOBASSO, *Le obbligazioni*, cit., p. 513, nota 13. Para GRAZIANI, Alessandro, «Brevi note in tema di società per azioni», in *Riv. dir. comm.*, 1947, I, p. 186, a intervenção do representante comum na assembleia de sócios da entidade emitente resume-se a um «mero direito de assistência.»)

Ainda a este propósito, facilmente se compreenderá que a participação dos obrigacionistas e do representante comum só deve ser admitida em relação a assuntos que de certa maneira lhes digam respeito, não sendo de aceitar que possam intervir a propósito de todo e qualquer assunto. (Nesse sentido, veja-se CUNHA GONÇALVES, *ibid.*, p. 467; e PINTO FURTADO, *Código Comercial Anotado*, cit., p. 610.)

Uma questão paralela, todavia não despicienda, é a de saber se a presença do representante comum é requisito de constituição das assembleias universais. Cito apenas alguns testemunhos de cada posição. A favor: PINTO FURTADO, *Deliberações dos Sócios. Comentário ao Código das Sociedades Comerciais*, Livraria Almedina, Coimbra, 1993, pp. 191-193; C. COSTA, *ob. cit.*, p. 88, nota 35; e G. F. CAMPOBASSO, *Diritto commerciale*, 2, *Diritto delle società*, 2.ª ed., Utet, Torino, 1999, p. 303. Contra: S. PESCATORE, *loc. cit.*, p. 152, nota 103; e F. FERRARA/F. CORSI, *ob. cit.*, p. 514, nota 2. Por sua vez, PETTITI, *I titoli obbligazionari delle società per azioni*, cit., p. 252, afirma que o direito do representante comum em assistir à reunião pressupõe que ele esteja em condições de decidir se o vai fazer ou não, direito esse que será inviabilizado no caso de não serem observadas as formalidades de convocação ou de reunião em assembleia universal sem a sua presença. Não obstante, acrescenta esta Autor, ele não tem legitimidade para impugnar tais deliberações, pois não existe cláusula expressa que lhe atribua esse direito.

[280] Um caso verdadeiramente curioso é o da *Ley de Sociedades Comerciales* argentina *(Ley 19.550* de 3 de Abril de 1972) a qual confere ao *fiduciario* o direito não só de assistir às assembleias gerais da sociedade emitente, como também o de assistir às próprias reuniões do *directorio* — cf. art. 345, 2 (numeração dada pelo *Decreto 841/84* que procedeu à ordenação do texto inicial da *Ley 19.550*).

Igualmente em Espanha, quando as obrigações não estejam garantidas por alguma das formas previstas no art. 284 da LSA, o *comisario* tem o direito de assistir às reuniões do conselho de administração.

[281] Cf. art. 359.º, n.º 1, als. c), d) e e).

que deve ser tido em consideração é a vontade da maioria, ao obrigacionista, individualmente perspectivado, não se pode negar o direito de em cada caso exprimir a sua vontade e contribuir para a definição do *interesse comum concreto*. A este nível, a actuação do representante estará sempre subordinada à incumbência e direcção da assembleia[282-283].

---

[282] A possibilidade de a assembleia remeter para o representante comum a decisão sobre algumas das matérias que a lei lhe atribui é objecto de viva peleja em Itália. Resposta favorável a esta questão deu-a R. SACCHI, *Gli obbligazionisti nel concordato della società*, cit., pp. 78 e 79. Contrariamente, têm-se manifestado FRÈ, *ob. cit.*, p. 510; S. PESCATORE, *loc. cit.*, pp. 148 e 149; G. F. CAMPOBASSO, *Le obbligazioni*, cit., p. 515; e PETTITI, que sustenta que a competência para modificar as condições do empréstimo é exclusiva da assembleia, no sentido de que «não pode ser delegada no representante comum, seja nas condições do empréstimo, seja por deliberação dos obrigacionistas, dado tratar-se de matéria regida por normas de ordem pública.» (Cf. *I titoli obbligazionari delle società per azioni*, cit., p. 225, nota 1).

Ocorre-me recordar aqui um pertinente caso submetido à apreciação do Tribunal Civil de Toulouse, em 9 de Junho de 1939, que se pode ler em HUREAU, *ob. cit.*, pp. 159 e 160. A questão com que o Tribunal se confrontou era a seguinte: uma assembleia de obrigacionistas aceitou uma redução da taxa de juro em 1% para o ano de 1939 e, paralelamente, autorizou o representante comum a renovar, eventualmente e sem necessidade de nova consulta aos obrigacionistas, a mesma redução para os anos de 1940 e 1941. O Tribunal julgou válida a deliberação, de resto acompanhado por HUREAU.

Não posso deixar de palmear esta decisão. Com efeito, não estamos perante uma delegação de poderes no sentido de uma transferência a título definitivo ou consideravelmente longo das competências reservadas da assembleia. Trata-se, tão-só, de uma cedência de poderes concretamente definidos e temporalmente localizados que não representa uma abdicação por parte dos obrigacionistas da sua competência deliberativa.

Muito bem, pois, o Tribunal e ilustre Anotador.

[283] Isto não equivale a negar que o representante comum tenha um poder de livre iniciativa no respeitante a outras matérias de interesse comum. Quanto a estas, ainda que não esteja particularmente incumbido pela assembleia, poderá (e deverá) actuar, praticando os actos que considere adequados à tutela do interesse comum. Simplesmente, em virtude de a lei atribuir à assembleia competência deliberativa sobre todos os assuntos que sejam de interesse comum, se esta se pronunciar, a liberdade do representante comum cessa, devendo respeitar a determinação da assembleia. Noutros termos e em resumo: quanto a matérias especificamente elencadas no art. 355.º, n.º 4, ou especialmente atribuídas por lei aos obrigacionistas, existe uma competência exclusiva da assembleia; quanto às restantes matérias de interesse comum, quer esta, quer o representante podem tomar as decisões convenientes. Mas se o colégio de obrigacionistas deliberar a respeito de tais assuntos, cabe ao representante respeitá-las e dar execução, às que dela careçam. (G. F. CAMPOBASSO, *Le obbligazzioni*, cit., pp. 514 e 515, mostra-se igualmente adepto de uma tal divisão de competências.)

A mais proeminente das suas funções é, todavia, a de possibilitar uma *representação unitária* dos obrigacionistas. Compete-lhe, em nome destes, realizar negócios jurídicos, emitir e receber declarações da sociedade ou de terceiros e, sobretudo, representar em juízo o conjunto dos obrigacionistas[284].

1. Sendo o representante comum um órgão a que estão reservadas as incumbências, ora de tutelar o interesse comum de todos os obrigacionistas de uma mesma emissão, ora de os representar, facilmente se compreende que a sua *nomeação* seja da competência do colégio obrigacionista, que pode outrossim aprovar um regulamento das suas funções[285]. Sem embargo, dado que a assembleia pode não proceder à sua nomeação, seja porque não reuniu, seja porque, tendo reunido, decidiu não o eleger[286], a lei permite que a nomeação seja feita pelo tribunal, a requerimento de qualquer obrigacionista ou da sociedade emitente[287]. O representante assim designado exercerá as suas funções provisoriamente, até que os obrigacionistas procedam à eleição[288]. Esta forma expedita de nomeação permite obviar os inconvenientes resultantes da falta de uma

---

[284] Cf. art. 359.º, n.º 1, als. a) e b).

[285] Cf. arts. 355.º, n.º 4, al. a); 358.º, n.º 1; e 359.º, n.º 4. Nos termos do art. 358.º, n.º 4: «A designação e destituição do representante comum devem ser comunicadas por escrito à sociedade e ser inscritas no registo comercial por iniciativa da sociedade ou do próprio representante.»

[286] Ainda que os obrigacionistas sejam chamados a pronunciar-se sobre qualquer assunto de interesse comum, tal não significa que é necessária a nomeação do representante, pois existem deliberações que não carecem de ser executadas — por exemplo, a deliberação de recusa de modificação das condições do empréstimo — e porque os obrigacionistas poderão recorrer a representantes *ad hoc* para as executarem (cf. art. 109.º, n.º 3, e o comentário de RAÚL VENTURA, *Fusão, Cisão, Transformação de Sociedades, Comentário ao Código das Sociedades Comerciais*, Livraria Almedina, Coimbra, 1990, p. 207. Sobre a possibilidade de designação de representante *ad hoc* em geral, consulte-se PETTITI, *I titoli obbligazionari delle società per azioni*, cit., p. 250; e G. F. CAMPOBASSO, *Le obbligazioni*, cit. p. 510.)

[287] Note-se que o tribunal não está obrigado a requerer a convocação da assembleia ou a convocá-la ele próprio a fim de que os obrigacionistas possam pronunciar-se sobre esta matéria, só lhe sendo permitido nomear o representante comum na hipótese da assembleia, assim convocada, não o fazer. A letra da lei inculca claramente no sentido aludido no texto: «Na falta de representante comum, designado nos termos do número anterior, pode qualquer obrigacionista ou a sociedade requerer que o tribunal o nomeie, até que os obrigacionistas façam a designação» (art. 358.º, n.º 2). Com posição oposta, no direito italiano, veja-se C. COSTA, *ob. cit.*, p. 86, nota 29.

[288] Cf. art. 358.º, n.º 2.

representação unitária, nomeadamente quanto à impossibilidade de exercício de alguns direitos colectivos que apenas pelo representante podem ser exercidos — *maxime* o direito de assistir aos sorteios para reembolso das obrigações, obter informações da sociedade nos termos do art. 293.º e o de receber a documentação da sociedade emitente[289].

---

[289] No seu *I titoli obbligazionari delle società per azioni*, cit., p. 247, nota 3, PETTITI defende a possibilidade de o representante comum ser nomeado pela entidade emitente no momento da emissão, à semelhança do disposto no § 16 da SchVG e do art. 1158 do COSuíç, de 30 de Março de 1911. [Abro aqui um parêntese para explicar que a referência a este último diploma não me parece muito acertada. Na verdade, o representante que pode ser designado no momento da emissão não é o representante comum dos obrigacionistas, mas uma outra entidade votada à representação dos obrigacionistas e da sociedade (cf. art. 1158, 1: «Salvo disposição em contrário, os representantes designados nas condições do empréstimo representam tanto os interesses dos credores, como os da entidade emitente»). O representante comum vem mencionado no n.º 2 da mesma disposição legal e a sua nomeação é da a competência exclusiva do colégio obrigacionista: «A assembleia de obrigacionistas pode nomear um ou mais representantes seus.» Esta diferença reflecte-se no regime aplicável: a) enquanto o representante comum pode ser destituído livremente pela assembleia, a destituição do representante nomeado nas condições do empréstimo carece do consentimento da entidade emitente; b) por outro lado, a retribuição do primeiro está a cargo dos obrigacionistas, ao passo que a do segundo deve ser suportada pela entidade emitente (cf. arts. 1162 e 1163 do diploma mencionado). Melhor exemplo teria sido o da lei luxemburguêsa sobre sociedades comerciais, de 10 de Agosto de 1915, que no seu art. 87 prevê inequivocamente tal possibilidade: «Um ou mais representantes da colectividade dos obrigacionistas podem ser nomeados pela sociedade no momento da emissão ou, durante o período do empréstimo, pela assembleia geral de obrigacionistas.» Também o art. 294 L1966 admite tal forma de nomeação nas emissões por subscrição pública. Concluído este curto apontamento, encerro parêntese e retomo.]

A posição agora em análise e discussão fora já defendida por ESCARRA, *ob. cit.*, p. 258, com o argumento de que tal meio seria o mais expedito e económico, evitando-se os custos com a convocação e reunião da assembleia, que o Autor considera um «luxo» desnecessário.

Será uma razão de peso, mas só na aparência. Na verdade, o legislador rodeou a nomeação do representante comum de alguns cuidados, por forma a assegurar, entre outras coisas, a sua independência em relação à entidade emitente (cf. art. 357.º, n.º 4). Ora, a aventada posição não se coaduna facilmente com a preocupação do legislador em impedir que seja nomeado alguém que, em virtude das sua relações com a entidade emitente, não esteja em condições de tutelar, de forma independente e eficaz, o interesse comum dos obrigacionistas, ainda que a escolha recaia sobre um obrigacionista (como defende ESCARRA). Objectar-se-á que a entidade emitente pode ter um interesse próprio na existência de uma representante comum. Julgo, porém, que isso não constitui qualquer óbice, pois como já foi mencionado ela pode sempre requerer a sua nomeação ao tribunal, nos termos

Nos termos do art. 357.º, n.º 2, o cargo de representante comum apenas poderá ser exercido por pessoa singular dotada de capacidade jurídica plena, mesmo que não obrigacionista, por sociedade de advogados ou ainda por sociedade de revisores de contas. Tal como sucede com os membros do conselho fiscal[290], o legislador limitou a possibilidade de pessoas colectivas serem eleitas, reservando-a unicamente para estes dois tipos de sociedades, por causa, eventualmente, dos específicos requisitos técnicos que o exercício da função reclama.

O cargo de representante comum é unipessoal, devendo ser nomeado apenas um representante para cada emissão. Parece ser esse o sentido inequívoco do art. 357.º, n.º 1, que alude a *um* representante e não *um ou mais*[291]. Todavia, poderia pensar-se, com Pettiti, que nada impede a eleição de vários representantes[292]. De facto, à primeira vista, parece que a norma em causa não é inderrogável, podendo ser afastada pela assembleia — a *permissão* de nomeação de um representante não acarretaria a *proibição* de eleição de vários, contanto que as regras de exercício do cargo pelos diversos titulares fossem perfeitamente claras, por forma a evitar indefinições do desempenho das funções. Não obstante, além dos diversos inconvenientes que têm sido apontados pela doutrina ao funcionamento plural do cargo de representante comum e que recomendam a nomeação de apenas um[293], existe um argumento, a meu ver decisivo, a

---

previstos no art. 358.º, n.º 2. No mesmo sentido, refutando a posição de PETTITI, veja-se S. PESCATORE, *loc. cit.*, p. 142, nota 77, que fundamenta com o facto de a lei apenas prever duas possibilidades para a nomeação: a eleição por parte da assembleia e a designação judicial. Por isso mesmo, é com alguma perplexidade que olho para o Regulamento da CMVM n.º 10/2000, de 23 de Fevereiro, Anexo II, Capítulo II, Esquema B (prospecto para oferta pública de distribuição de obrigações e sua admissão à negociação), n.º 2.18 e Esquema D (prospecto para oferta pública de distribuição de obrigações titularizadas e sua admissão à negociação), n.º 2.23, os quais referem como elemento de descrição da oferta a «forma de designação, nome e funções, ou denominação e sede social, do representante comum dos obrigacionistas e principais condições de representação.»

Para terminar, um último reparo. Julgo que teria sido útil, para não dar azo a quaisquer dúvidas, que o legislador tivesse previsto expressamente no art. 358.º, n.º 2, a possibilidade de qualquer interessado requerer ao tribunal a nomeação do representante comum, a par da sociedade ou de algum obrigacionista, tal-qualmente os arts. 297 e 298 da L1966 francesa.

[290] Cf. art. 414.º, n.º 2.

[291] «Para cada emissão de obrigações haverá um representante comum dos respectivos titulares» (art. 357.º, n.º 1).

[292] Cf. *ob. cit.*, p. 250.

[293] Aludem a estes inconvenientes, entre outros, HUREAU, *ob. cit.*, pp. 151 e 152; TORRES ESCAMEZ, Salvador, *La emisión de obligaciones por sociedades anónimas. (Estu-*

favor da *unipessoalidade*. É que no esquema organizativo que o legislador esboçou para os obrigacionistas, a retribuição do representante comum fica a cargo da entidade emitente[294]. Decerto que o legislador não terá querido colocar nas mãos dos obrigacionistas a faculdade de decidirem livremente a composição da estrutura organizativa da colectividade obrigacionista, sobretudo não estando em causa apenas interesses seus. Se essa fosse a sua vontade, tê-lo-ia dito claramente, como aliás fez a propósito da eleição dos suplentes: «Podem ser nomeados um ou mais representantes comuns substitutos» (art. 357.º, n.º 3)[295].

Questão diferente é a de saber se a mesma pessoa pode, ao mesmo tempo, exercer o cargo de representante comum em diferentes emissões da sociedade[296]. Alegando a possibilidade de um «conflito de interesses entre as categorias de obrigacionistas», Pettiti nega tal possibilidade[297].

Não me vou alongar na argumentação. Apenas duas ideias, breves, mas essencialíssimas.

Nem sempre se pode reputar inconveniente o exercício pela mesma pessoa do cargo de representante comum em categorias simultâneas da mesma sociedade. Situações haverá, inclusive, em que tal se revela extremamente útil para a tutela dos interesses dos obrigacionistas. Tenha-se em vista, por exemplo, a necessidade de uma modificação das condições do empréstimo. Nesta hipótese, a identidade do representante pode ser útil para a persuasão das diferentes colectividades obrigacionistas a consentirem tal alteração, benéfica para ambas.

---

dio de la legislación mercantil y del mercado de valores), Editorial Civitas, S.A., Madrid, 1992, p. 170; e CAÑO PALOP, *loc. cit.*, pp. 102 e 103.

[294] Cf. art. 357.º, n.º 5.

[295] À semelhança de outros ordenamentos jurídicos, como por exemplo no art. 93, 6, do CCBelg; no art. 1158, 2, do COSuíç; no art. 87, 1, da LSCLux; e no art. 294 da L1966 francesa que, todavia, estabelece um limite máximo de três membros.

[296] Penso que depois da entrada em vigor do CVM, o qual estipula que os «valores mobiliários que sejam emitidos pela mesma entidade e apresentem o mesmo conteúdo constituem uma categoria, ainda que pertençam a emissões ou séries diferentes» (cf. art. 45.º CVM), a expressão «para cada emissão de obrigações haverá um representante comum», utilizada no n.º 1 do art. 357.º, poderá ser lida substituindo o vocábulo *emissão* pelo vocábulo *categoria*.

[297] Cf. *ob. cit.*, p. 250, nota 7. A mesma opinião é partilhada por S. PESCATORE, *loc. cit.*, pp. 140-142, nota 74: «E nesta hipótese, na medida em que cada grupo se caracteriza pelo seu peculiar interesse comum, penso que um mesmo representante comum não pode tutelar contemporaneamente o interesse dos diversos grupos, dada a possibilidade de conflitos de interesse entre eles.»

Em segundo lugar, é duvidoso que exista fundamento legal para se sustentar tal orientação. Poderia pensar-se na causa de inelegibilidade prevista na al. e) do n.º 3 do art. 414.º[298], nos termos da qual não pode ser nomeado quem preste «serviços remunerados com carácter permanente à sociedade». Daí concluir-se-ia que o representante comum dos titulares de uma categoria, remunerado pela sociedade, não preencheria as condições de elegibilidade previstas no código. Não creio. O elenco de causas de inelegibilidade visa somente garantir uma posição de independência em relação à entidade emitente, por forma a que o cargo seja exercido com imparcialidade, ao abrigo de quaisquer influências daquela[299-300].

Afinal, uma questão de somenos importância. Ainda que se verifique um conflito de interesses entre os titulares de categorias distintas, susceptível de pôr em causa o bom desempenho das funções pelo representante comum, os obrigacionistas poderão sempre proceder à sua destituição nos termos do art. 358.º, n.os 1 e 3.

Ainda a propósito da nomeação do representante comum, discute-se a existência de uma *obrigação* para a sociedade ou para os obrigacionistas de promover tal designação. Em sentido favorável à tese da obrigatoriedade, manifestou-se G. Vitali: «A nomeação do representante comum é obrigatória. A lei (art. 2415, par. 1) diz: "A assembleia dos obrigacionistas *delibera* sobre a nomeação, etc.", e não, *pode* deliberar. A fórmula é, pois, imperativa»[301]. O argumento não convence. A disposição em causa[302] visa, somente, estabelecer o elenco de matérias que são da competência da assembleia. Seria pretensão fruste, concluir-se, da leitura do mencionado

---

[298] Aplicável por remissão do art. 357.º, n.º 4.

[299] Cf. NOGUEIRA SERENS, *Notas Sobre a Sociedade Anónima*, 2.ª ed., Coimbra Editora, Coimbra, 1997, p. 103; e na doutrina transalpina G. FERRI, *Manuale di diritto commerciale*, cit., p. 403; DI SABATO, *ob. cit.*, p. 289; F. GALGANO, *Diritto civile e commerciale*, cit., p. 296; e G. F. CAMPOBASSO, *Diritto commerciale*, 2, cit., p. 382.

[300] Outra hipótese seria a de admitir-se a existência de uma «proibição de concorrência» em termos análogos à prevista nos arts. 254.º e 398.º, n.os 3 e 4. Não pretendo embrenhar-me na polémica questão de saber qual o fundamento da proibição de concorrência. (Sobre o assunto pode consultar-se, entre outros, RAÚL VENTURA, *Sociedades por Quotas*, Vol. III, cit., pp. 55 e 56.) Direi apenas que duvido da existência de uma tal proibição quanto ao representante comum, pela simples razão de a ocorrência eventual de prejuízos para os obrigacionistas, resultante do exercício simultâneo do cargo, ser aqui menos evidente.

[301] VITALI, Giovanni, «Emissione di obbligazioni ed obbligazionisti nella società per azioni», in *Dir. fall.*, 1948, I, pp. 29 e 30.

preceito, que os obrigacionistas estão vinculados a deliberar sobre todas as matérias aí referidas.

Também C. Costa emitiu opinião favorável à tese da nomeação obrigatória, invocando sobretudo um argumento de coerência com o «espírito da lei»[303]. Refere o Autor que a existência de um representante comum justifica-se pelo desinteresse individual e impossibilidade de acompanhamento da vida societária por parte dos obrigacionistas. «Portanto [conclui] não me parece coerente defender que o legislador teve a intenção de deixar a nomeação do representante comum à iniciativa dos interessados ou, melhor dizendo, dos "desinteressados" ou à discrição dos administradores»[304]. *Quid iuris?*

Naturalmente — e neste ponto concordo com C. Costa —, que a existência do representante comum é essencial à tutela do conjunto de obrigacionistas[305], mormente por permitir acompanhar de forma mais eficaz a evolução da sociedade. Afigura-se, porém, exagerada a conclusão a que o Autor chega. O legislador instituiu a figura do representante comum porque reconheceu o desinteresse e a dificuldade individual no acompanhamento da actividade societária. Mas não foi ao ponto de impor a sua designação. Unicamente colocou à disposição dos interessados esse meio de tutela, bem como um mecanismo expedito de o pôr em prática. A lei é clara a este respeito: «Na falta de representante comum, designado nos termos do número anterior, pode qualquer obrigacionista ou a sociedade requerer que o tribunal o nomeie, até que os obrigacionistas façam a designação» (art. 358.º, n.º 2). Não há aqui, propriamente, uma necessidade jurídica de nomeação, cujo incumprimento seja sancionado pela lei[306].

---

[302] Art. 2415, par. 1., CCIt, equivalente ao art. 355.º, n.º 4, al. a).

[303] Cf. *ob. cit.*, pp. 77-79.

[304] Na opinião do Autor, existe uma obrigação para os administradores da sociedade emitente de convocarem a assembleia para a nomeação do representante comum, bem como uma obrigação de requerer a nomeação ao tribunal, quando a assembleia não o tenha feito (cf. *ibid.*, p. 79).

[305] *Ibid.*, p. 78

[306] Em breve estudo exclusivamente votado a esta problemática, FERRARIO, Cesare Augusto, «Il rappresentante comune degli obbligazionisti», in *Riv. dott. comm.*, anno I, 1949-1950, pp. 329 e 330, dá a sua concordância à posição defendida no texto. Também PETTITI, *I titoli obbligazionari delle società per azioni*, cit., pp. 249 e 250, pese embora ter apenas aflorado a questão, manifestou-se neste sentido: «Deve, todavia, observar-se que, enquanto a organização dos obrigacionistas existe *ipso iure*, com base em normas inderrogáveis, não está previsto, ao contrário, um mecanismo pelo qual deva existir neces-

2. O representante comum tem direito a ser *remunerado* pelo exercício do cargo em que foi investido. A assembleia de obrigacionistas é, por regra, a entidade competente para fixar essa retribuição. Todavia, não goza de total liberdade na determinação da modalidade e montante da remuneração, pois devendo esta ser suportada pela entidade emitente, o legislador permitiu-lhe requerer ao tribunal a fixação de tal valor, quando não concorde com o estabelecido pelos obrigacionistas, possibilidade reconhecida de igual modo ao representante comum[307].

Um fundamento possível para justificar a opção do legislador em atribuir à sociedade o encargo de suportar a remuneração do representante será o de contornar os inconvenientes que adviriam caso fossem os obrigacionistas responsáveis por tal pagamento: a existência, em regra, de um elevado número de titulares, cuja identidade, tratando-se de valores ao portador, se desconhece, tornaria extremamente difícil o recebimento da remuneração pelo representante.

A justificação acabada de enunciar tem algum peso, mas por si só não constitui factor decisivo. Em verdade, o inconveniente apontado é mais aparente do que real, pela simples razão de que é possível, mediante um mecanismo simples e prático, responsabilizar-se os obrigacionistas por tal pagamento, sem que se verifiquem tais dificuldades práticas. Penso no exemplo suíço em que o legislador, tendo estatuído que compete aos obrigacionistas suportar o encargo da retribuição do representante comum, adianta que o pagamento da mesma é efectuado pela entidade emitente a

---

sariamente um representante comum: de facto, a sua nomeação é deixada à discrição da assembleia ou daqueles (obrigacionistas e administradores da sociedade emitente) que têm legitimidade de requerer a nomeação ao presidente do tribunal.»

A inexistência de uma *obrigação legal* de nomeação do representante comum é, outrossim, reconhecida por HUREAU, *ob. cit.*, p. 153, que, discordando do legislador francês, apoda de «deplorável» tal opção, o que soa a exagero óbvio. Afronta, de resto, que teve eco em Espanha, alguns anos mais tarde, pela pena de ARRILAGA, *ob. cit.*, p. 255. [Note-se, contudo, que actualmente, em Espanha, uma das condições para a emissão por parte das sociedades anónimas é a designação por parte da sociedade emitente de um *comisario* que celebre o contrato de emissão em nome dos futuros obrigacionistas. Logo que esteja concluído o período de subscrição, o *comisario* deverá convocar a assembleia que, entre outras matérias, deverá confirmá-lo no cargo ou designar alguém em sua substituição (cf. arts. 283, 1, e 297 LSA). A este propósito, veja-se o que se disse *supra* ponto 7.

[307] Cf. art. 357.º, n.º 5.

qual, para o efeito, deduz o valor em causa aos montantes a pagar aos obrigacionistas na amortização do empréstimo[308-309].

Talvez mais relevante seja o facto de, como já tive oportunidade de referir, a actuação do representante comum revelar-se igualmente importante e útil para a sociedade. Nesta linha de raciocínio, aceitar-se-á com maior facilidade que a retribuição seja por ela suportada, dados os benefícios que também colhe dessa situação[310].

Em sentido contrário, retorquirá alguém que seria conveniente manter o representante comum o mais autónomo possível da sociedade emitente[311]. Na verdade, soa algo pertinente a asserção de Escarra que, em comentário à lei austríaca de 5 de Dezembro de 1877, escreve: «[...] constata-se que, pelo facto de o representante receber imediatamente a sua remuneração da entidade devedora, cria-se, entre ele e tal entidade, uma espécie de intimidade e de recíproca boa vontade pouco favoráveis aos interesses dos obrigacionistas»[312].

---

[308] Cf. art. 1163, 2, do COSuíç.

[309] Embora com outra argumentação, também o *Tribunale di Milano*, em sentença datada de 29 de Fevereiro de 1968, na qual não atende o pedido de um representante comum de condenação da entidade emitente no pagamento da sua remuneração, é peremptório em recusar a consistência deste fundamento (cf. LEVI, *ob. cit.*, pp. 309-317).

Note-se que em Itália o legislador deixou em aberto a questão de saber quem tem a incumbência de suportar tal encargo. A doutrina tem-se pronunciado no sentido de atribuir tal encargo aos obrigacionistas. Assim, S. PESCATORE, *loc. cit.*, p. 153, nota, 105; GIANNATTASIO, Carlo, «Determinazione del compenso al rappresentante comune degli obbligazionisti ed obbligo di corrisponderlo», in *Giust. civ.*, 1968, I, pp. 742 e 743; G. F. CAMPOBASSO, *Le obbligazioni*, cit., p. 511; e A. CERRAI, *Le obbligazioni*, cit., p. 354.

Em Espanha, o art. 296 LSA dispõe o seguinte: «Los gastos normales que ocasione el sostenimiento del sindicato correrán a cargo de la sociedad emisora, sin que en ningún caso puedan exceder del dos por ciento de los intereses anuales devengados por las obligaciones emitidas.» A retribuição do *comisario* tem sido considerada pela doutrina como um «gasto normal» e, por isso, está a cargo da entidade emitente (cf. ARRILLAGA, *ob. cit.*, p. 266; e J. M. NEILA NEILA, *ob. cit.*, pp. 1381 e 1382).

Solução semelhante é a prevista em França (cf. art. 303 L1966) e no Luxemburgo (cf. art. 91 LSCLux).

[310] É precisamente essa a ideia de FLESSNER, *ob. cit.*, p. 20, quando afirma ser o interesse da entidade emitente na existência de uma organização dos obrigacionistas que justifica lhe sejam imputadas algumas despesas com o funcionamento da mesma organização.

[311] Neste sentido, S. PESCATORE, *loc. cit.*, p. 153, nota, 105.

[312] Cf. *ob. cit.*, p. 225. Curiosamente, em França, o cuidado em evitar qualquer «conluio» entre o representante comum e a sociedade levou o legislador francês a prever

Mas, feliz ou infelizmente, trata-se de hipótese sem viabilidade.

Nos casos em que a nomeação é feita pelo tribunal, pode colocar-se a questão de saber se este tem competência para determinar a retribuição do representante comum. Importa começar por salientar que, neste caso, a actividade judicial assume carácter *sub-rogatório* em relação à competência da assembleia que é o órgão naturalmente incumbido de tomar tais decisões. Em defesa da incompetência do tribunal, pode aduzir-se o argumento de que a razão pela qual o legislador atribui competência ao tribunal para designar o representante comum, a requerimento de qualquer obrigacionista ou da sociedade emitente — foi a de permitir que os interessados pudessem, em caso de urgência, dispor de um meio expedito apto a espoletar a sua actuação. Uma vez assegurada a normal configuração da colectividade obrigacionista, não existiriam razões para se atribuir ao tribunal outras funções, como aquela de precisar o valor da retribuição do representante — esta seria uma prerrogativa exclusiva da assembleia.

A este argumento, de natureza puramente formal, oporei um outro, de índole eminentemente pragmática: sendo a nomeação oficiosa do representante motivada pela inércia da assembleia, mal se compreenderia que a actuação do tribunal estivesse dependente de nova inacção daquele órgão, tanto mais que o tribunal é uma entidade que, em *recurso*, é competente para decidir sobre a matéria em causa. A opinião segundo a qual, uma vez nomeado pelo tribunal, o representante comum deve promover a convocação da assembleia e apenas no caso de esta não reunir, ou tendo reunido, não lhe fixar uma retribuição condizente, este pode requerer a fixação judicial do valor a receber é uma visão que parece desfocada e bastante desaconselhável pelo simples bom senso.

Há, porém, outra razão de peso induzindo a este entendimento. Como já referi, o legislador português atribuiu à sociedade emitente o encargo de suportar a retribuição do representante comum. Daqui se depreende que não reveste particular importância o facto de serem os obrigacionistas a determinar o valor da retribuição, nem estes terão especial interesse em imiscuírem-se nesse assunto. Talvez o único motivo válido pelo qual o legislador lhes conferiu competência nessa matéria é o de assegurar alguma independência do representante comum em relação à entidade emitente. Na verdade, se fosse esta a decidir o valor da remuneração, estaria de alguma forma a condicionar a actuação do representante, colocando seriamente em risco a isenção e imparcialidade deste no desempenho das suas

---

sanções penais (multa e pena de prisão) para os casos em que esta lhe pague um valor superior ao fixado pela assembleia ou pelo tribunal (cf. arts. 476 e 477 L1966).

funções. Mas no caso em apreço tal perigo não está em causa, pois sendo o tribunal a fixar a retribuição, não existe qualquer condicionamento susceptível de afectar a independência do representante comum.

Finalmente, um último indício de que o sentido da norma é aquele que tenho vindo a defender, advém do facto de tal solução ter sido consagrada no art. 417.º, n.º 2, a propósito da nomeação judicial do fiscal único ou dos membros do conselho fiscal. Aí é dito claramente que: «Os membros judicialmente nomeados têm direito à remuneração que o tribunal fixar em seu prudente arbítrio [...]» Parecendo-me inquestionável o paralelismo dos problemas normativos em análise, julgo que a consideração deste *elemento sistemático* constitui um importante contributo em defesa da mesma interpretação para a questão em causa.

Em conclusão, penso que o legislador não terá pretendido restringir a função *sub-rogatória* que o tribunal é chamado a exercer para suprir a inacção do colégio obrigacionista unicamente à nomeação do representante comum, consagrando assim uma solução plena de equilíbrio e fortemente recomendada pelo senso prático[313].

3. Outra das competências da assembleia é a *destituição* do representante comum[314-315].

A vontade da assembleia não está limitada quanto à possibilidade de fazer cessar o vínculo com o representante. De facto, ao lado da destituição por justa causa, o legislador admitiu a destituição *ad nutum*. Nesta, os obrigacionistas não carecem de aduzir as razões que os motivaram a cessar o vínculo com o representante. A sua vontade é completamente livre neste capítulo[316]. A especial relação de confiança que deve existir entre

---

[313] No mesmo sentido, S. PESCATORE, *loc. cit.*, p. 153, nota 105. No sentido de que tal competência é da exclusividade dos obrigacionistas, veja-se CORDONNIER, *ob. cit.*, p. 109; C. GIANNATTASIO, *loc. cit.*, pp. 741 e 742; VACARELLA Romano, «Decreto presidenziale di liquidazione del compenso al rappresentante comune degli obbligazionisti e procedimento ingiuntivo», in *Giur. merito*, 1969, I, p. 327, *passim*; A. CERRAI, *ob. cit.*, p. 354; finalmente, e não estou a ser exaustivo, G. F. CAMPOBASSO, *Le obbligazioni*, cit., p. 511, embora o Autor se mostre pouco persuadido porquanto afirma que: «Na verdade, é pouco prático confiar a fixação da retribuição à assembleia de obrigacionistas que já se revelou inerte não procedendo à nomeação do representante comum» (nota 11).

[314] Cf. arts. 355.º, n.º 4, al. a); e 358.º, n.º 1.

[315] O vínculo entre o representante comum e os obrigacionistas poderá, naturalmente, cessar por outras causas, como sejam a renúncia ou a caducidade.

[316] Significa isto que a existência de justa causa não é requisito necessário da licitude da destituição. Desta feita, como já validamente julgo comprovado por COUTINHO

obrigacionistas e representante comum, e as particularíssimas competências que a este são exigidas para o exercício do cargo, constituem dois factores altamente abonatórios do acerto da opção legislativa.

DE ABREU, *Do Abuso de Direito*, cit., pp. 182 e 183, de resto secundado por RAÚL VENTURA, *Sociedades por Quotas*, Vol. III, cit., pp. 115 e 116, a deliberação não é sindicável por abuso de direito, no sentido de que a destituição é válida independentemente da existência de um motivo justo. Como sublinha COUTINHO DE ABREU, *ibid.*, p. 183, o direito de destituição é «um verdadeiro direito potestativo — e incontrolável por abuso de direito.»

Uma coisa, porém, é a licitude da destituição sem necessidade de se invocar quaisquer motivos que a justifiquem, e, portanto, a inexistência do vício de abuso de direito por essa razão; outra é a possibilidade de a deliberação em causa ser viciada por abuso de direito. Isto é, o facto de a destituição ser lícita independentemente de justificação nada obsta a que em concreto se verifiquem os pressupostos do abuso de direito, nomeadamente que a deliberação seja apropriada para satisfazer o propósito de algum obrigacionista de obter vantagens especiais para si ou para terceiros em prejuízo dos outros, ou simplesmente de prejudicar estes (art. 58.º, n.º 1, al. b)) (cf. RAÚL VENTURA, *ibid.*, p. 116).

Nesta ordem de ideias, talvez seja mais perceptível o sentido das palavras de ANTÓNIO CAEIRO, *Assembleia Totalitária ou Universal. Direito do Administrador a uma Percentagem dos Lucros. Indemnização do Administrador Destituído sem Justa Causa*, in *Temas de Direito das Sociedades*, Livraria Almedina, Coimbra, 1984 [o texto citado data de 1982], p. 485, que refere o seguinte: «Afirma-se ainda que a faculdade de revogar o mandato dos administradores a todo o tempo permite à sociedade deliberar a revogação sem necessidade de invocar quaisquer motivos que a justifiquem. Todavia, e por um lado, a destituição do administrador não pode ser *abusiva*; por outro, se for deliberada *sem justa causa*, constitui a sociedade na obrigação de o indemnizar.»

Esta solução, plena de equilíbrio, permite, aliás, dar resposta aceitável aos casos em que o grupo dominante pretenda beneficiar com a destituição do representante comum, como sucederá na hipótese extrema — e certamente teórica — de, repetidamente, nomear pessoas da sua confiança para o exercício do cargo, destituindo-as de seguida, beneficiando com as indemnizações auferidas. Naturalmente se compreenderá que a destituição sem justa causa do representante comum vem, nestes casos, lesar gravemente os interesses dos obrigacionistas minoritários, pois sofrerão um prejuízo — o de suportar tal encargo — na sua perspectiva desnecessário. Ora, a ordem jurídica não pode deixar de salvaguardar estes interesses, sob pena de estarmos perante ofensas graves ao ideal de justiça.

Solução altamente satisfatória oferece-a o n.º 3 do art. 58.º, aplicável *ex vi* art. 356.º, n.º 1, que dispõe o que segue: «Os sócios que tenham formado maioria em deliberação abrangida pela alínea b) do n.º 1 respondem solidariamente para com a sociedade ou para com os outros sócios pelos prejuízos causados». Teríamos, assim, que o grupo minoritário ficaria credor do grupo maioritário na quota-parte de indemnização paga ao representante comum. (Sobre a problemática geral atinente à *obrigação de indemnizar por acto abusivo* têm todo o interesse os esclarecimentos de CUNHA DE SÁ, Fernando Augusto, *Abuso do Direito*, Livraria Almedina, Coimbra, 1997 [1973], pp. 637-646.)

Obviamente que o interesse dos obrigacionistas em destituir o representante comum sem necessidade de invocar quaisquer factos susceptíveis de integrar o conceito de justa causa contende com o interesse do titular do cargo na estabilidade do exercício da sua função. Por via da nomeação, este adquiriu o direito a receber uma retribuição como contrapartida da actividade que irá desenvolver. Ora, se é aceitável que os obrigacionistas possam livremente extinguir o vínculo com o representante comum, seria manifestamente injusto que o pudessem fazer sem o ressarcir pela perda desse direito[317]. Daí que uma tal destituição faça surgir na esfera jurídica do representante um *direito a ser indemnizado* pelo prejuízo sofrido. A solução aventada obtém-se mediante a aplicação analógica do disposto no art. 257.º, n.º 7, quanto à destituição dos gerentes sem justa causa e igualmente no art. 430.º, n.º 3, que atribui tal direito aos directores das sociedades anónimas. Com efeito, não se vislumbram razões válidas que justifiquem um tratamento díspar quanto a este ponto[318].

No que respeita ao *montante da indemnização* terá, naturalmente, de atender-se àquele que porventura tenha sido contratualmente estabelecido. Na sua falta, a indemnização calcular-se-á nos termos gerais, sendo que, quanto à natureza dos danos indemnizáveis, deve considerar-se sobretudo o valor das retribuições deixadas de auferir[319].

---

[317] A respeito do direito à indemnização pela «cessação do mandato dos administradores», MENEZES CORDEIRO, *Da Responsabilidade Civil dos Administradores das Sociedades Comerciais*, cit., pp. 383, alude a um argumento de *ordem geral*, que se assemelha ao invocado no texto. Diz o Autor: «O argumento de ordem geral assenta na presença de direitos, na esfera dos administradores, que não podem, sem mais, ser destruídos. Como foi referido, impõe-se, aqui, uma certa analogia com a situação de trabalho, sendo de dispensar um mínimo de protecção, no próprio interesse das sociedades: de outro modo, os profissionais competentes nunca seriam administradores; apenas os aventureiros correriam tal risco».

De resto, a dicotomia entre o direito à livre destituição e o interesse pessoal do titular do cargo na continuidade das funções é assinalada na generalidade da doutrina que não hesita igualmente em admitir, em tal caso, o direito deste último ao ressarcimento pelo prejuízo sofrido. Assim, ANTÓNIO CAEIRO, *ibid.*, pp. 485-490; COUTINHO DE ABREU, *ibid.*, p. 183; ILÍDIO DUARTE RODRIGUES, *A Administração das Sociedades por Quotas e Anónimas — Organização e Estatuto dos Administradores*, Livraria Petrony, Lisboa, 1990, p. 256; BRITO CORREIA, Luís, *Os Administradores de Sociedades Anónimas*, Livraria Almedina, Coimbra, 1993, pp. 699-706; e RAÚL VENTURA, *ibid.*, pp. 119 e 120.

[318] O mesmo direito tem sido reconhecido aos administradores das sociedades anónimas, não obstante o art. 403.º, que dispõe acerca da sua destituição, não o preveja (cf. ILÍDIO DUARTE RODRIGUES, *ibid.*, pp. 255 e 256; e NOGUEIRA SERENS, *ob. cit.*, pp. 69 e 70).

[319] É essa a regra que se infere da leitura conjunta dos arts. 257.º, n.º 7; e 430.º,

A destituição será com *justa causa* quando na sua base tiver por fundamento um motivo sério que justifique a cessação do vínculo. A existência de justa causa está intimamente ligada à deterioração da relação de confiança essencial ao exercício do cargo. Não obstante, é necessário que o titular do cargo tenha contribuído de forma fundamental para essa deterioração. A ponderação dos interesses em jogo — o dos obrigacionistas em fazer cessar o vínculo e o do representante na manutenção do mesmo — exige como único corolário aceitável que a interrupção do cargo sem adequada indemnização ao seu titular só deva verificar-se quando o motivo sério que a fundamenta lhe seja imputável ou decorra da sua incapacidade para o exercício do cargo. Normalmente está-se perante comportamentos culposos do representante comum, como sejam as violações graves dos deveres legal ou contratualmente estatuídos ou dos deveres gerais de lealdade, diligência, correcção, probidade, inerentes à natureza fiduciária do vínculo. Neste contexto, são sobretudo relevantes os comportamentos censuráveis susceptíveis de abalar a relação de confiança e, portanto, impróprios da postura exigível a quem desempenha o cargo de representante comum. Não é necessário, contudo, que seja sempre assim. A existência de culpa não é vital ao conceito de justa causa. Outros factos, não culposos, como sejam as precárias condições físicas ou psíquicas do destituído, poderão constituir causa legítima de destituição. Absolutamente essencial é que seja o representante comum a dar causa ao *motivo grave* que torne inexigível a sustentação do vínculo e que por isso constitui fundamento de destituição[320-321].

---

n.º 3. Quanto ao primeiro preceito citado, veja-se a interpretação de RAÚL VENTURA, *ibid.*, p. 120: «[...] a indemnização consiste, portanto, na quantia correspondente aos esperados proveitos. São estes os únicos prejuízos considerados pela lei; para outros eventuais prejuízos — como, por ex., os resultantes da mudança de instalação do gerente para o local da sede da sociedade — terá o gerente que se precaver contratualmente.»

[320] A ampliação do conceito de justa causa a circunstâncias relacionadas com a pessoa que exerce o cargo, mas que não tenham sido por si provocadas, é algo que sou renitente em aceitar, pela simples razão, já anteriormente explicitada, de que à luz dos interesses em jogo, o interesse do titular na manutenção do cargo deve ser tutelado pelo direito a indemnização, quando a cessação do vínculo lhe seja totalmente alheia. Nesta linha de raciocínio, a minha opinião acaba por convergir grandemente com a de MENEZES CORDEIRO, *Da Responsabilidade Civil dos Administradores das Sociedades Comerciais*, cit., pp. 380-381: «A qualificação duma deliberação como tendo "justa causa" tem, sobretudo, a virtualidade de dispensar a indemnização e outros institutos de protecção aos administradores: a liberdade, da própria sociedade, não está em causa, uma vez que a destituição é sempre possível, com ou sem justa causa. Por isso, a justa causa terá de ter

Embora a lei não o preveja expressamente, o representante comum que seja simultaneamente obrigacionista não poderá votar a proposta conducente à sua destituição. Na verdade existe um princípio geral no direito societário segundo o qual o membro da assembleia não pode exercer o direito de voto relativamente a assuntos em que o seu interesse colida com o da colectividade. E fundamentando-se a destituição em justa causa existe esse antagonismo de interesses[322]. Esta regra está consagrada nos arts. 251.º e 384.º, onde se prevê expressamente a proibição do sócio votar a deliberação de destituição, por justa causa, do cargo que ocupe no órgão de gestão da sociedade[323]. A omissão legislativa constitui uma lacuna — a lei, a ser coerente consigo própria, deveria ter estabelecido tal regulamentação. Deve, pois, aplicar-se analogicamente a proibição estabelecida para os sócios[324].

---

um perfil totalmente imputável ao administrador; se não houver culpa e ilicitude por parte deste, ela não se justifica.»

Para uma interessante hipótese de justa causa de destituição não imputável ao destituído — a de alteração da maioria que o elegeu — veja-se, AGOSTONI, Paolo, «Mutamento della maggioranza azionaria quale giusta causa di revoca degli amministratori», in Società, 1998, pp. 262–266.

[321] O CSC não define o conceito de *justa causa* embora refira que constitui justa causa de destituição a «violação grave dos deveres» de gerente e de director e a sua «incapacidade para o exercício normal das respectivas funções». É também justa causa de destituição de director a «retirada de confiança pela assembleia geral» (cf. arts. 257.º, n.º 6; e 430.º, n.º 2).

Sobre o conceito de *motivo grave*, enquanto fundamento de destituição dos membros dos órgãos de administração das sociedades comerciais, veja-se ANTÓNIO CAEIRO, *As Cláusulas Restritivas da Destituição do Sócio-Gerente nas Sociedades por Quotas e o Exercício do Direito de Voto na Deliberação de Destituição*, in Temas de Direito das Sociedades, Livraria Almedina, Coimbra, 1984 [o texto citado data de 1969], pp. 165–167; ILÍDIO DUARTE RODRIGUES, *ob. cit.*, pp. 244–246; RAÚL VENTURA, *Sociedades Por Quotas*, Vol. III, cit., pp. 91-94; e MENEZES CORDEIRO, *ibid.*, pp. 378–381.

[322] Cf. VAZ SERRA, Adriano, «Anotação ao Acórdão do STJ de 14 de Dezembro de 1978», in *RLJ*, 112.º ano, 1979-1980, n.º 3644, p. 175.

[323] Cf. art. 251.º, al. f); e 384.º, n.º 6, al. c). Este último preceito não prima pela precisão, pois entendido à letra conduziria ao resultado absurdo de sobre tais deliberações nenhum sócio poder votar. Atente-se na norma: «Um accionista não pode votar [...] quando a deliberação incida sobre: [...] c) Destituição, por justa causa, do cargo de administrador ou desconfiança no director[...].» Naturalmente que o legislador terá tido em vista, unicamente, proibir o exercício do direito de voto ao sócio que exerça o cargo de administrador ou de director visado na deliberação.

[324] A propósito do princípio segundo o qual «deve ser negado ao sócio o exercício do direito de voto sempre que se delibere sobre a sua exoneração da gerência com funda-

Entretanto, indo ao encontro de um princípio instituído em sede de destituição dos membros dos órgãos de gestão das sociedades comerciais[325], o art. 358.º, n.º 3, permite que a destituição com fundamento em justa causa seja decretada pelo tribunal, a requerimento de qualquer obrigacionista. Outra não poderia ser a opção legislativa. De facto, verificando-se a ocorrência de factos susceptíveis de integrar o conceito de justa causa, e não tendo a assembleia promovido a destituição por falta de quórum constitutivo ou mesmo deliberativo, mal se compreenderia que aos obrigacionistas minoritários fosse vedada esta alternativa via de reacção[326].

18. Constituição de um fundo comum e prestação das respectivas contas

0. Ao tatear-se o elenco legal de competências das assembleias de obrigacionistas, depara-se com a previsão de «um fundo para as despesas necessárias à tutela dos interesses comuns»[327]. O CSC consagra, deste modo, uma *via per mezzo* quanto à distribuição dos custos com a activi-

---

mento em justa causa», veja-se ANTÓNIO CAEIRO, *A Exclusão Estatutária do Direito de Voto nas Sociedades por Quotas*, in *Temas de Direito das Sociedades*, Livraria Almedina, Coimbra, 1984 [o texto citado data de 1969], pp. 65-67, nota 2; Id., *Destituição do Gerente Designado no Pacto Social*, in *Temas de Direito das Sociedades*, Livraria Almedina, Coimbra, 1984 [o texto citado data de 1975], pp. 374-337.

Para uma justificação doutrinal da proibição do exercício do direito de voto por conflito de interesses, consulte-se, entre nós, COUTINHO DE ABREU, *Do Abuso de Direito*, cit., pp. 133-136, e obras aí citadas; RAÚL VENTURA, *Sociedades por Quotas*, Vol. II — arts. 240.º a 251.º (reimpressão), *Comentário ao Código das Sociedades Comerciais*, Livraria Almedina, Coimbra, 1996, pp. 278 ss. Em Itália, o tema foi desenvolvido, entre outros, por GRAZIANI, Alessandro, «Sul conflitto di interessi tra azionista e società nelle anonime», in *Studi di diritto civile e commerciale*, Casa Editrice Dott. Eugenio Jovene, Napoli, 1953, pp. 545-552; e MENGONI, Luigi, «Appunti per una revisione della teoria sul conflitto di interessi nelle deliberazoni di assemblea della società per azioni», in *Riv. soc.*, 1956, pp. 434-464. Tem igualmente muito interesse o recente estudo elaborado em Espanha por ALCALÁ DÍAZ, Maria Angeles, «El conflicto de interés socio-sociedad en las sociedades de capital», in *Rds*, 1997, n.º 9, pp. 89-141.

[325] Cf. arts. 257.º, n.ºs 4 e 5; e 403.º, n.º 3.

[326] Para uma visão crítica ao direito individual de requerer a destituição com fundamento em justa causa, consulte-se RAÚL VENTURA, *Sociedades Por Quotas*, Vol. III, cit., pp. 112-115.

[327] Cf. art. 355.º, n.º 4, al. e).

dade destas organizações: as despesas inerentes à estrutura organizatória ficam a cargo da sociedade emitente — convocação da assembleia, remuneração do representante comum e inscrição da sua designação e destituição no registo comercial[328] —; as restantes despesas, entre as quais sobressaem as respeitantes aos custos com eventuais processos judiciais, já para deduzir oposição à fusão ou cisão, já para obter o cumprimento das prestações convencionadas, são suportadas pelos próprios obrigacionistas. Quando a realização destas despesas seja previsível, pode, portanto, aprovar-se a constituição de um fundo, obviando os inconvenientes resultantes da reclamação a cada obrigacionista da parte que lhe caiba nas múltiplas despesas comuns e dotando o grupo dos meios financeiros necessários ao pagamento das mesmas.

1. Tarefa assaz difícil, essa de exigir e receber dos obrigacionistas o pagamento das quotas-partes no fundo, mormente tratando-se de valores ao portador. Quiçá a melhor solução para tornar exequível a percepção dos montantes individualmente devidos seria a de a entidade emitente descontar o respectivo valor nos pagamentos periódicos de juros, quando os haja[329]. Mas para que tal se verifique é necessário o consentimento desta, o qual se afigura bastante improvável nas hipóteses em que o fundo esteja destinado a custear um processo judicial contra a mesma. Por outra via, ainda que a lei impusesse à entidade emitente o desconto das quantias aludidas, a integração dos bens no fundo estaria comprometida no caso, precisamente, do processo judicial basear-se na falta de pagamento dos juros, pois não havendo pagamento de tais quantias certamente não haveria a entrega dos bens para o fundo. De todo o modo, a solução de gravar a entidade emitente com a realização dessas prestações, ainda que por dedução aos valores a pagar aos obrigacionistas, ofereceria sempre a inquestionável vantagem de fixar o destinatário das pretensões dos credores. Na verdade, podendo os valores obrigacionais ser ao portador, não se consegue descortinar como seria possível ao representante comum exigir o cumprimento das respectivas quotas-partes. Além do mais, e levando em linha de conta a elevada propensão para a transmissibilidade desta espécie de valores mobiliários, existindo prestações em dívida a mesmíssima dificuldade

---

[328] Cf. arts. 355.º, n.º 2; 357.º, n.º 5; e 358.º, n.º 4. Este último preceito não exprime a responsabilidade da entidade emitente pelo custo correspondente à inscrição da designação e destituição do representante comum no registo comercial, mas parece ser essa a solução que se impõe.

[329] É uma sugestão de FRÈ, *ob. cit.*, p. 502.

alcançaria o adquirente dos valores a que a falta diga respeito, inviabilizando o exercício de um eventual direito de regresso sobre quem no momento da deliberação de constituição do fundo, e por conseguinte de vencimento, fosse seu titular[330].

A *liquidação do fundo*, e decorrente entrega aos obrigacionistas dos valores que o constituem, ocorrerá naturalmente com a liquidação total do empréstimo, mas poderá igualmente verificar-se em momento anterior, desde que já não subsista a razão que motivou a sua constituição e a assembleia assim tenha deliberado[331].

Particularmente melindrosa é a questão de saber como se processa a liquidação nos empréstimos de amortização progressiva por sorteio: o titular dos valores reembolsados terá direito a receber a sua quota-parte no fundo comum? Pettiti responde negativamente a esta questão, invocando o argumento de que o fundo não está adstrito à tutela dos interesses dos obrigacionistas individualmente considerados, mas sim do interesse comum, o qual é insensível às variações dos sujeitos que o constituíram. Só com o reembolso da última obrigação é que haverá lugar à liquidação do empréstimo[332].

Esta opinião é certamente respeitável, mas importa remirar o problema à luz das soluções legais.

---

[330] Socorrendo-me do raciocínio de HENRIQUE MESQUITA, Manuel, *Obrigações Reais e Ónus Reais*, Livraria Almedina, Coimbra, 1997, p. 322, nota 35; e p. 339, nota 68, com respeito às prestações em atraso para o fundo comum dos condóminos, diria que existe responsabilidade solidária do alienante e do adquirente das obrigações com respeito aos valores em dívida para o fundo, em caso de insuficiência deste para suportar as despesas necessárias. A responsabilidade do alienante resulta do facto de se tratar de obrigação que se venceu enquanto era obrigacionista. A responsabilidade do adquirente pelo facto de, nos termos da lei, todos os obrigacionistas deverem suportar proporcionalmente esse custo. Simplesmente, nas relações internas, a totalidade da dívida ficará a cargo de quem no momento do seu vencimento era obrigacionista, dado a responsabilidade do adquirente fundar-se na mora do alienante, o qual continua ainda devedor (cf. art. 516.º CC).

[331] Pode colocar-se a hipótese de, subsistindo a necessidade que motivou a constituição do fundo, ainda assim a assembleia vir a tomar deliberação no sentido de o liquidar. A validade desta deliberação poderá, porventura, questionar-se nomeadamente na óptica de desconformidade com o interesse comum. Isto porque, se em face dos dados de facto a constituição do fundo comum foi considerada o meio adequado para prosseguir aquele interesse, mantendo-se inalteradas as circunstâncias, a deliberação de liquidação — eventualmente tomada por novos obrigacionistas, que não os que contribuíram para o fundo — estaria a inverter o caminho percorrido, podendo em certa medida prosseguir interesses distintos e incompatíveis com o interesse comum e, nesse sentido, estar ferida de invalidade.

[332] Cf. *I titoli obbligazionari delle società per azioni*, cit., pp. 205 e 237.

E aqui há duas soluções contrapostas. Em sede de associações, o legislador consagrou o princípio segundo o qual o «associado que por qualquer forma deixe de pertencer à associação [...] perde o direito ao património social»[333]. No domínio societário, acolheu o princípio inverso ao aliar à perda da qualidade de sócio o correspondente direito a receber uma contrapartida aferida pela proporção da sua participação social[334]. Perante o silêncio legal, qual das duas soluções mencionadas deve ser adoptada no caso em apreço?

Em comentário ao Código Civil italiano, F. Galgano afirma que a razão de ser desta diferença de tratamento radica nos interesses prosseguidos por cada uma daquelas modalidades de pessoas colectivas. Nas associações, o legislador privilegiou a necessidade de tutelar os interesses dos credores da associação: entre o interesse do associado à liquidação da sua quota-parte e o dos credores, optou por este último dada a natureza não lucrativa do fim associativo[335]. No domínio societário, cuja bitola comum é o fim lucrativo, fez a opção inversa: a entrada do sócio consubstancia um investimento de capital e é feita com intenção de restituição, no momento em que cesse o convívio societário; por esta simplicíssima razão, não deve ser sacrificado o interesse do sócio em prol do dos credores sociais[336-337].

---

[333] Cf. art. 181.º CC.

[334] Tenho em vista as situações contempladas nas seguintes disposições legais: arts. 1001.º (morte do sócio); e 1002.º (exoneração do sócio), ambos do CC; arts. 105.º e 120.º (exoneração dos sócios em caso de fusão ou cisão); 185.º e 474.º (exoneração do sócio de sociedade em nome colectivo ou em comandita simples); e 240.º (exoneração do sócio de sociedade por quotas), do CSC.

[335] Cf. FRANCESCO GALGANO, *Delle associazioni non riconosciute e dei comitati*, in *Commentario del Codice Civile* (Scialoja/Branca), art. 36-42, Nicola Zanichelli Editore (Bologna)/ Società editrice del «Foro italiano» (Roma), 1967, pp. 209 e 210.

CARVALHO FERNANDES, *ob. cit.*, p. 624, esboça idêntica opinião ao referir que a salvaguarda do património da associação, promovida, nomeadamente pela perda do direito ao património social por ocasião da saída do associado, «explica-se, também, pelo carácter não lucrativo das associações stricto sensu.»

[336] Cf. F. GALGANO, *ibid.*, pp. 209 e 210.

[337] Sobre a classificação das pessoas colectivas quanto ao *fim* prosseguido, consulte-se, por todos, CARVALHO FERNANDES, *ibid.*, pp. 477-480.

Já quanto à distinção entre a natureza do fim das associações e das sociedades, ouça-se a voz timbradíssima de COUTINHO DE ABREU, Jorge Manuel, *Curso de Direito Comercial*, Vol. II, cit., p. 16, ressaltando como diferença entre ambos o «lucro subjectivo», traduzido na intenção de distribuir os lucros: «As associações e as fundações podem não exercer actividades económicas. Mas também podem exercê-las – podendo mesmo explorar empresas. Dessas actividades podem resultar lucros (objectivos), não

Ora creio que a natureza do fim das organizações de obrigacionistas se aproxima mais do escopo lucrativo, porquanto a sua actividade visa precisamente acautelar a consecução do retorno convencionado com a entidade emitente do empréstimo. A meu ver, a solução mais equilibrada deverá passar por dar prevalência ao interesse dos obrigacionistas em relação ao dos credores do fundo que, conhecedores do programa de amortizações, deverão acautelar-se contra a gradual diminuição da sua garantia preferencial.

2. Referi a possibilidade de as assembleias de obrigacionistas deliberarem constituir um fundo comum e as perplexidades que suscitam o pagamento das respectivas quotas-partes e a liquidação do mesmo. Cabe agora analisar o seu regime jurídico.

Um primeiro dado merecedor de destaque é o vínculo de *especial destinação* a que o fundo comum está adstrito. Nos termos da lei, a constituição do fundo destina-se a custear as *despesas necessárias à tutela dos interesses comuns*, sendo então de considerar que os valores que o compõem estão especialmente afectos a esse tipo de despesas, não devendo, em princípio, ser empregues para cobrir quaisquer outras. A deliberação tem, por conseguinte, este importante efeito de afectar os bens que integram o fundo a uma finalidade particular: a de responder pelas despesas necessárias à tutela dos interesses comuns. Tais valores constituirão um acervo de bens com finalidade específica.

Esta *especial destinação* atribuída ao fundo comum justifica a sua sujeição a uma *administração separada* da dos restantes elementos de que é composto o património individual de cada obrigacionista. Embora não seja de rejeitar a hipótese de a própria assembleia emitir algumas directivas relacionadas com a administração do fundo, esta caberá naturalmente ao representante comum que é a pessoa legalmente encarregue de gerir o interesse colectivo dos obrigacionistas[338]. A sua gestão será avaliada pela assembleia, quando apreciar as contas relativas ao fundo comum[339].

Se é verdade que as duas ideias referidas são relativamente pacíficas, o mesmo não sucede com o regime da *responsabilidade por dívidas*

---

podem é ser distribuídos pelos associados ou atribuídos ao fundador (falha o lucro subjectivo).» (No que concerne ao exercício de actividade empresarial por parte das associações, consulte-se Id., *Da Empresarialidade*, cit., pp. 163 e 164.)

[338] Cf. art. 359.º, n.º 1.
[339] Cf. art. 355.º, n.º 4, al. e).

aplicável ao fundo comum, porquanto o legislador não cuidou de estabelecer as regras aplicáveis.

A solução que se oferece de imediato, qual a de considerar os elementos patrimoniais integrados no fundo não sujeitos a um tratamento especial, distinto do aplicável ao património geral de cada um dos obrigacionistas, na óptica da responsabilidade por dívidas, acarreta, a meu ver, inconvenientes de monta. Na verdade, a aceitar-se a permanência de tais valores no correspondente património geral dos titulares das obrigações, isso terá como corolário a sua responsabilidade por dívidas contraídas individualmente pelos obrigacionistas e não relacionadas com o fim que presidiu à constituição do fundo. Além disso, cada um deles poderia exigir a sua quota-parte, senão a todo o tempo, pelo menos no momento de alienação dos títulos.

Na minha perspectiva, esta solução briga claramente com a intenção legislativa em prever a possibilidade de constituição de um fundo comum, especialmente destinado a certas despesas e sujeito a administração própria. Ao criar este fundo, o legislador não terá tido em vista considerar as contribuições feitas como simples adiantamentos por conta das despesas previstas para a tutela dos interesses comuns, ou seja, como uma mera antecipação dos meios destinados a esse fim. Decerto que o seu espírito, alcançando outras cumeadas, pretendia proteger os terceiros titulares de créditos resultantes da actividade comum. De facto, se os bens que compõem o fundo estão especialmente afectados a determinado fim, será razoável admitir-se que somente os créditos derivados do exercício dessa actividade possam ser pagos pelo valor desses bens. Por seu turno, a *afectação especial* importa outrossim alguma estabilidade na existência do fundo, facto incoadunável com o direito de cada obrigacionista pedir a divisão, e consequente reembolso da parte que lhe cabe, enquanto a actividade comum não tiver cessado. Imagine-se a hipótese, certamente bizarra, de os obrigacionistas, aquando da aquisição ou alienação dos seus títulos tivessem de contribuir para o fundo ou serem reembolsados das contribuições entretanto efectuadas. Ademais, não fará muito sentido a existência de um fundo comum se os próprios credores particulares de cada obrigacionista se pudessem fazer pagar pela respectiva quota-parte no fundo. Para que serviria este se não preenchesse qualquer função útil? Por que razão sujeitar um conjunto de elementos patrimoniais a um *fim específico* e a uma *administração separada* se na prática não lhe corresponde um tratamento particular em sede de responsabilidade por dívidas?

A destinação desses bens a um particular escopo implica, segundo creio, a alteração do regime jurídico quanto à responsabilidade por dívidas, em termos de assegurar a consecução do fim em causa[340]. E esse regime traduz-se em três vectores essenciais: a insensibilidade do fundo a dívidas estranhas ao escopo comum; a proibição de qualquer obrigacionista pedir a divisão do fundo enquanto se mantenha a situação que motivou a sua constituição; e a prioridade do fundo na responsabilização por dívidas a que esteja afecto.

Do primeiro vector infere-se a *imunidade* do fundo relativamente a dívidas particulares dos obrigacionistas: os credores pessoais destes não se podem pagar pelos bens que o compõem, mas sim pelos bens atribuídos a cada um deles no momento de liquidação. Esta regra é facilmente compreensível. Se o fundo se encontra especialmente afecto a certa finalidade, somente aqueles que ficaram credores em consequência da actividade que a perseguia devem ser pagos por esses bens. Apenas quando cessar a afectação específica, o obrigacionista readquire a livre disponibilidade dos bens correspondentes à sua quota-parte. Entretanto, o fundo comum é intangível para os seus credores particulares.

O segundo vector exprime a ideia de *indivisibilidade* do fundo enquanto subsistam as necessidades que motivaram a sua constituição. Também se divisa sem grande esforço o sentido desta regra: se a constituição do fundo ficou a dever-se à necessidade de prosseguir certa actividade, é mister reconhecer a estabilidade do fundo na pendência da mesma. Eu penso, aliás, que ela decorre directamente da regulamentação atinente às assembleias de obrigacionistas, particularmente do artigo 355.°, n.° 8, segundo o qual as «deliberações tomadas pela assembleia vinculam os obrigacionistas ausentes ou discordantes.» Estando adstritos ao cumprimento da deliberação que aprovou a constituição do fundo comum, não

---

[340] É precisamente a ideia de que «o fim afecta os bens de tal forma que não podem ser desviados para finalidades diversas» que sustenta a imprescindibilidade de um particular regime de dívidas de forma a criar as condições necessárias à consecução do fim. (O excerto citado é da autoria de F. FERRARA/F. CORSI, *ob. cit.*, p. 215, que precisamente falam de um *patrimonio di destinazione* ou *patrimonio allo scopo*.)

Semelhante ideia pode ler-se em HEINRICH HÖRSTER, *ob. cit.*, p. 194, para quem o especial regime de dívidas dos patrimónios separados «é o resultado da criação de um complexo patrimonial com uma finalidade, uma afectação ou um escopo especiais».

Posicionamento contíguo é o de CARVALHO FERNANDES, *ob. cit.*, p. 151, nota 3, e pp. 154 e 155. Após referir que a *afectação especial* é o critério que mais interessa à figura do património colectivo — é a sua «nota essencial» —, este Autor reconhece a influência de tal afectação sobre diversos pontos do regime jurídico do património afectado, reconduzíveis aos três vectores que menciono no texto.

poderiam vir os obrigacionistas, individualmente e a seu talante, reclamar a devolução da quota-parte respectiva, em violação da mencionada orientação.

Finalmente, do último vector infere-se a *responsabilidade subsidiária* dos credores obrigacionistas: em primeiro lugar, os credores do fundo comum apenas se podem fazer pagar pelo valor do fundo; uma vez esgotado este, respondem os obrigacionistas solidariamente. Desta feita, num primeiro momento, o património destes é protegido contra a agressão dos credores do fundo, pois se este está especialmente afecto a determinada finalidade deve ser ele a responder primariamente pelas dívidas daí decorrentes. Mas em caso de insuficiência, a tutela dos credores implica a responsabilidade dos obrigacionistas a título solidário e subsidiário.

Três vectores, portanto, cuja situação em apreço reclama, mas sobre os quais o legislador passou em silêncio. Sou da opinião de se suprir a *incompletude* legal[341] por recurso à analogia com as regras previstas para as *associações sem personalidade jurídica*, mormente o disposto nos arts. 196.º, n.º 2, e 198.º, n.º 2, do CC. Neste caso, permitiu o legislador que os associados afectassem as contribuições por si feitas e os bens com elas adquiridos a escopo comum[342]. Por via dessa afectação, e enquanto a finalidade não for realizada, os direitos dos associados e dos seus credores particulares sobre os bens em causa sofrem limitações, em ordem a garantir-se uma tutela específica para os credores do fundo. Não vejo razões suficientes para se admitir um regime dissemelhante em questões assentes num conflito de interesses tão próximo — em ambos os casos, a tutela dos credores constituídos em virtude do exercício de uma actividade a que um complexo de bens é especialmente afectado exige a consideração de uma certa *separação patrimonial*[343-344-345].

---

[341] Parafraseando BAPTISTA MACHADO, *Introdução ao Direito e ao Discurso Legitimador*, Livraria Almedina, Coimbra, 1982 (4.ª Reimpressão 1990), p. 194, que define «lacuna» como uma *incompletude*: «Mas uma incompletude relativamente a quê? Uma incompletude relativamente a algo que protende para a completude.»

[342] Cf. art. 196.º, n.º 1, CC.

[343] A dupla F. FERRARA/F. CORSI, *ob. cit.*, p. 221, nota 1, chama precisamente a atenção para o facto de a *autonomia patrimonial* responder à exigência de proteger os credores de um complexo de bens especialmente afectado.

[344] Igualmente em Itália G. F. CAMPOBASSO, *Le obbligazioni*, cit., p 491, considera aplicável o regime do fundo comum das *associazioni non riconosciute* ao fundo análogo das organizações de obrigacionistas.

[345] Acusar-me-ão, talvez, de falta de coerência, precisamente por ter aventado

Sintetizando: o fundo comum dos obrigacionistas constitui um complexo patrimonial, distinto dos patrimónios singulares de cada um, afecto a um escopo específico e sujeito a uma administração separada, e dotado, na óptica da responsabilidade por dívidas, de separação patrimonial conquanto imperfeita[346].

---

soluções para as lacunas do regime do fundo comum por recurso ora às regras das associações, ora às regras societárias. Mas esta diferença tem razão de ser.

Quanto à sua natureza jurídica, as organizações de obrigacionistas, em virtude das particularidades que apresentam, não se enquadram nem na categoria das associações, nem na das sociedades. As omissões no seu regime não devem, por conseguinte, ser integradas por aplicação geral das regras respeitantes a qualquer um desses institutos. Pelo contrário. Deve apreciar-se em cada situação a *igualdade jurídica de essência* apta a justificar o recurso analógico. Posto isto, facilmente explicarei as soluções que acolhi. Uma vez que, de um ponto de vista geral, o fundo comum dos obrigacionistas tem vários pontos de contacto com o fundo associativo, justifica-se o recurso às regras das associações quanto à questão da separação patrimonial. Já no que concerne ao direito a receber a quota-parte no fundo nas hipóteses de empréstimos amortizáveis progressivamente, e dado que as diferenças do regime associativo e societário se cifram na finalidade lucrativa ou não lucrativa, o facto de a natureza do fim das organizações de obrigacionistas se aproximar do escopo lucrativo obrigou-me a lançar mão das regras societárias.

Julgo que assim fica explicada esta aparente incoerência, embora sem olvidar a possibilidade de respeitosas divergências. Enfim, como noutros problemas do género, há entendimentos discutíveis.

[346] Socorro-me da qualificação de HEINRICH HÖRSTER, *ob. cit.*, pp. 193 ss., que usa o conceito de *património separado* para os «complexos patrimoniais, distintos do resto do património, com escopos específicos comuns (gemeinsamer Zweck) e para efeitos especiais, nomeadamente para efeitos da responsabilidade por dívidas.» O conceito de património separado engloba duas realidades: o *património autónomo* («duas ou mais massas patrimoniais entre si distintas, que pertencem ao *mesmo titular*») e o *património colectivo* («que cabe a *vários* titulares aos quais pertence *globalmente*, estando autonomizado dos diversos patrimónios que os titulares possuem a título individual»). Destarte, o fundo comum dos obrigacionistas oferecerá um exemplo de património colectivo.

Sobre as concepções, ora convergentes, ora um nada discordantes, de separação e autonomia patrimonial e património colectivo, veja-se, entre outros, MANUEL DE ANDRADE, *ob. cit.*, pp. 217-226; MOTA PINTO, *ob. cit.*, pp. 345-351; e CARVALHO FERNANDES, *ob. cit.*, pp. 151-156.

19. Autorização ao representante comum para a propositura de acções judiciais

> «Les porteurs d'obligations sont des créanciers chirographaires ayant tous les droits, rien que les droits de ces sortes de créanciers. Mais ces droits, peuvent-ils les exercer?»
>
> Arnault, in Brandeis, *ob. cit.*, p. 112.

0. A autorização das assembleias de obrigacionistas ao representante comum para a propositura de acções judiciais[347] traz a lume o delicadíssimo problema da *compatibilização* ou *coordenação* das acções individuais com as acções colectivas, isto é, das intentadas individualmente por determinado obrigacionista com as propostas pelo grupo por intermédio do representante comum[348]. Qual a sorte da acção instaurada por certo obrigacionista com causa de pedir comum aos restantes coobrigacionistas?[349]; qual o destino da

---

[347] Cf. art. 355.º, n.º 4, al. f).

[348] A relação que se estabelece entre o representante comum e os obrigacionistas pode qualificar-se processualmente como uma situação de *representação judiciária*: o representante comum age em nome dos obrigacionistas e não em nome próprio. (MIGUEL TEIXEIRA DE SOUSA, *As Partes, o Objecto e a Prova na Acção Declarativa*, Lex, Lisboa, 1995, p. 28, define a representação judiciária como sendo a «representação de entes que estão submetidos a uma representação orgânica ou que, não sendo incapazes, necessitam de representação em juízo.» Parece ser este o caso do representante comum — enquanto elemento da estrutura organizativa das colectividades de obrigacionistas, compete-lhe a representação judiciária destas).

Por conseguinte, apresenta-se em juízo invocando a sua qualidade de representante comum dos obrigacionistas de certa e determinada emissão, que identifica na petição inicial, não carecendo de identificar individualmente os obrigacionistas.

Por outro lado, acrescente-se que nos termos da lei — em concreto da al. b) do n.º 1 do art. 359.º: «O representante comum deve praticar, em nome de todos os obrigacionistas, os actos de gestão destinados à defesa dos interesses comuns destes, competindo-lhe nomeadamente: [...] b) Representar em juízo o conjunto de obrigacionistas, nomeadamente em acções movidas contra a sociedade e em processos de execução ou de liquidação do património desta» — o representante comum age em representação pessoal dos vários obrigacionistas e não do *grupo de obrigacionistas da mesma emissão* que não é dotado nem de personalidade, nem de capacidade judiciária (cf. art. 6.º CPC). Esses atributos correspondem aos próprios obrigacionistas.

[349] MIGUEL TEIXEIRA DE SOUSA, *ibid.*, pp. 122 e 123, refere-se à *causa de pedir* como sendo constituída «pelos factos necessários para individualizar a situação jurídica alegada pela parte e para fundamentar o pedido formulado para essa situação.» Continuando, refere que a «causa de pedir é composta pelos factos constitutivos da situação

acção individual intentada antes de deliberação da assembleia que conceda autorização ao representante comum para requerer idêntica tutela jurisdicional?; e posteriormente a essa deliberação, pode ainda o obrigacionista requerer a título particular a providência adequada à defesa dos seus direitos?

1. A jurisprudência portuguesa já teve oportunidade de se pronunciar a este propósito. No acórdão de 27 de Junho de 1996[350], o Tribunal da Relação de Lisboa concluiu pela legitimidade do credor obrigacionista para individualmente intentar acção movida contra a entidade emitente, em virtude do incumprimento das obrigações de restituição do capital e de pagamento dos juros, referindo particularmente que cada um poderá «lançar mão, por si só, dos meios de tutela indispensáveis ao restabelecimento do seu direito, ainda que outros obrigacionistas se achem igualmente afectados.» A posição segundo a qual os obrigacionistas não carecem de fazer valer a sua pretensão em juízo através do representante comum já tinha sido adoptada pelo mesmo Tribunal no acórdão de 11 de Maio de 1995[351] e foi acolhida igualmente pelo Supremo Tribunal de Justiça no acórdão de 10 de Fevereiro de 1998[352].

O problema em apreço também não passou despercebido à doutrina que lhe dedicou prudentes parágrafos. Antes da entrada em vigor do CSC, Pinto Furtado, com a autoridade enorme da sua pena, escrevia o seguinte: «Afectado num direito próprio, como por exemplo quando a mora na remuneração não é colectiva mas se circunscreve a um dado *obrigacionista*, é naturalmente a ele que cabe lançar mão, por si, dos meios de tutela indispensáveis ao restabelecimento do seu direito». Prosseguia dizendo: «Entre as acções colectivas e a tutela de interesses individuais há

---

jurídica invocada pela parte, isto é, pelos factos essenciais à procedência do pedido. São essenciais aqueles factos sem cuja verificação o pedido não pode ser julgado procedente.» Sobre a causa de pedir veja-se outrossim ABRANTES GERALDES, António Santos, *Temas da Reforma do Processo Civil*, Vol. I (2.ª ed. revista e ampliada), *1. Princípios Fundamentais. 2. Fase Inicial do Processo Declarativo*, Livraria Almedina, Coimbra, 1998, pp. 188 ss.

[350] Publicado na *CJ*, ano XXI, 1996, tomo III, pp. 132 e 133.

[351] Publicado na *RDES*, ano XXXVIII, 1996, pp. 365-384, com anotação de LUÍS DA GAMA LOBO XAVIER.

[352] Processo 159/97, 2.ª Secção Cível, 10/02/1998, Boletim n.º 18, Relator Conselheiro Figueiredo de Sousa. Este acórdão não se encontra publicado, mas é possível aceder-se ao seu sumário na *internet*, através do *site* www.cidadevirtual.pt (o endereço exacto da página é *www.cidadevirtual.pt/stj/bol18civel.html*).

uma relação de complementaridade que só deverá fazer precludir as acções individuais quando estas estejam em contradição frontal com aquelas. É o que, por exemplo, se consagra expressamente no art. 2419 do Código Civil italiano — e entre nós se deve considerar, à falta de preceito análogo»[353]. Para Luís da Gama Lobo Xavier apenas o representante comum tem legitimidade para instaurar acções tendentes à tutela do interesse comum. O agir individual, segundo o Autor, colide com a intenção do legislador em «conferir uma igualdade de direitos a todos os obrigacionistas, de modo a que nenhum fosse beneficiado ou prejudicado em relação aos demais, [...] o que aconteceria se o obrigacionista pudesse açodada e isoladamente peticionar judicialmente o seu crédito»[354]. Já Osório de Castro refere que relativamente a matérias de interesse comum vale a regra de que «os obrigacionistas têm de coligar-se para agir em juízo contra a sociedade e de fazê-lo através do representante comum», ressalvando, contudo, a excepção prevista no art. 359.º, n.º 5, nos termos do qual a legitimidade para receber as importâncias devidas pela sociedade não cabe ao representante comum mas sim a cada obrigacionista individualmente[355].

Da apreciação conjunta destas posições resulta inequívoco que não existem divergências em relação aos litígios *particulares* entre certo obrigacionista e a entidade emitente. Se os factos constitutivos do direito invocado, cuja tutela jurisdicional o obrigacionista reclama, não forem partilhados por todos os obrigacionistas, cada um tem legitimidade para instaurar a competente acção. Neste ponto, portanto, coincidem os Autores[356].

É de crer, aliás, ser esse o resultado a que o n.º 5 do art. 359.º inculca, quando prescreve que não é «permitido ao representante comum receber juros ou quaisquer importâncias devidas pela sociedade aos obrigacionistas, *individualmente considerados*»[357]. O legislador terá querido vincar claramente o afastamento da intervenção do representante comum

---

[353] Cf. *Código Comercial Anotado*, cit., p. 687.
[354] Cf. *loc. cit.*, p. 377.
[355] Cf. *ob. cit.*, p. 140.
[356] Embora LUÍS DA GAMA LOBO XAVIER não o declare expressamente, não é descabido conjecturar o seu apoio a este juízo, pois que a base da sua argumentação em favor de uma actuação colectiva centra-se no cuidado de assegurar um tratamento paritário aos credores obrigacionistas. Inexistindo esse tratamento quando o conflito que opõe algum deles à entidade emitente é *particular*, creio que o Autor não se oporia à acção individual.
[357] Do excerto citacional não consta o tipo itálico, por mim acrescentado com o intuito de ressaltar a ideia assim individualizada.

quanto a particulares contendas entre a entidade emitente e certos credores obrigacionistas. Desta feita, se por exemplo a entidade emitente recusar o pagamento a um deles, invocando ter-se extinguido o crédito por compensação, a tutela dos interesses do obrigacionista em causa não consta das atribuições do representante comum.

Quando, porém, a causa de pedir for extensível a todos os coobrigacionistas, as sintonias são menos nítidas. No modo de ver dos nossos tribunais, a acção intentada individualmente preenche todos os pressupostos processuais, «ainda que outros obrigacionistas se achem igualmente afectados»[358]. Pinto Furtado alude à preclusão das acções individuais que estejam em «contradição frontal» com as acções colectivas. Para Luís da Gama Lobo Xavier, tratando-se de comportamento da entidade emitente que afecte os direitos de todos os obrigacionistas, apenas o representante comum, devidamente autorizado pela assembleia, tem legitimidade para intentar a respectiva acção judicial[359]. Por seu turno, Osório de Castro refere que «os obrigacionistas têm de coligar-se para agir em juízo contra a sociedade», ressalvando, contudo, a excepção prevista no art. 359.º, n.º 5.

2. É, então, legítimo a qualquer obrigacionista intentar acção individualmente quando a causa de pedir seja comum aos restantes membros da colectividade ou é necessário demandarem todos por intermédio do representante comum, sendo a falta de qualquer deles motivo de ilegitimidade?

Da minha parte, a solução que mais condiz com a fórmula literal escolhida, que está em maior sintonia com a adoptada no ordenamento jurídico inspirador das normas em apreço e que melhor se adequa à satisfação dos interesses em causa, é aquela que sustenta a legitimidade individual dos obrigacionistas para, em nome próprio, proporem as acções tendentes à reparação efectiva dos seus direitos, ainda que a causa de pedir abranja igualmente todos os coobrigacionistas.

2.1. A existência *necessária* da pluralidade de partes, autores ou réus, pressupõe a atribuição da legitimidade a vários interessados, em termos de a falta de um deles dar origem a uma situação de ilegitimidade — todos devem demandar ou ser demandados, dada a indisponibilidade indi-

---

[358] Cf. Acórdão da Relação de Lisboa, datado de 27 de Junho de 1996, in *CJ*, ano XXI, 1996, tomo III, p. 133.
[359] Cf. *loc. cit.*, pp. 376-379 e nota 2.

vidual do objecto processual[360]. Ora o disposto no CSC, nomeadamente nos artigos 355.º, n.º 1, e n.º 4, al. f), e 359.º, n.º 1, al. b), não impõe tal pluralidade. Nos termos do primeiro preceito, os credores de uma mesma emissão de obrigações podem reunir-se em assembleia de obrigacionistas, à qual compete, entre outros assuntos, autorizar o representante comum para a propositura de acções judiciais. Nos termos do segundo, compete ao representante comum «representar em juízo o conjunto dos obrigacionistas, nomeadamente em acções movidas contra a sociedade e em processos de execução ou de liquidação do património desta.» Da leitura destas normas não me parece poder concluir-se que o legislador tenha querido impor a coligação necessária[361]. Se assim o quisesse, melhor teria sido usar uma fórmula que claramente apontasse nesse sentido, como, por exemplo, o art. 301 da lei francesa L1966, segundo o qual apenas o representante comum, devidamente autorizado pela assembleia de obriga-

---

[360] Cf. MIGUEL TEIXEIRA DE SOUSA, *As Partes, o Objecto, e a Prova na Acção Declarativa*, cit., pp. 59-65.

[361] A distinção entre as duas figuras da pluralidade de partes — a *coligação* e o *litisconsórcio* — é um tanto dúbia. Assim, para alguns Autores a distinção centra-se no número de relações jurídicas em causa: está-se perante um *litisconsórcio* se uma relação jurídica respeita a vários interessados; perante uma *coligação* se existir pluralidade de relações jurídicas e interessados. Segundo diversa corrente de opinião, o *litisconsórcio* corresponde às situações de pluralidade de partes mas unidade do pedido; a *coligação* verifica-se nos casos de pluralidade de partes e pluralidade de pedidos. A unidade do pedido tem de ser entendida habilmente: a existência de diversos pedidos, formalmente discriminados por várias partes, constitui um litisconsórcio se apresentarem o mesmo fundamento substantivo e conteúdo essencialmente idêntico (cf. ANTUNES VARELA/J. MIGUEL BEZERRA/SAMPAIO E NORA, *Manual de Processo Civil*, 2.ª ed., revista e actualizada, Coimbra Editora, Coimbra, 1985, pp. 159-163; MIGUEL TEIXEIRA DE SOUSA, *As Partes, o Objecto, e a Prova na Acção Declarativa*, cit., p. 88). (Sobre os termos do problema, veja-se, por todos, MIGUEL TEIXEIRA DE SOUSA, *ibid.*, pp. 87 e 88; e LEBRE DE FREITAS, *ob. cit.*, p. 63.)

Respeitosa querela, ainda não transitada em julgado, coloca o Autor em posição assaz incómoda. É que à luz do primeiro critério a situação dos obrigacionistas corresponde a uma *coligação*, dada a pluralidade de relações jurídicas. Mas adoptando-se o segundo parece configurar-se um *litisconsórcio*. De todo o modo, é importante recordar que a própria razão de ser da distinção entre as duas figuras é posta em causa e que tratando-se de *pluralidade de partes necessária*, como no caso em apreço, o *litisconsórcio* e a *coligação* estão sujeitos, no essencial, ao mesmo regime jurídico (cf. LEBRE DE FREITAS, *ibid.*, pp. 65 e 562-564). Pelo que, para efeito da presente análise, não releva muito a distinção. Na exposição, irei, contudo, referir-me à situação dos obrigacionistas enquanto *coligação*, pressupondo, por conseguinte, que os termos da distinção reportam-se ao dualismo unidade — pluralidade de relações jurídicas.

cionistas, tem legitimidade para intentar em nome de todos as acções que tenham por objecto a defesa dos interesses comuns dos obrigacionistas. Neste caso, resulta nitidamente que se quis consagrar a legitimidade plural necessária estando em causa o interesse comum. Não tendo sido essa a opção do legislador português, mal se compreenderia que tivesse querido adoptar idêntica solução.

Em meu entender, a conclusão a tirar da leitura dos citados preceitos é outra. Ainda que seja no exercício das suas funções, a intervenção em juízo do representante comum está dependente da vontade do conjunto dos obrigacionistas, não podendo este, por sua própria iniciativa, dar origem a um processo judicial em representação daqueles. Nem o art. 355.º, nem o art. 359.º habilitam o representante a decidir sobre a iniciativa judicial. Como já tive oportunidade de referir[362], as matérias elencadas no art. 355.º, n.º 4, são da competência exclusiva da assembleia. Sobre elas não tem o representante comum poder de decisão, contanto que excedem as suas atribuições. Por conseguinte, o agir em juízo do representante comum depende sempre de prévia autorização da assembleia. A falta de autorização constitui um vício de representação judiciária[363-364].

---

[362] Cf. *supra* ponto 17 (0) e notas 282 e 283.

[363] Sobre as consequências da *falta de autorização*, consulte-se MIGUEL TEIXEIRA DE SOUSA, *ibid.*, pp. 33 e 34; RODRIGUES BASTOS, Jacinto Fernandes, *Notas ao Código de Processo Civil*, Vol. I, *(Arts. 1.º a 263.º)*, 3.ª ed. revista e actualizada, Lisboa, 1999, pp. 72 e 73; e LEBRE DE FREITAS, José, *Código de Processo Civil Anotado*, Vol. 1.º, *Artigos 1.º a 380.º*, Coimbra Editora, Coimbra, 1999, pp. 49 e 50.

[364] Claro está que não tenho em vista a acção de impugnação de deliberações. Quanto a estas deve observar-se o prescrito no art. 356.º, n.º 1. Ora, vem mesmo a propósito abordar uma importante questão no tocante à legitimidade para impugnar as deliberações da assembleia de obrigacionistas que a aplicação subsidiária do regime da invalidade das deliberações dos accionistas, determinada pela remissão integradora do art. 356.º, n. 1, suscita.

É sabido que em matéria de deliberações sociais o legislador dotou o órgão de fiscalização da sociedade de legitimidade para invocar os vícios de que estas padecem. Tratando-se de deliberações anuláveis, o vício pode ser arguido pelo órgão de fiscalização nos mesmos termos que qualquer sócio que não tenha votado no sentido que fez vencimento nem posteriormente tenha aprovado a deliberação. É o que resulta do comando do n.º 1 do art. 59.º. Quando, porém, o vício de que a deliberação enferme seja a nulidade, a actuação do órgão de fiscalização desdobra-se em dois sentidos. Primeiramente, «deve dar a conhecer aos sócios, em assembleia geral, a nulidade de qualquer deliberação anterior, a fim de eles a renovarem, sendo possível, ou de promoverem, querendo, a respectiva declaração judicial» (art. 57.º, n. 1). Caso os sócios não tenham renovado a deliberação

Será então razoável concluir que o legislador não teve em vista introduzir uma excepção à regra geral da legitimidade e, dessa forma, limitar o recurso à tutela jurisdicional. A bitola para se aferir da legitimidade

---

nem a sociedade tiver sido citada para contestar a acção declarativa de nulidade, o órgão de fiscalização deve promover de imediato a declaração judicial de nulidade (art. 57.º, n.º 2).

Ora, a questão que se coloca ao intérprete é precisamente a de saber se os preceitos agora referidos são abrangidos pela remissão operada pelo art. 356.º, n. 1, isto é, se ao representante comum cabem as mesmas atribuições que ao órgão de fiscalização, no que diz respeito à invocação dos vícios da deliberação.

A resolução do problema agora especificado passa inevitavelmente pela determinação do interesse ou interesses que o legislador quis acautelar ao conferir tal legitimidade ao órgão de fiscalização. Cumpre indagar se as razões justificativas da disciplina adoptada em relação a este órgão são também extensíveis à situação em apreço, dada a semelhança ou paralelismo do conflito de interesses num e noutro caso.

Como ponto de partida, parece-me indiscutível que os interesses que o legislador cuidou de acautelar não podem ser os mesmos em matéria de deliberações anuláveis e de deliberações nulas, porque naquele caso o órgão de fiscalização tem o poder mas não o dever de intervir, ao passo que nestoutro a sua actuação é exigida por lei. Cumpre, pois, averiguar isoladamente cada uma das situações.

No tocante às *deliberações nulas*, a justificação para a solução constante do art. 57.º prende-se com a necessidade de assegurar a rápida estabilização dos seus efeitos, em nome da certeza e segurança jurídicas. De facto, sendo a nulidade insanável pelo decurso do tempo, a sua invocação em momento muito posterior à data da deliberação poderá originar algumas consequências de todo indesejáveis e ser fonte de prejuízos quer para a sociedade, quer para os que tenham adquirido direitos com base na deliberação inválida. Tendo em vista essa necessidade de tutela dos sócios e de terceiros, o legislador procurou assegurar a pronta clarificação dos efeitos produzidos pela deliberação, impondo a actuação do órgão de fiscalização nos termos atrás descritos (cf. николов Nogueira Serens, *ob. cit.*, p. 48 e Pedro Maia, *Deliberações dos Sócios*, in *Estudos de Direito das Sociedades*, sob a Coordenação de Coutinho de Abreu, 4.ª ed., Livraria Almedina, Coimbra, 2001, pp. 197-199).

Aclarada a *ratio legis* do art. 57.º, não hesito em defender a sua adaptação no sentido de se considerarem atribuídas ao representante comum as competências do órgão de fiscalização, dada a evidente identidade de interesses em jogo.

Falemos agora das *deliberações anuláveis*. Dada a diversidade de regime, claro está que a justificação do poder de impugnação não pode ser a mesma. De facto, sendo a anulabilidade sanável pelo decurso do prazo de trinta dias contados a partir das datas referidas nas alíneas a), b) e c) do art. 59.º, n. 2, não colhe a justificação de que com a atribuição de tal poder o legislador visou assegurar a estabilização dos efeitos jurídicos em causa. Tal objectivo cumpre-se pela caducidade do direito à arguição da anulabilidade no curtíssimo prazo referido (cf. Vasco Lobo Xavier, *ob. cit.*, pp. 88 ss). Acresce que o poder referido é, desculpada me seja a redundância, somente isso mesmo — um poder jurídico. Por isso, o interesse cuja tutela motivou a atribuição desse mesmo poder pela ordem jurídica ao órgão de fiscalização não poderá ser, fundamentalmente, um interesse de terceiros. Neste caso impunha-se que o exercício do direito não estivesse na livre disponibilidade do seu titular. Ora, chegados a este ponto, parece-se-me claro que o legislador teve em vista um interesse próprio do órgão de fiscalização que mais não será do que o de cumprir diligentemente a sua função. Ou seja, a razão pela qual o legislador atribui o direito de arguir a anulabilidade das deliberações sociais prende-se com a necessidade de dotar o órgão de fiscalização da sociedade dos meios necessários ao desempenho da sua actividade fiscalizadora. De facto, sabemos que o legislador colocou à disposição do fiscal único e dos membros do conselho fiscal um conjunto de *instrumentos de investigação* — na linguagem esclarecedora de F. GALGANO, *Diritto civile e commerciale*, cit., p. 298, que recorre à expressão «strumenti di indagine», acompanhado de resto por NOGUEIRA SERENS, *ibid.*, pp. 105 e 106 —, para o desempenho das suas funções (cf. art. 421.º). Ora, competindo-lhe «vigiar pela observância da lei e do contrato de sociedade» (art. 420.º, n. 1, al. b)), o órgão de fiscalização poderá necessitar de lançar mão destoutro *instrumento*. Em meu entender, este *instrumento de controlo* assenta na mesma lógica dos *instrumentos de investigação* referidos — o mesmo é dizer que a sua justificação radica na natureza de funções do órgão de fiscalização. (Também F. GALGANO, *ibid.*, p. 298, reconduz o poder do órgão de fiscalização para impugnar as deliberações ao seu dever geral de vigiar pela observância da lei e do contrato.)

Posto isto, e tendo presente que ao representante comum não compete qualquer actividade fiscalizadora, mas apenas actividades de representação dos obrigacionistas e de gestão do seu interesse comum, será mister concluir que não estamos perante um conflito de interesses paralelo ou semelhante, que legitime a adaptação do estatuído no art. 59.º, n. 1, ao representante comum.

Perspectivado de outro ângulo, bem se poderá dizer que dada a semelhança entre as funções do representante comum e do órgão de administração da sociedade, naturalmente se aceitará que, se o legislador não quis conferir a este o direito de arguir a anulabilidade das deliberações sociais, como se depreende da sua exclusão do elenco apertado do art. 59.º, n. 1, também não terá querido fazê-lo em relação ao representante comum, presumindo-se a coerência do legislador, como estipula o art. 9.º CC. (Em sentido contrário, consulte-se OSÓRIO DE CASTRO, *ob. cit.*, pp. 159 e 160, nota 118. Veja-se ainda as posições de CARLOS OLAVO, «Impugnação das Deliberações Sociais», in *CJ*, ano XIII, Tomo III, 1988, p. 25, nota 55; e PINTO FURTADO, *Deliberações dos Sócios*, cit., p. 425, que admitem a possibilidade de qualquer gerente arguir a anulabilidade nas sociedades que não tenha órgão de fiscalização.)

Talvez não seja descabido trazer à colação ainda um outro elemento extra-sistemático: a posição do *administrador do condomínio*. De facto, a nossa lei criou um aparelho orgânico constituído pela assembleia de condóminos e pelo administrador do condomínio com vista a assegurar uma gestão adequada das partes comuns do edifício

processual continuará a ser a prevista no art. 26.º CPC para o processo declarativo e no art. 55.º CPC para o processo executivo[365].

---

sujeito ao regime da propriedade horizontal, que apresenta semelhanças com a organização dos obrigacionistas (cf. arts. 1430.º a 1438.º-A do CC). Ora, o administrador é o órgão executivo do condomínio, competindo-lhe idênticas tarefas às do representante comum, como sejam: convocar a assembleia; executar as suas deliberações; representar o conjunto dos membros da organização; entre outras (cf. arts. 1436.º, als. a), h) e i); e 1437.º, do CC; e 359.º, n.º 1, als. a), b) e f) CSC). Daí que seja abonatório da tese que sustento o facto de o legislador não ter admitido a legitimidade do administrador do condomínio para impugnar as deliberações da assembleia. Naturalmente se compreenderá que, não lhe cabendo qualquer função de fiscalização do funcionamento desta, lhe seja vedado atacar as deliberações que apenas aos condóminos dizem respeito. A sua intervenção representaria sempre a intromissão de alguém que não é parte — de um terceiro — sem que para isso exista qualquer justificação plausível. É isto mesmo que testifica RUI VIEIRA MILLER, *A Propriedade Horizontal no Código Civil*, Livraria Almedina, Coimbra, 1998, pp. 280-283. Ouça-se o Autor: «Se ele [o administrador do condomínio] tiver esta qualidade [a de condómino] e não tiver aprovado a deliberação, é manifesto que pode requerer a sua anulação. De contrário, seria cercear-lhe, sem qualquer fundamento, um direito que a lei lhe atribui. Se, porém, é um estranho, tem a posição de mero executor das deliberações da assembleia, sem o mais leve poder de fiscalização do funcionamento desta ou da legalidade das suas deliberações, como ainda sem quaisquer interesses directos na vida da comunidade resultante da propriedade horizontal, não se vendo, assim, como se lhe possa facultar o direito de se opor ao que os condóminos deliberaram ser do seu interesse ou da sua conveniência.»

Aqui está uma escorreita exposição, com igual cabimento para o representante comum dos obrigacionistas. Tanto quanto consegui apurar ainda não foi rebatida. Não hei-de ser eu o primeiro a contradizê-la.

[365] O art. 26.º CPC consagra a regra segundo a qual a legitimidade do autor deve ser aferida pelo interesse directo em demandar, expresso pela vantagem jurídica resultante da procedência da acção, e a legitimidade do réu pelo interesse directo em contradizer, aferido pela desvantagem jurídica derivada da sua perda, sendo certo que pela regra geral a titularidade do interesse em demandar e do interesse em contradizer apura-se pelas posições respectivas na relação jurídica controvertida (cf. LEBRE DE FREITAS, *Código de Processo Civil Anotado*, cit., p. 51).

O art. 55.º, n.º 1, CPC atribui a legitimidade no processo executivo à pessoa que no título figure como credor (legitimidade activa) e à pessoa que no título tenha a posição de devedor (legitimidade passiva). Por aqui se constata, como aliás refere MIGUEL TEIXEIRA DE SOUSA, *Estudos Sobre o Novo Processo Civil*, Lex, Lisboa, 2.ª ed., 1997, p. 608, que ao título cabe «uma importante função de legitimação: ele determina as pessoas com legitimidade processual para a acção executiva.» Veja-se ainda MIGUEL MESQUITA, *Apreensão de Bens em Processo Executivo e Oposição de Terceiro*, 2.ª ed. Revista e Ampliada, Livraria Almedina, Coimbra, 2001, pp. 17 e ss.; RODRIGUES BASTOS, *ob. cit.*, p. 111; e FERNANDO AMÂNCIO FERREIRA, *ob. cit.*, pp. 49 e 50.

2.2. Acresce que a solução apresentada coincide com a prevista no Código Civil italiano, o qual apresenta tantas semelhanças, quer na disposição e sequência dos artigos, quer na própria redacção destes, que me leva a crer ter sido essa a principal fonte de inspiração do legislador português. Na verdade, os artigos 355.º e 356.º praticamente decalcam os artigos 2415 e 2416 do CCIt. Igualmente todo o preceituado relativamente ao representante comum, constante dos artigos 357.º, 358.º e 359.º, segue de perto as soluções vertidas nos correspondentes italianos 2417 e 2418[366]. Ora, neste país, o legislador consagrou a tese de que a existência de uma organização legal de obrigacionistas não priva os seus membros de tutelarem directamente os próprios direitos no confronto com a sociedade, desde que a sua actuação seja compatível com a deliberação da assembleia. O mesmo será dizer que se aquela decidir intentar acção comum, a acção individual estará definitivamente comprometida, dado que a deliberação é vinculativa para todos, incluindo ausentes, abstencionistas e discordantes. É este o alcance do art. 2419, epigrafado «acções individuais dos obrigacionistas». Ou seja, a lei italiana permite uma actuação colectiva, mas não a impõe. Verificando-se a intervenção do grupo, preclude-se o direito de iniciativa individual[367].

A mesma solução vale em Espanha onde, aliás, a constituição de um *sindicato de obligacionistas* é condição indispensável para que a sociedade anónima possa emitir obrigações[368]. O sindicato de obrigacionistas tem dois órgãos: a assembleia e o comissário. Este é o elemento de ligação entre a sociedade e o sindicato cabendo-lhe, por isso, a representação processual deste último[369]. Contudo, o legislador não foi ao ponto de lhe atribuir a exclusividade nesse domínio, pois permite que em certos casos os obrigacionistas possam agir individualmente para tute-

---

[366] Cf. *supra* ponto 6 e nota 78.

[367] Para mais desenvolvimentos, consulte-se entre outros A. FORMIGGINI, *loc. cit.*, pp. 117 e 118, nota 36; FRÈ, *ob. cit.*, pp. 511 e 512; G. FERRI, *Le societá*, cit., pp. 507 e 508; G. F. CAMPOBASSO, *Le obbligazioni*, cit., pp. 519 e 520; G. COTTINO, *ob. cit.*, p. 603; e P. G. JAEGER/F. DENOZZA, *ob. cit.*, p. 486. Estes Autores convergem na opinião de que a acção individual apenas está impedida no caso de existir uma deliberação no sentido de se intentar acção comum, que, em virtude de se aplicar a todos os obrigacionistas, obsta à actuação individual. Em todas as outras situações, qualquer obrigacionista pode promover a defesa dos seus direitos, ainda que os factos em que fundamenta o seu pedido afectem igualmente os restantes coobrigacionistas.

[368] Cf. art. 283, 2, da LSA.

[369] Cf. art. 303, 1 e 2, da LSA. Sobre a solução adoptada em Espanha, veja-se o que referi *supra* no ponto 7.

larem os seus direitos. Com efeito, nos termos do art. 302 da LSA, cuja epígrafe é «acções individuais», «as acções judiciais ou extrajudiciais que correspondam aos obrigacionistas poderão ser exercidas individual ou separadamente quando não contrariem as deliberações do sindicato dentro da sua competência e sejam compatíveis com as faculdades que ao mesmo tiverem sido conferidas»[370].

Solução diversa foi a adoptada pelo legislador francês. Aí, os obrigacionistas são membros de uma pessoa colectiva cujo escopo é a defesa dos seus interesses comuns. «Os titulares de obrigações de uma mesma emissão são reunidos de pleno direito para a defesa dos seus interesses comuns, numa colectividade dotada de personalidade jurídica», preceitua o art. 293 L1966. Essa colectividade tem igualmente dois órgãos: a assembleia de obrigacionistas e o representante comum[371]. Ao representante cabe um conjunto amplo de poderes previstos, nomeadamente, nos arts. 300, 301 e 302 da referida lei, sendo certo que ele detém o monopólio da representação judiciária dos obrigacionistas quando esteja em causa o interesse comum[372]. De facto, nos termos do art. 301 do citado diploma, apenas o representante comum tem legitimidade para propor acções contra a sociedade emitente que tenham por objecto a defesa dos interesses comuns dos obrigacionistas legitimidade activa. Os obrigacionistas são privados do seu direito de estar em juízo, apenas lhes competindo conceder a autorização para que aquele os represente colectivamente. Por outro

---

[370] Cf. APARICIO GONZÁLEZ, María Luisa, «Reflexiones sobre la tutela de los obligacionistas en las situaciones de crisis económica de la sociedad emisora», in *RCDI*, 1987, n.º 581, pp. 1077-1079; ALONSO ESPINOSA, *ob. cit.*, pp. 329-338; e TORRES ESCAMEZ, *ob. cit.*, pp. 155-157. Veja-se, no entanto, a curiosa interpretação de DUQUE DOMÍNGUEZ, *ob. cit.*, p. 853. Diz o Autor: «Por otro lado, si existe acuerdo válido del sindicato, todavía es admisible la acción individual *cuando no contradiga dicho acuerdo y sea compatible con el acuerdo* — es decir, cuando coadyuve a al acción del sindicato —.»

[371] Sobre a configuração das organizações de obrigacionistas em França, consulte--se *supra* ponto 5.

[372] Cf. G. RIPERT/R. ROBLOT, *ob. cit.*, p. 1344; e JEAN-PIERRE MARCHI/ /FONTBRESSIN, Patrick de, «L'affaire L.V.M.H.: L'épreuve de la conciliation du droit de l'économie et de la finance» in *Gaz. Pal.*, 1990 (1.º semestre), p. 330. (Artigo referente à decisão de 26 de Abril de 1990 da *Cour d'appel de Paris* que pôs fim ao conflito entre BERNARD HARNAULT e HENRY RACAMIER pelo controlo da prestigiada *Louis Vuitton*. Esta decisão foi igualmente objecto de anotação por SCHMIDT, Dominique, in *RJ com.*, 1990, pp. 255 e 256; e LE CANNU, Paul, «Action en nullité d'une délibération du conseil d'administration décidant une émission d'OBSA: intérêt à agir des actionnaires minoritaires et rôle des représentants de la masse», in *Rev. sociétés*, ano 108.º, 1990, pp. 428-432.)

lado, as acções intentadas contra o conjunto dos obrigacionistas têm de ser propostas na pessoa do representante comum legitimidade passiva).

Em resumo, a diferença entre a solução consagrada em Itália e Espanha, por um lado, e em França, por outro, cifra-se no seguinte: enquanto nos dois primeiros ordenamentos a iniciativa individual só fica prejudicada pela existência de uma deliberação impondo a actuação colectiva, o legislador francês preferiu vedar sempre a intervenção singular.

2.3. A opção pelo exercício individual ou colectivo dos direitos dos obrigacionistas deve, por fim, ser perspectivada à luz do equilíbrio de interesses subjacente à criação legal de uma organização dos obrigacionistas. A intenção legislativa, como foi referido, visa satisfazer duas ordens de interesses[373]. De um lado, o interesse comum dos obrigacionistas, na medida em que a possibilidade de tomarem decisões por maioria permitirá em alguns casos encontrar mais rapidamente soluções para o bem de todos. Por outro, visa-se também proteger a entidade emitente, no sentido de que com a criação da organização de obrigacionistas facilita-se o relacionamento destes com a sociedade. Esta já não terá de dialogar com todos e quaisquer obrigacionistas sobre os mais variados assuntos atinentes ao vínculo contratual existente entre ambos.

Olhando para o CSC, vemos que o direito de assistir aos sorteios para reembolso das obrigações, o direito de receber e examinar toda a documentação por esta enviada ou tornada patente aos accionistas e o direito à informação societária previsto no art. 293.º são direitos colectivos que somente por intermédio do representante comum poderão ser exercidos[374]. O propósito do legislador em facilitar o relacionamento do conjunto dos obrigacionistas com a entidade emitente transparece aqui de forma clara, sem que, no entanto, decorra prejuízo relevante para aqueles.

Outro tanto se diga no que respeita ao direito de oposição à fusão ou cisão da sociedade[375]. À semelhança dos credores em geral, os obrigacionistas podem deduzir oposição às operações de fusão ou cisão com fun-

---

[373] Cf. as considerações proferidas *supra* ponto 9.

[374] Cf. art. 359.º, n. 1, als. d) e e). Acresce que o direito dos obrigacionistas de assistir às assembleias gerais da sociedade emitente é susceptível de afastamento pelo contrato de sociedade, pelo que nessa hipótese restará o direito do representante comum, insusceptível de afastamento, verificando-se também neste caso a substituição de um direito individual por um direito colectivo (cf. *supra* nota 279).

[375] Consulte-se *infra* os pontos 21 e 22.

damento no prejuízo que dessas operações resulte para a realização dos direitos de crédito[376]. Contudo, os titulares de obrigações não têm o direito individual de oposição. Esta só pode ser deduzida se os obrigacionistas, mediante deliberação aprovada por maioria absoluta dos membros presentes e representados, não aprovarem a operação[377]. O direito de oposição deve ser exercido colectivamente através do representante comum ou, na sua falta, por um representante propositadamente eleito pela assembleia para o efeito e segue os termos do processo especial previsto no art. 1488.º CPC. Facilmente se compreende a distinção que a este respeito o legislador fez entre credores em geral e credores obrigacionistas. Dada a identidade de direitos correspondente à mesma emissão, não repugna que o juízo de valor acerca do prejuízo causado pela fusão ou cisão seja colectivo: o prejuízo resultante da fusão atinge em igual medida todos os obrigacionistas; as medidas de tutela que sejam judicialmente determinadas devem beneficiar todos eles. Além de que daí decorre uma certa vantagem para a entidade emitente que não terá de contestar individualmente eventuais oposições deduzidas por cada um dos obrigacionistas[378]. E, mais uma vez, este objectivo é alcançado sem que para tanto seja sacrificado qualquer interesse relevante dos obrigacionistas.

Para além do que foi dito, existem outras situações para as quais o legislador impôs uma actuação colectiva. Veja-se a este propósito o disposto na al. b) do n.º 4 do artigo 355.º, nos termos do qual compete à assembleia de obrigacionistas deliberar sobre a «modificação das condições dos créditos». Significa isto que, pretendendo a sociedade alterar as condições fixadas por altura da emissão, poderá apresentar a proposta ao colégio de obrigacionistas que se reunirão em assembleia a fim de deliberarem sobre a matéria. Estão aqui em causa quer o interesse do conjunto de obrigacionistas, quer o da entidade emitente.

Posto isto, será razoável concluir-se que sempre que o legislador instituiu a actuação conjunta dos obrigacionistas visou satisfazer ou o interesse comum destes ou o interesse da entidade emitente, mas neste caso nunca impondo àqueles um sacrifício injustificável. É bom recordar que o objectivo que o legislador declaradamente quis acautelar foi a

---

[376] Cf. arts. 107.º; 108.º; 109.º e 120.º.

[377] Cf. art. 109.º, n. 2.

[378] Quanto à ambivalência do interesse da entidade emitente em não lidar individualmente com os obrigacionistas na oposição da fusão e cisão, veja-se o referido *infra* ponto 21.

«melhor defesa dos obrigacionistas», como resulta claramente do já mencionado ponto 25 do Preâmbulo ao Código[379].

A posição por mim defendida colhe aqui um importante argumento, pois é aquela que confere ao obrigacionista o maior leque de opções possíveis para a defesa dos seus direitos. Coarctar-se-lhe a possibilidade de agir individualmente representa uma restrição incompreensível ao seu direito de acção, ao arrepio da lógica do instituto. Penso, ao invés, que o legislador quis permitir uma escolha entre os dois meios possíveis, sendo que a acção colectiva pode revelar-se extremamente útil para a tutela dos pequenos obrigacionistas, já que estes estariam, neste caso, dispensados de agir individualmente, evitando todos os custos daí decorrentes.

Além de que a tese que privilegia o interesse da entidade emitente, interpretando a lei no sentido de considerar existir necessariamente uma actuação conjunta quando exista um fundamento comum, depara-se com a seguinte dificuldade. Sabe-se que a actuação em juízo do representante comum tem de ser precedida de deliberação da assembleia de obrigacionistas, autorizando-o para esse efeito, e que a falta de tal autorização constitui um vício de representação judiciária[380]. Se fosse vedada a actuação individual do obrigacionista, poderia muito bem acontecer que uma eventual inacção do representante comum e do presidente da mesa da assembleia geral quanto à convocação da assembleia de obrigacionistas impedisse o obrigacionista de exercer o seu direito de acção, o que aconteceria se ele possuisse menos de cinco por cento das obrigações da emissão, já que apenas os titulares de tal quantia podem requerer a convocação judicial da assembleia de obrigacionistas[381]. Ele estaria, assim, impossibilitado de reclamar judicialmente os seus direitos. Quanto muito, o obrigacionista poderia requerer a destituição judicial do representante comum[382], bem como a sua responsabilização penal e a do presidente da mesa da assembleia geral[383]. Mas tais remédios não são suficientes para uma adequada tutela dos interesses do obrigacionista[384].

---

[379] Cf. nota 121.

[380] Cf. art. 25.º CPC.

[381] Cf. art. 355.º, n. 3. A convocação judicial respeitará os termos do art. 1486.º CPC.

[382] Cf. art. 358.º, n. 3.

[383] Cf. art. 515.º.

[384] Um dos argumentos invocados em Itália para a admissibilidade das acções individuais é precisamente a necessidade de evitar os prejuízos que podem advir para o obrigacionista decorrentes da passividade do representante comum ou da assembleia. A título de exemplo, consulte-se A. FORMIGGINI, *loc. cit.*, p. 117, nota 36.

Em suma, esta tese falha na tentativa de conciliação dos interesses em causa. A tutela da entidade emitente sobrepõe-se injustificadamente ao interesse individual dos obrigacionistas.

Posto isto, não hesito em subscrever o entendimento segundo o qual a iniciativa singular é possível. Sei, contudo, que em casos extremos a entidade emitente poderá ver-se confrontada com um elevado número de acções semelhantes. Mas nem mesmo este argumento convence, pois a sociedade poderá sempre minimizar os inconvenientes da multiplicação de processos, requerendo, com fundamento no art. 275.º CPC, a apensação das acções propostas separadamente[385-386].

O que já não é razoável é coarctar-se aos obrigacionistas o seu direito de requerer a providência adequada à tutela dos seus direitos. Qualquer protecção da emitente pressupõe necessariamente que os seus interesses devam ser sensivelmente mais fortes do que o interesse do obrigacionista no recurso à tutela jurisdicional. Ora, na balança da ponderação, julgo bem mais carecido de tutela o direito de acção do obrigacionista do que a conveniência da entidade emitente em intervir somente num processo[387-388].

---

[385] Note-se que esta apensação pode ser decretada *ex officio* no caso previsto no n.º 4 do art. 275.º CPC.

[386] É precisamente esta ideia que pode ler-se em SCHMITTHOFF/THOMPSON, *ob. cit.*, p. 427: «Onde diversos obrigacionistas proponham acções em separado, o tribunal tem o poder de apensá-las.»

[387] Refira-se que em traços gerais esta posição parece coincidir com a adoptada pelo Tribunal da Relação de Lisboa no acórdão de 27 de Junho de 1996 (in *CJ*, ano XXI, 1996, tomo III, pp. 132 e 133) que concluiu pela legitimidade do credor obrigacionista para, individualmente, intentar uma acção movida contra a entidade emitente, em virtude do incumprimento por parte desta das obrigações de restituição do capital e de pagamento dos juros, referindo particularmente que cada um poderá lançar mão dos meios de tutela indispensáveis ao restabelecimento dos seus direitos quando a entidade emitente não cumpra aquelas obrigações, *"ainda que outros obrigacionistas se achem igualmente afectados"* (itálico acrescentado).

[388] Pode, porém, dar-se o caso de os obrigacionistas terem prestado o seu consentimento, nas condições de subscrição, à situação de coligação necessária. É o próprio art. 28.º, n.º 1, CPC que admite a possibilidade desta autolimitação processual: «Se, porém, a lei ou o *negócio* exigir a intervenção dos vários interessados na relação controvertida, a falta de qualquer deles é motivo de ilegitimidade» (itálico acrescentado).

Uma cláusula do género foi considerada válida pelo *Tribunale di Roma* em sentença datada de 30 de Julho de 1956 (cf. *Temi rom.*, 1956, pp. 194-196). Já WOOD, *ob. cit.*, p. 225, dá notícia da relutância com que os tribunais ingleses têm recebido a *no-action clause*, precisando que se trata de «inibição do direito fundamental de pleitear para recuperar o próprio capital» (inhibition of the fundamental right to sue to recover one's money). O Autor

3. A questão que tem prendido a nossa atenção pressupõe a *inexistência de deliberação* da assembleia a autorizar o representante comum para agir judicialmente. Tendo essa hipótese como pano de fundo, facultei o juízo da liberdade plena do obrigacionista para pleitear individualmente. Haverá razões que justifiquem a mudança de opinião caso haja autorização?

Já tive oportunidade de mencionar as orientações em larga medida convergentes dos legisladores espanhol e transalpino — ambos são inequívocos quanto à impossibilidade de actuação individual incompatível com deliberação da assembleia. À falta de disposição legal expressa a coarctar a liberdade individual, deve ou não ajuizar-se do mesmo modo?

Atento o carácter vinculativo das deliberações para ausentes, abstencionistas e discordantes, parece não existirem dúvidas de que também no caso português a actuação colectiva preclude as iniciativas individuais[389].

20. Reclamação de créditos em acções executivas

0. Quando o cumprimento do empréstimo esteja especialmente assegurado com garantia real, podem os obrigacionistas deliberar sobre a reclamação de créditos em acções executivas, salvo o caso de urgência[390]. Eis, portanto, uma *originalidade lusa*, pois tanto quanto me foi possível apurar nenhuma outra legislação que nos é próxima foi ao ponto de incluir, expressamente, esta matéria no elenco de competências da assembleia.

1. Concluída a fase da penhora — em sentido não cronológico, dado que por via dos meios de oposição os seus efeitos podem vir a fazer-se sen-

---

justifica este asserto aludindo a alguns casos jurisprudenciais. Também aqui ao lado, em Espanha, TORRES ESCAMEZ, *ob. cit.*, pp. 157 e 158, inclina-se para a não admissibilidade deste tipo de cláusulas alegando que «as condições de emissão não podem alterar os princípios legais de tutela da esfera jurídica do obrigacionistas.»

[389] Cf. art. 355.º, n.º 8.

Claro que se acção individual tiver sido intentada em momento anterior ao da deliberação, a sua validade não deve ser posta em causa. Nesta hipótese, na acção proposta pelo representante comum deve ser arguida a *excepção de litispendência* relativamente ao objecto da primeira (cf. arts. 497.º, n.º 1; e 498.º CPC).

[390] Cf. art. 355.º, n.º 4, al. d).

tir em momento posterior[391] — e uma vez junta ao processo, quando for necessária, a certidão dos direitos, ónus ou encargos inscritos sobre os bens penhorados, há lugar à *fase da convocação dos credores e da verificação dos créditos*[392].

Esta fase visa, sobretudo, obstar a que a execução se faça sobre bens em relação aos quais exista uma posição preferencial de outros credores[393]. Daí que estes sejam chamados a reclamar os seus créditos, impedindo que a garantia de que gozem seja desrespeitada e eles não sejam pagos conforme a sua prioridade.

Diz o art. 865.º, n.º 1, CPC, que só «o credor que goze de garantia real sobre os bens penhorados pode reclamar, pelo produto destes, o pagamento dos respectivos créditos», acrescentando o n.º 2 que a «reclamação terá por base um título exequível». Donde serem dois os pressupostos essenciais da reclamação: a titularidade de um crédito que goze de garantia real sobre os bens penhorados — *pressuposto material* — representado por título executivo — *pressuposto formal* —[394].

Os credores reclamantes têm o direito de ser pagos pelo produto dos bens sobre que incida a sua garantia, na medida da graduação[395]. A falta de reclamação tem como efeito a perda do direito de garantia — não do crédito que subsistirá, embora como crédito simples —, na medida em que, nos termos do art. 824.º, n.º 2, CC, os bens vendidos em execução «são transmitidos livres dos direitos de garantia que os oneram», o que aliás se compreende atento o fim do concurso de credores: desonerar os bens a alienar.

2. Mesmo percorrido tão de leve, o percurso findo deixa bem patente o interesse dos obrigacionistas em reclamar os seus créditos quando tenham sido objecto de penhora os bens que constituem a sua garantia

---

[391] Cf. FIGUEIREDO DIAS, *Apontamentos de Processo Civil Executivo*, coligidos por SOUSA PINA e J. CASTILHO, com a colaboração de J. NORA, Serviços Sociais da Universidade de Coimbra, Serviço de Textos, Coimbra, 1972, p. 264.

[392] Cf. art. 864.º CPC.

[393] Outra função que é reconhecia pela doutrina é precisamente a de «assegurar a participação na escolha da forma pela qual hão-de ser vendidos os bens e de como deve dar-se satisfação aos direitos dos credores» (cf. FIGUEIREDO DIAS, *ibid.*, pp. 264 e 265. Assim, também, ANSELMO DE CASTRO, Artur, *A Acção Executiva Singular, Comum e Especial*, Coimbra Editora, Coimbra, 1970, p. 164).

[394] Cf. SALVADOR DA COSTA, *O Concurso de Credores*, Livraria Almedina, Coimbra, 1998, p. 243.

[395] Cf. arts. 865.º, n.º 1; e 873.º, n.º 2, CPP.

real. Podem fazê-lo individual[396] ou colectivamente, caso em que, após a competente deliberação — *et pour cause* — caberá ao representante comum ou, na sua falta, a um representante nomeado *ad hod* deduzir a reclamação.

Dar-se-á o caso de ser uma mera reserva de competência da assembleia isto de a al. d) do n.º 4 do art. 355.º reconhecer, expressamente, ao colégio a possibilidade de deliberar sobre a reclamação de créditos em acções executivas. Por esta via, o representante comum está impedido de, por *motu proprio*, agir em defesa dos interesses dos seus representados[397]. «Salvo o caso de urgência», diz a lei. Esta ressalva tem alguma razão de ser. O prazo para a reclamação de créditos é de quinze dias, a contar da citação do reclamante[398]. Ora quando a deliberação dos obrigacionistas seja tomada em assembleia geral precedida de convocação[399], nunca será

---

[396] A este respeito, veja-se as considerações tecidas a propósito do direito de reclamação de créditos em sede de processos especiais de recuperação de empresa e de falência — cf. ponto 24 (1).

[397] Isto na hipótese de a execução não ter sido instaurada pelos obrigacionistas e, por conseguinte, terem sido estes e o representante comum citados a fim de deduzirem a reclamação de créditos (cf. art. 864.º CPC). Pode, todavia, dar-se o caso de ser o próprio representante comum, em nome dos obrigacionistas, a propor a acção. Ora se nessa acção forem penhorados bens já penhorados em outra acção executiva, o juiz deve, nos termos do art. 871.º, n.º 1, CPC, sustar oficiosamente a execução sobre eles no processo em que a penhora seja mais antiga. Para obter pagamento pelo produto dos bens duplamente penhorados, terá o exequente de reclamar o seu crédito no processo onde foi feita a primeira apreensão, para aí ser graduado com a preferência da respectiva penhora (art. 871.º, n.º 2, CPC). Esta reclamação de crédito deve ser efectuada pelo representante comum independentemente de deliberação específica da assembleia, pois mercê da autorização para intentar a acção estará implicitamente autorizado a efectuar a reclamação dos créditos.

[398] Cf. art. 865.º, n.º 2, CPC.

[399] Como é sabido, o CSC estabelece um princípio de taxatividade relativamente às formas possíveis de deliberação (cf. art. 53.º, n.º 1). As formas previstas são quatro: deliberações tomadas em assembleia geral convocada; em assembleia universal; deliberações unânimes por escrito e deliberações maioritárias por voto escrito.

Pelo estipulado no art. 355.º, n.º 1 — «Os credores de uma mesma emissão de obrigações podem reunir-se em assembleia de obrigacionistas» — sou levado a concluir que o legislador terá escolhido como formas de deliberação dos obrigacionistas as que assentam no *método de assembleia*, isto é, a assembleia precedida de convocação e o colégio universal. Efectivamente, a alusão a *reunião em assembleia* abarca estas duas formas, pois são precisamente as únicas em que se exige a reunião dos membros.

Mau grado o exposto, inclino-me para admitir a possibilidade de tomarem também

tomada em tempo útil já que a convocatória deve ser publicada com a antecedência mínima de um mês ou vinte e um dias, consoante os casos[400]. Justifica-se, portanto, que não esteja vedado o caminho ao representante comum para actuar em defesa dos seus representados.

Em breves linhas, parece-me ser este o sentido da norma: a reclamação de créditos é assunto da competência exclusiva da assembleia. Simplesmente, em *caso de urgência* devido aos curtos prazos legais que inviabilizarão a realização da assembleia em tempo útil, e para não se gravar os obrigacionistas com o ónus de reclamarem individualmente os seus créditos, cessa a exclusividade e o representante comum pode intervir a fim de reclamar a totalidade do empréstimo.

O que já não se afigura tão nítido é a razão por que então se inclui esta matéria na reserva de competência do colégio. Pois tendo em conta

---

deliberações unânimes por escrito. É certo que estamos perante uma excepção ao método de assembleia, mas não deixa de ser verdade que tal forma de deliberação não é susceptível de prejudicar — em virtude da ausência de reunião e consequente discussão e esclarecimento das propostas — os interesses dos obrigacionistas, já que todos estão de acordo quanto ao sentido de voto. Será inclusivamente uma forma de alguma utilidade quando se trate de empréstimos de muito reduzida dispersão e em que os obrigacionistas, distando uns dos outros, prefiram não reunir-se em assembleia em consideração aos transtornos por ela originados àqueles cuja vida é uma constante lufa-lufa. Sustento, por isso, a interpretação extensiva do n.º 1 do art. 355.º, em termos de incluir no seu elenco as deliberações unânimes por escrito. (Também OSÓRIO DE CASTRO, *ob. cit.*, p. 155, nota 114, não vê qualquer dificuldade em congraçar o texto legal com a admissibilidade das deliberações unânimes por escrito.)

Já não tenho igual opinião no que diz respeito às *deliberações maioritárias por voto escrito*, pois nesta hipótese a ausência de reunião pode levar à tomada de deliberações em sentido diferente ao que se verificaria caso os membros pudessem ter discutido a proposta na presença uns dos outros. De facto, nas deliberações maioritárias por voto escrito não se exige unanimidade para aprovação das propostas, valendo ao invés o quórum deliberativo legalmente fixado para o assunto em apreço, tudo se passando, no que a este aspecto concerne, como se a deliberação tivesse sido tomada em assembleia (cf. art. 54.º, n.º 2). Não é, portanto, de todo em todo improvável que algum ou alguns dos membros alterassem o seu sentido de voto como consequência da discussão e esclarecimentos obtidos na fervura polemizante da assembleia. E tanto assim é que se proclama ser esta forma deliberativa uma excepção mais relevante ao método de assembleia. (Assim, PINTO FURTADO, *Deliberações dos Sócios*, cit., pp. 80-83; e PEDRO MAIA, *ob. cit.*, pp. 176 e 177.) Por esta razão não me parece defensável sustentar-se uma interpretação do art. 355.º, n.º 1, apta a abranger as deliberações maioritárias por voto escrito.

[400] Cf. art. 377.º, n.º 4, aplicável por remissão do art. 355.º, n.º 2.

que a expressão natural da vontade obrigacionista será por via de deliberação tomada em assembleia com convocação, dada a normal dispersão dos títulos por um vasto público anónimo, ao fim e ao cabo, será quase sempre «caso de urgência». A opção legislativa só se justifica com respeito a empréstimos de reduzida dispersão, em que a possibilidade de reunião em assembleia universal exista efectivamente[401]. Só por aí se verá a lógica do legislador.

---

[401] Ou a possibilidade de se tomarem deliberações unânimes por voto escrito.

SUBSECÇÃO II

PODERES DE INGERÊNCIA

SUMÁRIO: 21. Oposição à fusão; 22. Oposição à cisão.

21. Oposição à fusão

0. A fusão constitui uma forma de concentração societária que se caracteriza essencialmente pela aglutinação de duas ou mais sociedades comerciais numa única[402]. Pode realizar-se por um de dois modos: na *fusão por incorporação*, uma das sociedades participantes absorve as restantes; na *fusão por constituição de nova sociedade*, as diferentes sociedades participantes dão lugar a uma nova sociedade[403]. Trata-se, em

---

[402] Sobre a possibilidade de sociedades não comerciais se fundirem, consulte-se RAÚL VENTURA, *Fusão, Cisão, Transformação de Sociedades*, cit., pp. 31-36.

[403] Cf. art. 97.º, n.º 4. A terminologia adoptada no texto — *fusão por incorporação* e *fusão por constituição de nova sociedade* — abraça-a RAÚL VENTURA, *ibid.*, p. 16. Mas os mesmos fenómenos têm recebido nomenclaturas distintas, igualmente válidas. Assim PINTO FURTADO, *Curso de Direito das Sociedades*, 3.ª ed., Livraria Almedina, Coimbra, 2000, p. 525, que, mantendo a designação de *fusão-incorporação* para a primeira modalidade, prefere a designação de *fusão* (sem mais) ou *fusão-concentração* relativamente à ulterior modalidade. Por seu turno, PUPO CORREIA, Miguel J. A., *Direito Comercial*, 6.ª ed. revista e actualizada, Ediforum Edições Jurídicas, Lda., 1999, p. 571, fala de *fusão- -incorporação* e *fusão simples*.

Na literatura jurídica transalpina é comum encontrar-se as designações de *fusione per incorporazione* e *fusione in senso stretto* (cf. G. F. CAMPOBASSO, *Diritto commerciale*, 2, cit., p. 574; e DI SABATO, *ob. cit.*, p. 421), enquanto na doutrina germânica é corrente o uso das expressões *Verschmelzung durch Aufnahme* e *Verschmelzung durch Neugründung* (cf. KALLMEYER, Harald, «Das neue Umwandlungsgesetz. Verschmelzung, Spaltung und Formwechsel von Handelsgesellschaften» in *ZIP* 1994, p. 1747; e KÜBLER, *ob. cit.*, pp. 339 e 340).

qualquer das situações, de uma *redução à unidade*[404] dos substratos patrimonial e pessoal das sociedades participantes, porquanto o património da sociedade que resulta da fusão é constituído pela totalidade dos valores patrimoniais das participantes e os sócios destas passam a deter, uma vez concluído o processo de fusão, idênticas participações sociais[405].

Singular na fusão é a concomitância entre ruptura e continuidade, dado, por um lado, a «extinção» das sociedades incorporadas ou fundidas, e, por outro, a manutenção por parte dos sócios da sua participação social — embora esta corresponda à nova estrutura organizativa — e a transmissão de todos os direitos e obrigações das sociedade incorporadas ou fundidas para a sociedade final[406-407].

---

[404] G. F. CAMPOBASSO, *ibid.*, p. 575.
[405] Cf. RAÚL VENTURA, *ibid.*, p. 15; e KÜBLER, *ob. cit.*, p. 339.
[406] Cf. art. 112.º. Neste sentido, veja-se G. F. CAMPOBASSO, *ibid.*, pp. 575-577.

[407] O escopo deste trabalho não se coaduna facilmente com uma exaustiva análise da *natureza jurídica do acto de fusão*, embora igualmente não dispense uma aproximação breve ao problema. Contrapõe-se, sobretudo, duas concepções. Uma primeira, propugnada entre nós por RAÚL VENTURA, *ibid.*, pp. 160-162, qualifica o acto de fusão como um *contrato* entre as sociedades participantes. Assim, também COUTINHO DE ABREU, *Curso de Direito Comercial*, Vol. II, cit., p. 92, que vê na *fusão por constituição de nova sociedade* um «contrato de fusão celebrado pelas sociedades fundidas, representadas pelos respectivos órgãos de administração.» [Em Itália, esta posição é defendida, quanto a mais alguns, por SERRA, Antonio, «La trasformazione e la fusione delle società», in *Trattato di diritto privato* (Pietro Rescigno), Vol. 17, *Impresa e lavoro*, tomo 3.º, Utet, Torino, 1985, p. 375.]
A outra, a ela oposta, considera estar-se perante *modificações do acto constitutivo* de cada uma das sociedades que se fundem [cf. F. GALGANO, *Diritto civile e commerciale*, cit., pp. 524 e 525 (que concebe o acto de fusão como a mera execução das deliberações adoptadas); DI SABATO, *ob. cit.*, pp. 421 e 422; e G. F. CAMPOBASSO, *ibid.*, p. 576].

Igualmente debatida — e às vezes confundida com a problemática anterior — é a questão de saber *como se produzem os seus efeitos*. Uma tese defensável vê na fusão um fenómeno de *sucessão universal* que espoleta a «extinção» das sociedades incorporadas ou de todas as participantes, quando se trate de fusão por constituição de nova sociedade, e a consequente sucessão da sociedade final em todo o acervo patrimonial àquelas pertencente — é este o pensamento de G. FERRI, *Diritto commerciale*, cit., p. 504.

Uma corrente mais recente veio negar a «extinção» das sociedades participantes na fusão, afirmando a continuidade das mesmas embora unificadas. A fusão será, no entender deste sector da doutrina, congraçável com a persistência das sociedades anteriores, ocorrendo uma «integração recíproca dos contratos preexistentes» (F. GALGANO, *ibid.*, p. 526). Entre nós, esta posição teve acolhimento em PINTO FURTADO, *ibid.*, pp. 533-535, o qual nota que «a *extinção* das sociedades fundidas integra o que, na terminologia comunitária, se designa por *dissolução sem liquidação*, constituindo mais propriamente *uma*

1. Não custa, assim, compreender a possibilidade da operação de fusão causar prejuízo aos credores das sociedades participantes. A peculiar *unificação material* da fusão vem alterar a base patrimonial que

---

simples cessação de existência autónoma, que aproxima a *fusão* da *transformação*, afastando-a da *dissolução com liquidação*.» E a corroborar o seu juízo, acrescenta curiosamente explicando: «[...] as sociedades fundidas, efectivamente, não se *extinguem*; apenas se *dissolvem* nas *sociedades beneficiárias*, à imagem de um torrão de açúcar que se lance no café.» Um senão apenas. É que PINTO FURTADO, *ibid.*, p. 535, nota 479, afirma ter sido a mesma linha de pensamento calcorreada por G. FERRI, porquanto este ilustre Autor transalpino terá dito, além do mais, que a fusão realiza-se «através de um negócio corporativo, isto é, um negócio que opera sobre a organização social, *modificando-a*.» Tenho algumas reservas quanto à opinião de que G. FERRI tinha em mente partilhar tal posição, visto que no seu mais recente *Manuale di diritto commerciale* — 10.ª ed., 1996 [reimpressão 1999] — é dito que: «A participação [dos sócios] na sociedade incorporante ou que resulta da fusão, bem como a confusão de patrimónios das sociedades participantes, são consequência da compenetração num único organismo de organizações diversas. Actua, portanto, necessariamente uma sucessão a título universal da sociedade incorporante ou que resulta da fusão no património das sociedades que, em consequência da fusão, perdem a sua autonomia» (cf. p. 504). Ora, que G. FERRI propugna um efeito verdadeiramente extintivo e a sucessão a título universal, e não, ao contrário, se manifesta sequaz da tese que PINTO FURTADO lhe atribui, atesta-o claramente o trecho que acabo de citar. E a minha convicção avigora-se depois de ter visto o pensamento de G. FERRI expresso em FELSANI, Fabiana Massa, «Opposizione e mancato consenso dei creditori sociali nella fusione c.d. eterogenea», in *Riv. dir. comm.*, 1991, II, pp. 270 e 271 e nota 20. Diz a Autora: «A teoria da fusão enquanto sucessão universal entre pessoas jurídicas não impediu, de facto, a melhor doutrina de reconhecer que tal vicissitude não comporta a dissolução do vínculo social, não sendo, em todo o caso, dirigida em tal sentido a vontade dos sócios expressa na assembleia. Essa vontade "é dirigida unicamente à compenetração da organização social numa outra organização social, à continuidade do vínculo social num organismo jurídico diverso"». [O aspado final é uma transcrição da Autora do pensamento de G. FERRI, «La fusione delle società commerciali» in *Scritti in tema di vendita con esclusiva e di fusione delle società commerciali*, Torino, 1990 (o artigo citado data de 1936), p. 210]. Ou seja, para G. FERRI, embora a fusão implique a «extinção da sociedade como sujeito de direito», é possível conciliar-se a extinção da personalidade jurídica com a permanência do vínculo social.

Não quero com isto inculcar que tenha havido lapso de PINTO FURTADO. Na verdade, este Autor baseia o seu ponto de vista — é daí, pelo menos, a citação que transcrevo — reportando-se a uma obra da qual, infelizmente, não disponho de exemplar nem de cópia das páginas a que faz menção — *Le società* (Tratado de Vassalli), 1989, pp. 980 e 981. Ora, não tendo podido compulsar as mesmas fontes que PINTO FURTADO, fico com a sensação de nem sempre o pensamento de G. FERRI ter sido expresso com perfeita clareza. Julgo estar aqui a origem desta pequena divergência.

Em Itália, além de outros Autores, perfilam nesta corrente doutrinária DI SABATO,

constitui a garantia dos credores, os quais passam a dispor do património global como garantia geral dos seus créditos. E passando todos a concorrerem ao mesmo acervo patrimonial, invariavelmente se verificará o avantajamento de uns em detrimento de outros.

Por conseguinte, justifica-se que o legislador não tenha descurado a *protecção dos credores sociais*. Em primeiro lugar, e com o fito de assegurar um razoável grau de veracidade na informação que servirá de base à operação, criou para o órgão de administração das sociedades participantes o dever de submeter o projecto de fusão a exame por um revisor oficial de contas ou sociedade de revisores independente daquelas[408]. Tratou, igualmente, de assegurar o direito de acesso dos credores a essa informação. Assim, nos termos do art. 100.º, n.º 3, as sociedades devem dar notícia de ter sido efectuado o registo do projecto de fusão e do direito dos credores poderem consultar este projecto e a documentação anexa, em cada uma das sedes sociais. Por sua vez, o art. 101.º dispõe que os credores de qualquer das sociedades participantes têm o direito de consultar um conjunto de documentos atinentes à fusão e o direito de obter, gratuitamente, cópia integral dos mesmos[409]. Uma outra medida impor-

---

ibid., p. 422; e F. GALGANO, *ibid.*, pp. 524-528. (O Autor a que fiz menção em último lugar sustenta, no entanto, a admissibilidade da aplicação analógica dos princípios da *sucessão universal* à fusão, mormente para se apurar quais as relações transmissíveis para a sociedade final — cf. *ibid.*, p. 527.)

Outra é a posição G. F. CAMPOBASSO, *ibid.*, p. 577. Não obstante sustentar a natureza jurídica do acto de fusão como modificação estatutária, mostra-se renitente em aquiescer à continuidade das sociedades incorporadas ou participantes, tratando-se de fusão por constituição de nova sociedade. Deixou mesmo bem especificado que a fusão não é redutível a uma simples modificação do pacto social, nem a uma sucessão universal do património, porquanto tem uma feição deveras peculiar, cuja essência radica na «conciliação normativa entre continuidade e extinção»: «[...]a sociedade incorporante ou que resulta da fusão *assume* os direitos e obrigações das outras sociedades e estas consequentemente *extinguem-se*.» (Para maiores desenvolvimentos sobre o problema em Itália, pode consultar-se os trabalhos citados por VICARI, Andrea, «Effetti dell'iscrizione dell'atto di fusione nel registro delle imprese ai sensi dell'art. 2504-*quater* c.c.», in *Giur. comm*, 1995, II, p. 582, nota 134.)

Finalmente, saliento o trabalho de MARTENS, Klaus-Peter, «Kontinuität und Diskontinuität im Verschmelzungsrecht der Aktiengesellschaft», in *AG* 1986, pp. 57-67, enquanto perspectiva sobre a problemática da continuidade dos direitos e deveres inerente à fusão, no direito alemão.

[408] Cf. art. 99.º, n.º 2.

[409] A disciplina portuguesa sobre a fusão é grandemente discípula dos comandos da 3.ª Directiva do Conselho da União Europeia (78/855/CEE), de 9 de Outubro de 1978,

tante diz respeito ao especial regime de responsabilidade emergente da fusão. O legislador determinou a responsabilidade solidária dos membros dos órgãos de administração e fiscalização das sociedades participantes pelos danos causados pela fusão quando estes não tenham observado a diligência de um gestor criterioso e ordenado[410]. Paralelamente, consagrou um regime particular apto a permitir a efectivação dos direitos de indemnização no caso de «extinção» das sociedades participantes decorrente da fusão[411].

2. Para a protecção dos credores concorre sobretudo o *direito de oposição* à fusão, consagrado no art. 107.º, n.º 2. Nos termos desta norma, os credores das diversas sociedades que participem na fusão podem deduzir oposição judicial no prazo de trinta dias a contar da data da última publicação referida no n.º 1 do art. 107.º[412]. O único fundamento da oposição à fusão é o *prejuízo* que dela decorra para os credores, considerando-se sobretudo o efeito negativo resultante da diminuição patrimonial[413]. A oposição será feita judicialmente e segue os termos do processo especial previsto no art. 1488.º do CPC. Uma vez deduzida a oposição, a fusão suspende-se, não podendo ser inscrita, a título definitivo, no registo comercial até que se verifique qualquer dos factos enunciados no art. 108.º, n.º 1[414]. Na hipótese do tribunal julgar procedente o pedido,

---

publicada no JO L295, de 20 de Outubro de 1978. Curioso é o facto do art. 101.º consagrar os direitos de consulta e de obtenção de documentos relativos ao processo de fusão tanto a sócios como a credores, diversamente do estatuído no art. 11, n.ºs 1 e 3, da Directiva aludida, que os cinge aos sócios.

Em MORERA, Umberto, «I principi comunitari per le fusione di società: analisi e riflessioni nella prospettiva di adeguamento», in *Foro it.*, 1987, IV, pp. 250-261, pode encontrar-se uma boa visão panorâmica da disciplina comunitária sobre a fusão.

[410] Cf. art. 114.º.

[411] Cf. art. 115.º.

[412] Quanto à contagem deste prazo, particularmente nos casos em que tenha sido intentada acção de anulação de deliberação de fusão, veja-se RAÚL VENTURA, *Fusão, Cisão, Transformação de Sociedades*, cit., pp. 193 e 194.

[413] Sobre o prejuízo relevante para efeitos de oposição, veja-se RAÚL VENTURA, *ibid.*, pp. 195-198; VALERIO, Stefano, «Il diritto di opposizione alla fusione» in *Giur. comm.*, 1994, II, pp. 732 e 733; e SALAFIA, Vincenzo, «Competenza nella opposizione alla delibera di fusione», in *Società*, 1991, p. 1040.

[414] Note-se que o registo tem eficácia constitutiva (cf. art. 112.º). Veja-se, a propósito, DI MAURO, Nicola, «In tema di opposizione dei creditori alla delibera di fusione», in *Giust. civ.*, 1991, I, pp. 1447 e 1448.

determinará o reembolso do crédito do opoente ou a prestação de caução quando o crédito não seja exigível[415].

No que respeita ao *exercício* deste direito, a posição dos obrigacionistas distingue-se um tanto da dos restantes credores, pois ao passo que estes têm um direito individual de oposição, aos obrigacionistas determina a lei que adoptem uma posição colectiva. Na verdade, o art. 109.º, n.º 2, prescreve a realização de assembleias de obrigacionistas para apreciar os efeitos da fusão relativamente à realização dos seus créditos. Se a fusão for aprovada, nenhum obrigacionista poderá exercer o direito de oposição, já que a deliberação a todos vincula[416]. Na hipótese contrária, o direito será exercido através do representante comum, ou, na sua falta, por um representante especialmente eleito para o efeito[417].

O exercício colectivo do direito de oposição tem cabimento à luz do princípio de igualdade de tratamento. Dado o idêntico conteúdo dos valores obrigacionais, o prejuízo resultante da fusão afecta igualmente todos os seus titulares. Por outro lado, as medidas de tutela que sejam determinadas devem aplicar-se a todos. Ajunte-se a este um outro elemento justificativo de algum valor: o interesse da entidade emitente em não lidar individualmente como os obrigacionistas. Convirá, todavia, reter a significação ambivalente, e portanto equívoca, deste argumento. Não se duvida que em caso de não oposição o juízo colectivo satisfaz plenamente o interesse da sociedade emitente, pois resguarda-a das inves-

---

[415] Cf. art. 108.º, n.º 2.

[416] Cf. art. 355.º, n.º 8.
A deliberação que aprecie a fusão deve ser tomada por maioria absoluta dos obrigacionistas presentes e representados (cf. art. 109.º, n.º 2).

[417] Cf. art. 109.º, n.º 3. Como salienta RAÚL VENTURA, *ibid.*, pp. 206 e 207, o texto legal pode ser entendido em dois sentidos distintos. Num primeiro sentido, com a expressão «através de um representante por ela eleito» terá o legislador querido dizer que a assembleia que desaprova a fusão deverá indicar alguém para o exercício colectivo do direito de oposição. Alternativamente, pode pensar-se que o legislador teve em vista o representante comum, dado este ser, por regra, eleito pelos obrigacionistas. Parece de facto preferível esta segunda interpretação: existindo representante comum será a ele que compete o exercício do direito de oposição, uma vez que nos termos do art. 359.º, n.º 1, ele «deve praticar, em nome de todos os obrigacionistas, os actos de gestão destinados à defesa dos interesses comuns destes, competindo-lhe nomeadamente: [...]; b) Representar em juízo o conjunto dos obrigacionistas, nomeadamente em acções movidas contra a sociedade [...].» Todavia, não tendo sido nomeado o representante comum, a assembleia pode designar um representante *ad hoc* para executar a deliberação. (Neste sentido, RAÚL VENTURA, *ibid.*, p. 207.)

tidas dos obrigacionistas minoritários discordantes do sentido da deliberação. Porém, se isto é assim, não é menos verdade que na hipótese contrária — a de oposição — dificilmente tal interesse é apto a justificar a posição colectiva dos obrigacionistas. De facto, melhor se encontraria aquela se estivesse dispensada de cumprir as medidas tutelares legalmente previstas — reembolso do crédito ou prestação de caução — em relação aos obrigacionistas que tenham votado contrariamente à deliberação de oposição, reconhecendo a inexistência de prejuízo[418]. Como se vê, só em certa medida o exercício colectivo do direito de oposição é justificável à luz do interesse da entidade emitente.

Daqui se depreende que no caso em apreço existe um *dever legal* de realização das assembleias de obrigacionistas[419]. A convocação deverá ser efectuada pelo representante comum ou, na sua falta ou em caso de recusa, pelo presidente da mesa da assembleia geral. Um último recurso será a convocação judicial[420]. Deverá outrossim ser efectuada atempadamente, por forma a permitir que o exercício do direito de oposição seja realizado dentro do curto prazo legal. A não realização das assembleias de obrigacionistas constitui, pois, um impedimento ao prosseguimento do processo de fusão, na medida em que obstaculiza o exercício do direito de oposição por parte dos obrigacionistas, em clara violação da lei que estabelece como uma das fases obrigatórias de tal processo o direito de oposição dos credores[421].

O direito de oposição é uma forma de tutela legal que não impede a existência de outras cautelas convencionadas entre os credores e a

---

[418] Neste particular, não espanta a posição de ANGEL ROJO, «La fusión de sociedades anónimas», in *La reforma de la ley de sociedades anónimas*, sob a direcção de ANGEL ROJO, Editorial Civitas, S.A., Madrid, 1987, p. 381, admitindo a possibilidade de a entidade emitente celebrar acordos individuais com os obrigacionistas que não tenham votado favoravelmente a proposta de oposição, tendo em vista a renúncia à tutela legal. Neste caso «será suficiente que garanta ou amortize os títulos dos restantes.»

No mesmo sentido, consulte-se ESCRIBANO GÁMIR, Rosario C., *La Protección de los Acreedores Sociales frente a la Reducción del Capital Social y a las Modificaciones Estructurales de las Sociedades Anónimas*, Editorial Aranzadi, S.A., Pamplona, 1998, p. 372.

[419] Cf. art. 109.º, n.º 2.

[420] Cf. art. 355.º, n.os 2 e 3.

[421] Hipótese distinta é a de inexecução da deliberação que desaprova a fusão. Trata-se de um problema de responsabilidade do representante incumbido de deduzir a oposição e não da inobservância de um acto do processo de fusão (cf. RAÚL VENTURA, *ibid.*, p. 207).

sociedade devedora[422]. É, aliás, comum a previsão no contrato de emissão de cláusulas que condicionam a hipótese de fusão na pendência do empréstimo obrigacionista[423]. Mas do mesmo modo que os credores podem moldar a sua forma de tutela, convencionando meios de defesa acrescidos, podem consentir previamente, por via contratual ou por deliberação da assembleia, a operação de fusão. Trata-se de uma solução em perfeita consonância com o regime legal do direito à oposição, que prevê a possibilidade de consentimento à fusão depois de deduzida a pretensão[424] e reconhece uma faculdade mas não um dever de oposição[425].

No caso particular das *obrigações convertíveis* ou com *direito de subscrição de acções*, a tutela convencional afasta *ipso jure* o direito de oposição legal, tal como resulta do comando do art. 109.º, n.º 4[426-427].

---

[422] Uma hipótese, mas não a única, é a aludida no art. 108.º, n.º 3, o qual menciona a admissibilidade de cláusulas contratuais que atribuam ao credor o direito à imediata satisfação do seu crédito na hipótese de fusão.

[423] Cf. CLIFFORD W. SMITH, Jr./JEROLD B. WARNER, *loc. cit*, pp. 128 e 129.

[424] Cf. art. 108.º, n.º 1, al. d).

[425] Cf. RAÚL VENTURA, *ibid*., pp. 183 e 199. Por seu turno, PETTARIN, Guido Germano, *Acquisizione, fusione e scissione di società*, Dott. A. Giuffrè Editore, Milano, 1992, p. 142, sugere, inclusive, que se submeta a hipótese de fusão a aprovação prévia dos obrigacionistas, por forma a evitar-se reveses inesperadas no processo susceptíveis de obstaculizar a concretização da operação, como seria o caso da oposição em massa dos obrigacionistas.

[426] Claro está que o afastamento do direito de oposição só se verifica quando as alternativas formas de tutela sejam de índole *convencional* e não legal, «pois se assim não fosse deixaria de fazer sentido a parte final do preceito [109.º, n.º 4]; a lei não poderia referir-se ao caso de a própria lei não ter atribuído algum direito específico.» (RAÚL VENTURA, *ibid*., p. 208).

[427] Quanto ao direito a tratamento equivalente ao dos accionistas previsto no art. 368.º, n.º 3, e que de seguida irei aludir no texto, não creio ter sido visado pelo legislador no preceito em análise. Assim, por exemplo, se nas condições de emissão de obrigações convertíveis ou com *warrants* tiver sido convencionada a antecipação do período para exercício dos direitos de conversão ou dos *warrants* em caso de fusão, com o intuito de se possibilitar aos obrigacionistas participarem nessa operação na qualidade de sócios, não se deve entender que tal tutela afaste o direito a tratamento igualitário aos obrigacionistas que optem por manter as obrigações. Estes continuarão a ser protegidos nos termos do art. 368.º, n.º 3. A mesma solução é, se bem interpreto, apresentada por ENGRÁCIA ANTUNES, *loc. cit*., p. 64: «Porém, estes mecanismos de defesa contratuais e legais devem ser completados pela aplicação do princípio de igualdade de tratamento entre accionistas e obrigacionistas (Art. 368.º, No. 3).» Em sentido contrário, manifesta-se FÁTIMA GOMES, *ob. cit*., p. 190, que afirma: «Neste caso [obrigações convertíveis] será o regime contratualmente

Além do direito de oposição, os titulares de obrigações convertíveis ou com *warrants* beneficiam de uma tutela acrescida em caso de fusão, dado que tal operação pode pôr em causa o valor do direito de conversão ou de subscrição. Mercê da razão apontada, a entidade emitente que se pretenda fundir com outra sociedade terá de lhes assegurar direitos iguais aos dos accionistas, precavendo-os contra o risco de diluição do direito de se tornarem sócios[428-429].

Que estas duas formas de tutela — o direito de oposição e o direito a tratamento equivalente ao dos sócios — têm em mira bens jurídicos distintos é algo que anda suficientemente esclarecido desde que Raúl Ventura, com simples explicação, esclarece que no primeiro caso pretende acautelar-se o direito ao reembolso e aos juros e no segundo o direito de conversão ou subscrição de acções, pensamento de resto corroborado por Engrácia Antunes e Osório de Castro[430].

22. Oposição à cisão

0. Em qualquer das suas modalidades, a cisão apresenta como peculiaridade a separação do património societário através da sua atribuição a outras sociedades[431]. Igualmente particular na cisão é a aquisição por

---

estabelecido o aplicável à protecção dos titulares das obrigações convertíveis, não havendo lugar à aplicação do processo de oposição à fusão nem à protecção decorrente do princípio de tratamento igualitário em relação aos accionistas, consagrado no n.º 3 do art. 368.º.»

[428] Cf. art. 368.º, n.º 3.

[429] Sobre o modo como se determina o tratamento equivalente entre accionistas e titulares de obrigações convertíveis, consulte-se OSÓRIO DE CASTRO, *ob. cit.*, pp. 187-192; e FÁTIMA GOMES, *ob. cit.*, pp. 192-194. Quanto aos particulares efeitos da oposição no caso das obrigações convertíveis, veja-se FÁTIMA GOMES, *ibid.*, p. 192.

Sobre este tema, uma fonte de informação em Itália é MARCHETTI, Piergaetano, «Appunti sulla nuova disciplina delle fusioni», in *Riv. not.*, 1991, I, pp. 25 e 26. Por sua vez, em Espanha, pode consultar-se MENÉNDEZ, Aurelio, «Escisión de sociedad anónima y obligaciones convertibles», in *RDM*, 1984, pp. 265-268; e RODRÍGUEZ ARTIGAS, Fernando, «Escisión», in *Comentario al regimen legal de las sociedades mercantiles*, dirigido por Rodrigo Uría, Aurelio Menéndez e Manuel Olivencia, Tomo IX, Vol. III, Editorial Civitas, S.A., Madrid, 1993, pp. 181-183.

[430] Cf. RAÚL VENTURA, *ibid.*, p. 208; ENGRÁCIA ANTUNES, *loc. cit.*, p. 64; e OSÓRIO DE CASTRO, *ob. cit.*, p. 190-192, nota 177.

[431] H. KALLMEYER, *loc. cit.*, p. 1748. De resto, o Autor salienta a divisão patrimonial como nota distintiva entre fusão e cisão: «A fusão é a união de patrimónios, a cisão é a separação de patrimónios.»

parte dos sócios da sociedade cindida de participações sociais da sociedade beneficiária.

Na cisão *total*, a sociedade cindida «extingue-se» e todo o património é destacado para várias sociedades, as quais asseguram, ainda que separadamente, a continuidade dos direitos e obrigações da primeira. Se a cisão for *parcial*, a sociedade cindida não se «extingue» e continua a sua actividade paralelamente às sociedades beneficiárias, embora com um património reduzido[432-433].

A separação patrimonial pode dar-se por transferência para sociedades preexistentes que desta forma engrossam o seu património e cuja base social é outrossim incrementada por via do ingresso dos sócios da sociedade cindida. Pode dar-se, todavia, o caso de a cisão originar o aparecimento de novas sociedades, constituídas quer unicamente com o património destacado, quer com a adição de parcelas patrimoniais igualmente destacadas por outras sociedades para o mesmo efeito. Naquela situação, os sócios da sociedade cindida serão, inicialmente, os únicos da nova sociedade. Ao invés, nesta outra, o substrato pessoal é composto pelo conjunto de sócios das sociedades cindidas[434].

---

[432] Num caso e noutro, como acentua H. KALLMEYER, *loc. cit.*, p. 1748, o resultado é o mesmo: o património societário fracciona-se em duas ou mais parcelas. Porém, acrescenta o Autor, a cisão parcial afigura-se mais racional porquanto torna desnecessária uma transferência de bens e a «extinção» da sociedade cindida.

[433] Por isso não posso concordar inteiramente com PINTO FURTADO, *Curso de Direito das Sociedades*, cit., p. 539, o qual define *cisão* do seguinte modo: «*operação através da qual uma sociedade se dissolve sem liquidação transferindo o conjunto do activo e passivo do seu património para duas ou mais sociedades já existentes ou de novo constituídas, atribuindo aos seus sócios, de acordo com uma regra de proporcionalidade, títulos representativos do capital social das sociedades beneficiárias.*» Na verdade, contrariamente ao prescrito na 6.ª Directiva do Conselho da União Europeia (82/901/CEE), de 17 de Dezembro de 1982, publicada no JO L378, de 31 de Dezembro de 1982, o CSC admite a possibilidade de cisão parcial, pelo que a «dissolução» da sociedade cindida não constitui elemento indispensável ao conceito de cisão.

A disciplina comunitária sobre a cisão pode ser captada através da lente sinóptica de CAPPUCCILLI, Vittorio, «La direttiva CEE in materia di scissione di società per azioni», in *Foro it.*, 1987, IV, pp. 262-274.

[434] O enlace entre a *cisão total* ou *parcial* e os diferentes *estados* que as sociedades podem ter — sociedades preexistentes ou novas — redunda numa abundância de modalidades de cisão à qual corresponde idêntica profusão terminológica. A bem da clareza da exposição, importa sumamente aludir a tais modalidades e respectiva denominação. Uma primeira situação será a da *cisão parcial* que dá origem a uma nova sociedade, aliás prevista na al. a) do n.º 1 do art. 118.º, e que designarei por *cisão simples*. Para a hipótese

Não há, pois, necessariamente na cisão uma multiplicação das estruturas societárias como às vezes se pretende inculcar[435]. Tal acontece na *cisão simples*, *cisão-dissolução* e na *cisão parcial-fusão* quando dê origem a uma nova sociedade. Mas pode também dar-se o caso de se manter o mesmo número de sociedades que se verificava anteriormente, como sucede na *cisão parcial-fusão* a favor de sociedade preexistente, ou mesmo a sua redução, tal é a hipótese da *cisão total-fusão* na qual as beneficiárias são sociedades preexistentes[436].

---

de *cisão total* com constituição de novas sociedades (art. 118.º, n.º 1, al. b)) utilizarei o termo de *cisão-dissolução*, muito embora este seja afinal um modo inadequado de expressão, porquanto não estamos perante uma verdadeira e própria dissolução, mas sim «extinção» de sociedade (cf. RAÚL VENTURA, *Fusão, Cisão, Transformação de Sociedades*, cit., p. 337, 363 e 364). A razão pela qual acedo em adoptar a imprópria denominação prende-se sobretudo com o facto de se encontrar já radicada na doutrina e de ter sido legalmente adoptada (art. 126.º). No que concerne às hipóteses aludidas na al. c) do n.º 1 do art. 118.º, as quais comungam da circunstância de a parte destacada *fundir-se* com outras sociedades preexistentes ou com parcelas patrimoniais destas que tenham sido separadas com o mesmo fim, fala-se normalmente de *cisão-fusão*. Será uma *cisão parcial-fusão* quando não ocorra a «extinção» das sociedades cindidas e uma *cisão total-fusão* sempre que tal se verifique.

Daqui se depreende que adopto a nomenclatura de RAÚL VENTURA, *ibid.*, p. 337. De resto as designações de *cisão simples*, *cisão-dissolução* e *cisão-fusão* encontram-se consagradas na lei — arts. 123.º; 124.º; 126.º; 127.º; 128.º e 129.º —, sendo igualmente seguidas por PINTO FURTADO, *ibid.*, pp. 535 e 536.

[435] Por exemplo, F. GALGANO, *Diritto civile e commerciale*, cit., p. 529.

[436] Algumas páginas atrás pronunciei-me acerca da natureza jurídica do acto de fusão e dos seus efeitos. Impõe-se que agora proceda do mesmo modo por estrita razão de coerência e linearidade de conduta.

Admite RAÚL VENTURA, *ibid.*, pp. 369 e 370, que a *cisão-fusão* tenha natureza contratual, diferentemente da *cisão simples* e *cisão-dissolução* que qualifica como actos unilaterais. (No mesmo sentido, opina COUTINHO DE ABREU, *Curso de Direito Comercial*, Vol. II, cit., p. 92.) GIORGIO OPPO, «Fusione e scissione delle società secondo il D. Leg. 1991 N. 22: Profili generali», in *Riv. dir. civ.*, 1991, II, pp. 509 e 510, partilha de opinião semelhante. Contudo, e nisto diverge de RAÚL VENTURA, admite igualmente a hipótese de na *cisão simples* e *cisão-dissolução* verificar-se uma «espécie de contrato consigo mesmo», em que os administradores representariam simultaneamente a sociedade cindida e os sócios que deliberaram a cisão na qualidade de sócios futuros da nova sociedade.

Dois outros Autores transalpinos, DI SABATO, *ob. cit.*, p. 440 e F. GALGANO, *ibid.*, pp. 529 e 530, mantêm a posição já expressa relativamente ao acto de fusão, ou seja, tratar-se-á, em qualquer dos casos, de uma modificação do contrato de sociedade. Ouça-se F. GALGANO: «A cisão, como a fusão, é um facto que influi sobre a relação contratual criada pelo originário contrato de sociedade. Não extingue o contrato originário para dar vida

1. Ao passo que na *cisão-total* as dívidas da sociedade cindida, quando as haja, destacam-se necessariamente, na *cisão-parcial* tal só se pode verificar na hipótese de os bens destacados constituírem uma unidade económica e as dívidas em causa estarem directamente relacionadas com a sua constituição ou funcionamento[437-438]. Em ambas situações a mudança de sujeito passivo não carece do consentimento dos credores. Trata-se de um desvio às regras gerais de transmissão de dívidas[439] justificável pelo móbil de facilitar a operação em causa.

A *responsabilidade solidária* das sociedades participantes foi a alternativa encontrada para proporcionar aos titulares dos créditos transmitidos tutela adequada. Congraçar a subsistência da garantia que o património da sociedade cindida proporcionava com a divisão patrimonial inerente à cisão é, em suma, aquilo que se pretende lograr[440].

---

a novos contratos de sociedade, mas modifica o primeiro, actuando uma ramificação da relação contratual originária e unitária em várias relações contratuais.»

Por seu turno, G. F. CAMPOBASSO, *Diritto commerciale*, 2, cit., p 589, realça uma vez mais a originalidade do instituto, que não se resume a uma simples modificação do contrato de sociedade, nem a um fenómeno sucessório.

Como anteriormente se notou, distinta da *natureza jurídica* do acto de fusão ou cisão é a questão de saber o modo *como se produzem os seus efeitos*. Ora, quanto à cisão, RAÚL VENTURA, *ibid.*, pp. 367 e 368, defende estar-se perante um fenómeno de tipo *sucessão universal* na *cisão total*, enquanto na *cisão parcial* verifica-se uma *transmissão a título singular*. Tal destrinça não é levada a cabo por G. OPPO, *loc. cit.*, pp. 506 e 507, que vê na cisão uma *sucessão universal* «no inteiro património ou em quotas do inteiro património.»

Quanto aos Autores transalpinos que perspectivam o acto de cisão como uma *modificação do contrato de sociedade*, e dos quais já ouvimos falar com algum pormenor a propósito da fusão, nada haverá a acrescentar ao que aí foi dito, pelo que não os vou aqui referir escusadamente, alongando-me em redundâncias. Limitar-me-ei, então, a remeter para a nota atinente (cf. nota 407) e para as indicações bibliográficas (DI SABATO, *ob. cit.*, p. 440; F. GALGANO, *ibid.*, pp. 529 e 530; e G. F. CAMPOBASSO, *ibid.*, p. 589).

[437] Cf. art. 124.º, n.º 1, al. b), e n.º 2.

[438] Sobre a questão de saber se por via da cisão se pode operar o fraccionamento do empréstimo obrigacionista, veja-se: contra, GIOVANNI CABRAS, «La scissione delle società», in *Foro it.*, 1992, V, p. 280; a favor, LUCA PISANI, *loc. cit.*, pp. 376, 377 e 394; e G. DOMENICHINI, *Le obbligazioni convertibili in azioni*, Dott. A. Giuffrè Editore, Milano, 1993, p. 224.

[439] Cf. art. 595.º CC.

[440] URÍA, Rodrigo/MENÉNDEZ, Aurelio/IGLESIAS PRADA, Juan Luis, «Fusión y escisión de sociedades», in AA. VV. *Curso de Derecho Mercantil*, I, Civitas Ediciones, S.L., Madrid, 1999, p. 1275.

O regime de responsabilidade solidária encontra-se previsto no art. 122.º e pode ser perspectivado a dois níveis. Da *cisão-parcial* ocupa-se o n.º 1 do mencionado preceito que determina a responsabilidade solidária da sociedade cindida «pelas dívidas que, por força da cisão, tenham sido atribuídas à sociedade incorporante ou à nova sociedade». Os titulares de créditos transmitidos por via da cisão têm assim possibilidade de satisfazer os seus créditos à custa dos patrimónios do novo e antigo devedor[441]. A *cisão-total* é visada no n.º 2 que estatuí a responsabilidade solidária das sociedades beneficiárias pelas dívidas da sociedade cindida, anteriores à inscrição da cisão no registo comercial. Não se trata, porém, de uma solidariedade normal, pois cada sociedade só é responsável até ao valor dos bens que lhe foram atribuídos em virtude da cisão. Assim, o credor da sociedade cindida pode pedir a satisfação do seu crédito à sociedade para a qual ele foi transferido, bem como a todas as restantes sociedades beneficiárias da cisão[442].

A regulamentação prevista no art. 122.º vem assegurar de certo modo a estabilidade da garantia geral dos credores, evitando que estes sejam prejudicados com o fraccionamento do património do devedor. Em qualquer dos casos — *cisão-parcial* e *cisão-total* — procurou-se compensar a dispensa do consentimento do credor para a transmissão dos créditos com a manutenção da garantia patrimonial, tal qual ainda há pouco o afirmei. Talvez, por isso, não provoque estranheza ter o legislador previsto, como *tutela completar*[443] à responsabilidade solidária, o *direito de oposição dos credores*. Desde logo, porque a tutela conferida pelo mecanismo da responsabilidade solidária tem como únicos destinatários os credores das

---

[441] Aos credores não está vedada a possibilidade de exonerar a sociedade cindida de tal responsabilidade (cf. art. 595.º CC). Naturalmente que, tratando-se de credores obrigacionistas, a decisão pode ser tomada em assembleia. Importa, porém, trazer a lume o anteriormente explicitado relativamente à concordância das deliberações com o interesse comum: «toda e qualquer deliberação deve ser de acordo com o interesse comum», entendido este como a «relação entre a necessidade típica do obrigacionista na obtenção do retorno contratualmente previsto e o meio considerado adequado a satisfazê-la» (cf. *supra* ponto 16 (2). Rememorado este ponto, a viabilidade de uma deliberação exoneratória complica-se, pois dificilmente se vislumbra a sua utilidade para a realização do interesse comum. Quiçá essa concordância seja possível existindo contrapartidas.

[442] A parte final do preceito em análise permite que se convencione a substituição do regime de solidariedade pelo de *conjunção*.

[443] CORTÉS DOMÍNGUEZ, Luis Javier, «La escisión de sociedades anónimas», in *La reforma de la ley de sociedades anónimas,* sob a direcção de ANGEL ROJO, Editorial Civitas, S.A., Madrid, 1987, p. 402.

sociedades beneficiárias. Ora, podendo a cisão ser meramente parcial, haverá que acautelar a posição dos *credores da sociedade cindida* os quais poderão ser prejudicados com a alteração da base patrimonial que serve de garantia. Particularmente sintomático é o facto de na cisão ao destaque de elementos do activo não corresponder uma entrada equivalente de bens, pois a contrapartida por tal perda consiste na atribuição de participações sociais aos sócios da sociedade cindida.

Mas a tutela despendida por tal mecanismo justifica-se de igual modo à luz dos interesses dos titulares dos créditos transmitidos, sempre que em causa esteja a hipótese de *cisão-fusão*, total ou parcial, pois também aqui se verifica uma junção de patrimónios susceptível de redundar na diminuição da garantia geral.

De notar somente que o fundamento para deduzir o pedido de oposição à cisão é o «prejuízo que dela derive para a realização» dos direitos dos credores, no sentido já anteriormente apontado de diminuição da garantia patrimonial[444]. A intenção do legislador em facilitar a realização das operações em causa é arduamente coadunável com uma interpretação ampla do conceito *prejuízo* por forma a abranger as situações de *prejuízo processual*[445] decorrente do desdobramento dos sujeitos passivos[446].

---

[444] Cf. art. 107.º, n.º 2, e *supra* ponto 21 e nota 413.

[445] A elucidativa expressão é de G. OPPO, *loc. cit.*, p. 507.

Note-se, todavia, que na opinião de alguns Autores italianos a «multiplicação dos sujeitos contra os quais os credores devem agir para satisfazer os respectivos créditos» constitui fundamento de oposição à cisão (cf. LUCA PISANI, *loc. cit.*, pp. 380-381).

Mais arrojada é a posição infrene de G. CABRAS, *loc. cit.*, p. 278, que alvitra um conceito tão amplo de *prejuízo* capaz de afectar os próprios credores da sociedade beneficiária preexistente na hipótese de *cisão-fusão* em que unicamente tenha havido destaque de elementos activos. Atente-se na curiosa explicação do Autor: «De facto, no caso de cisão com "transferência" de elementos patrimoniais activos, os credores da sociedade beneficiária sofrem um novo risco, sendo a sociedade de que são credores responsável — ainda que no limite de quanto recebeu — pelos débitos assumidos pela outra sociedade. Nesta hipótese pode resultar maior risco de insolvência, já que os bens destacados, uma vez inseridos no património social e destinados ao desenvolvimento da actividade, nem sempre podem ser utilizados para o cumprimento dos débitos da outra sociedade.»

Eu, que terço armas por uma acepção restritiva do conceito de *prejuízo*, confesso que me chocou a primeira leitura deste parágrafo. Seja como for, para quem se manifeste seguidor da concepção restrita, nunca os credores da sociedade beneficiária preexistente na hipótese de *cisão-fusão* serão bem sucedidos na sua pretensão de oposição. Nem mesmo quando tenha havido atribuição de dívidas, pois como é do conhecimento geral o saldo entre elementos activos e passivos transferidos por virtude da cisão deve ser positivo (cf. LUCA PISANI, *ibid.*, p. 369 e nota 1, bem como a bibliografia aí citada). Para uma

2. Assim como foi mencionado para a hipótese de fusão, também o valor económico do direito de conversão ou subscrição pode vir a ser afectado com a operação de cisão, dada a alteração da base patrimonial que fundamentou os cálculos da relação de conversão ou de exercício do *warrant*. Sendo a cisão-total, o obrigacionista estaria mesmo impossibilitado de exercer o seu direito junto da sociedade emitente, uma vez que esta se «extingue». Daí que os titulares de tais direitos beneficiem de uma tutela simétrica: nos termos do art. 368.º, n.º 3, deverão ser contemplados com «direitos iguais aos dos accionistas.»

---

crítica, curta, porém eloquente, à posição de G. CABRAS, leia-se BALDI, Attilio, «L'opposizione alla deliberazione di fusione», in *Società*, 1986, p. 957.

[446] Sobre o conflito de interesses entre credores e sociedades participantes, consulte-se KLEINDIEK, Detlef, «Vertragsfreiheit und Gläubigerschutz im künftigen Spaltungsrecht nach dem Referentenentwurf UmwG», in *ZGR* 1992, pp. 525-529.

SUBSECÇÃO III

PODERES CONTRATUAIS

SUMÁRIO: 23. Modificação das condições dos créditos dos obrigacionistas; 24. Providências de recuperação de empresas e acordo extraordinário.

23. Modificação das condições dos créditos dos obrigacionistas

«Si nous ne donnons pas à l'assemblée des obligataires les pouvoirs les plus larges, j'estime quant à moi, que non seulement nous n'aurons pas fait oeuvre utile, mais que nous pourrons, peut-être, avoir fait oeuvre nuisible.»

Barbary, in Hureau, *ob. cit.*, p. 310.

«Et M. Bastian, partisan de la limitation des pouvoirs des assemblées d'obligataires, n'a pas manqué de démasquer la manoeuvre de certaines sociétés demandant à leurs obligataires de renoncer à une partie de leurs droits, afin d'éviter une faillite imminente, et qui, une fois revenues à meilleure fortune, se désintéressent de ceux qui ont supporté tout le poids du sacrifice et distribuent à leurs actionnaires de substantiels dividendes.»

Hureau, *ibid*, p. 313.

0. Na sua conceituada *Metodologia Jurídica,* Castanheira Neves, com o intuito de ressaltar a *essencial ambiguidade* das prescrições legais, invoca o exemplo, deveras elucidativo, da jurisprudência superior alemã entender o sentido normativo da palavra «cão», nas proibições de acesso de animais prescritas por um regulamento administrativo de um caminho de ferro, por forma a abranger igualmente um urso de que alguém se fizesse acompanhar[447].

---

[447] Cf. CASTANHEIRA NEVES, A., *Metodologia Jurídica. Problemas Fundamentais*, Coimbra Editora, Coimbra, 1993, p. 132.

Ora quanto à *modificação das condições dos créditos* dos obrigacionistas não optou o legislador português por dificultar a tarefa do intérprete, amarrando-o a normas de significado aparentemente unívoco cuja adequação aos casos concretos pode implicar o recurso a notáveis malabarismos de retórica, antes preferiu a utilização de uma expressão deliberadamente polissémica, facilitando a «actividade de contínua recompreensão e reelaboração»[448] da sua normatividade. Não corroboro, portanto, a opinião de Merino Gutiérrez que assim se expressa: «Matéria tão transcendente como esta deveria ter recebido maior atenção por parte do legislador»[449-450].

1. Esta acentuada indeterminação permite compreender um fenómeno em certa medida paradoxal: o de no seio da doutrina o tema ter vindo a ser objecto de considerável debate, o que não constitui motivo de assombro, faltando, todavia, um entendimento dominante, uma tendência conclusiva, o que já suscita alguma perplexidade. Extremam-se as posições entre a impossibilidade absoluta de a assembleia deliberar qualquer redução do valor dos créditos e, noutra ponta, a admissibilidade da supressão dos direitos dos obrigacionistas.

Entre os Autores que se posicionam no primeiro extremo, merece inquestionável destaque Alonso Espinosa, não apenas pela profundidade com que lidou a questão, mas particularmente pela sua visão altamente radical. De facto, dos sete princípios por si definidos a que deve obedecer toda e qualquer deliberação da assembleia sobre modificação dos créditos — 1.º princípio da interpretação restritiva; 2.º princípio da incompetência da assembleia para renunciar a direitos dos obrigacionistas; 3.º princípio da provisoriedade das modificações; 4.º princípio da concordância com o interesse comum; 5.º princípio da incompetência da assembleia sobre créditos vencidos; 6.º princípio da onerosidade das

---

[448] Id., *ibid.*, p. 135.

[449] Cf. MERINO GUTIÉRREZ, Arturo, *La hipoteca en garantía de una emisión de valores,* Madrid, 1994, p. 204.

Também ALONSO ESPINOSA, *ob. cit.*, pp. 229 e 230, discorda veementemente da opção legislativa.

[450] Como bem nota OLIVEIRA ASCENSÃO, *O Direito*, cit., p. 241, a tendência para a individualização das soluções a dar aos casos concretos, mormente através da utilização de fórmulas legais de conteúdo indefinido, nem sempre é aconselhável, porquanto, significando uma redução da certeza jurídica, redundará por vezes em maior injustiça. Creio, porém, que no caso em apreço é de louvar a opção legislativa.

modificações acordadas; e 7.º princípio da influência do prazo de amortização nas modificações a efectuar[451] —, dos sete princípios por si definidos, dizia, extrai-se que à assembleia está vedado reduzir o valor dos créditos dos obrigacionistas e, mais do que isso, que qualquer modificação só é legítima mediante contrapartida adequada. Justifica-se o Autor, quanto ao primeiro ponto, invocando sobretudo um argumento de ordem literal: a lei fala de *modificar* os direitos dos obrigacionistas, excluindo «implicitamente a sua competência para renunciar a direitos, reduzi-los na sua quantidade ou qualidade, ou perdoar dívidas.» No respeitante ao segundo, alude ao facto de não se poder «conceber a A.O. como organismo destinado a favorecer o devedor»[452-453].

Outra posição fortemente redutora da competência das assembleias de obrigacionistas é a de Merino Gutiérrez. Da lavra deste Autor é a tese do *equilíbrio negocial*: o investimento na aquisição de valores obrigacionais é feito em função da contraprestação acordada; qualquer alteração desta romperia o equilíbrio que esteve na base do negócio. Daí que a assembleia não tenha poderes para impor aos obrigacionistas qualquer «supressão, redução ou alteração negativa» do retorno convencionado, podendo intervir tão-somente quando se trate de suprimir ou alterar garan-

---

[451] Cf. *ibid.*, pp. 230-236.
[452] Cf. *ibid.*, pp. 231 e 235, respectivamente.
Como exemplo da aplicação do princípio da onerosidade das modificações acordadas, ALONSO ESPINOSA, *ibid.*, p. 235, refere que a concessão de uma *moratória* deve ser compensada com a subida da taxa de juro acordada ou a constituição de garantias especiais; e o *reembolso antecipado*, por um prémio de reembolso.

[453] Não quero contudo deixar aqui a impressão que ALONSO ESPINOSA apenas aflorou o tema ou concedeu-lhe somente algumas linhas, como frequentemente se verifica noutras investigações, normalmente com referências de meia página ou página completa, poucas vezes além de duas, pouquíssimas acima de três. Não assim com ALONSO ESPINOSA. Atesta-o o facto de lhe ter reservado todo um capítulo, o VII, e por sinal o maior entre os dez que compõem a obra a que me reporto. Nas mais de cem páginas dedicadas ao tema, expõe minuciosa e claramente os seus pontos de vista, analisando múltiplas situações hipotéticas de modificação das condições dos créditos. Em detalhe e minúcia, sobrepuja, tanto quanto me foi possível averiguar, todas as que lhe são coevas, muito embora as conclusões a que chega a propósito das inúmeras hipóteses que coloca são invariavelmente decorrências lógicas dos princípios mencionados. Por isso mesmo, lamento não ter trazido à barra judicativa, com delonga equivalente, os fundamentos e razões que lhe permitiram definir os princípios em causa. Eventuais divergências de opinião que eu possa vir a referir deverão ter sempre como pano de fundo este contexto. A obra de ALONSO ESPINOSA merece um lugar de realce no tratamento da questão em análise. Aqui fica, pois, o merecido reconhecimento.

tias, modificar o prazo de vencimento ou a forma de representação das obrigações[454].

Um entendimento mais moderado fica a dever-se à teoria das condições *acessórias* e *essenciais*: não propugna um poder restritivo ilimitado, mas também não o suprime. Na base desta teoria está a ideia de que as «condições» do empréstimo referidas pelo legislador são as suas *modalidades*, pelo que apenas as condições *acessórias*, como, por exemplo, o prazo, a taxa de juro e as garantias, seriam susceptíveis de alteração pela maioria, enquanto as condições *essenciais*, tais como o reembolso do capital ou a conversão em acções, careceriam do consentimento unânime dos obrigacionistas[455].

Esta posição, defendida essencialmente em Itália, tem vindo a perder terreno para uma outra alegadamente mais objectiva e rigorosa[456] que foca a questão nos elementos *característicos, estruturais* ou *típicos* do empréstimo. Tendo em G. F. Campobasso o seu mais acérrimo defensor[457], a tese em análise considera imodificáveis pela maioria os «dados típicos da

---

[454] Cf. *ob. cit.*, pp. 207 e 208.

[455] Assim, entre outros, F. FERRARA/F. CORSI, *ob. cit.*, pp. 658 e 659; A. FORMIGGINI, *loc. cit.*, 127 e nota 48; DE GREGORIO, Alfredo, *Corso di diritto commerciale. Imprenditori-Società*, 4.ª ed., Roma, Napoli, Città di Castello, Societá Editrice Dante Alighieri p. A., 1954, p. 328 e nota 1; MOSSA, Lorenzo, «Obbligazioni e obbligazionisti nella Società per azioni», in NRDCom., Parte I, 1955, p. 80; e A. GRAZIANI, *Diritto delle società*, Morano Editore, Napoli, 1963, pp. 424 e 425.

Suponho não faltar muito à verdade se incluir neste grupo opinativo dois outros Autores, P. G. JAEGER e F. DENOZZA, porquanto no último *Appunti di diritto commerciale*, cit., p. 484, expressam a opinião de que a alteração das condições do empréstimo «não pode consistir numa modificação de carácter substancial», exemplificando de seguida: «Se a sociedade tiver emitido obrigações com juro de 10% e a assembleia extraordinária da sociedade decidir, na pendência do empréstimo, que as obrigações, em vez do juro acordado de 10%, sejam remuneradas a 3%, o consenso da assembleia de obrigacionistas não será suficiente para os vincular a tão radical modificação das condições do empréstimo.» Parece-me, pois, que se quadram bem nesta corrente de pensamento, mau grado tenha consciência de ser esta uma matéria onde o risco de deslize interpretativo é permanente.

[456] A grande parte das vozes críticas à tese das *condições acessórias* fundamentam-se principalmente na inexistência de um critério seguro apto a distinguir condições *acessórias* de condições *essenciais* [cf. R. SACCHI, *Gli obbligazionisti nel concordato della società*, cit., pp. 45 e 46; COTTINO, *ob. cit.*, p. 602 (outrora seguidor desta tese); MANZINI, Giorgia, «Le deliberazioni dell'assemblea degli obbligazionisti», in *Riv. not.*, 1995, p. 582; DI SABATO, *ob. cit.*, p. 236; e A. CERRAI, *Le obbligazioni*, cit., p. 352].

[457] Que, salvo diferenças somenos, é seguido, quanto a mais alguns, por COTTINO e A. CERRAI, aludidos na nota anterior.

fattispecie empréstimo obrigacionista: mútuo oneroso fraccionado em títulos de crédito de massa»[458]. Nesta perspectiva, arredada da competência da assembleia estaria qualquer modificação idónea a «suprimir, integral ou parcialmente (e directa ou indirectamente) o direito ao reembolso», «tornar definitivamente gratuito o empréstimo», impor a conversão das obrigações em acções, etc. Seria, no entanto, admissível a redução da taxa de juro, a suspensão de pagamento dos juros, bem como a alteração do plano de amortização[459].

Outro vector fulcral desta tese é considerar insuprímiveis os dados típicos das categorias especiais de obrigações: o direito de conversão nas obrigações convertíveis; o direito de subscrição de acções nas obrigações com *warrant*; o prémio nas obrigações que o prevejam; etc.

Quanto a elementos característicos de empréstimos obrigacionistas que, embora não correspondendo a tipos legais, revistam feição particular — tenha-se em vista o exemplo das obrigações com garantia especial — a tese de G. F. Campobasso considera-os insusceptíveis de eliminação, porquanto se trata de «elementos estruturais *daquela emissão*». Numa palavra: «Pode fundamentadamente afirmar-se que se deve considerar intangível não só a qualidade de obrigacionista em geral, mas outrossim a participação numa *dada* categoria de obrigacionistas, independentemente do relevo causal dos elementos que concorrem a identifica-la»[460].

Não foi, porém, G. F. Campobasso o primeiro a referir-se às *características qualificativas* do empréstimo enquanto limite insuperável à competência da assembleia, pois já anteriormente o tinham feito Cavallo Borgia e P. Casella[461], isto para não remontar mais no

---

[458] Cf. *Le obbligazioni*, cit., p. 497.
[459] Cf. *ibid*., p. 497.
[460] Cf. Id., *ibid*., p. 498.
[461] Cf. CAVALLO BORGIA, Roberto, *Le obbligazioni convertibili in azioni*, Dott. A. Giufrrè Editore, Milano, 1978, pp. 191-194: «Na verdade, encontrando tal organização razão de ser na existência de um fim comum e no objectivo de facilitar a sua obtenção, o poder do grupo não pode deixar de abranger todo o tipo de modificações, acessórias ou essenciais, que se reputem necessárias para a realização do interesse comum.» «A única restrição à ampla função reconhecida à assembleia [...] é a relativa à supressão do direito de conversão. Julgo, de facto, impossível uma deliberação que elimine o direito de conversão por causa do seu carácter qualificativo[...]»; e PAOLO CASELLA, *Le obbligazioni convertibili in azioni*, Dott. A. Giufrrè Editore, Milano, 1983, pp. 73-75: «[...] creio que são inderrogáveis os direitos do obrigacionista que derivem dos elementos estruturais da fattispecie[...]» «O limite é constituído pela impossibilidade de alterar a estrutura do negócio de emissão nos seus elementos qualificativos.»

tempo⁴⁶². Aparentemente, entre estes últimos dois Autores e aquele primeiro grupo não se vislumbram grandes divergências, conquanto na realidade haja uma essencial. Refiro-me ao facto de defenderem estes a possibilidade de a assembleia ter competência para aceitar a redução parcial do montante em dívida[463], enquanto os primeiros negam rotundamente essa hipótese[464].

Também Frè e Di Sabato recusam a soberania da assembleia para renunciar, ainda que parcialmente, ao capital. Contudo — e nisto distanciam-se da posição anterior — consideram incluída na esfera de competências da assembleia a possibilidade de modificar quaisquer outras *condições* do empréstimo[465].

Um última posição, quiçá mais convincente, não coíbe o colégio obrigacionista de deliberar a propósito de todas as alterações possíveis ao empréstimo, incluindo, por conseguinte, a redução parcial do montante em dívida. Um poder ilimitado, é certo; mas não um poder arbitrário, contanto que a deliberação deve reputar-se necessária à luz do interesse comum e, desta feita, pressupõe um «justificação objectiva» que a legitime[466].

---

[462] Na verdade, já em 1936 CORDONNIER, *ob. cit.*, p. 103, justificava a incompetência das assembleias de obrigacionistas para deliberar a conversão das obrigações em acções aludindo à «substância do direito do obrigacionista», tal-qualmente os Autores supracitados.

[463] Cf. CAVALLO BORGIA, *ibid.*, pp. 191-193. Quanto à possibilidade de o colégio obrigacionista acordar a redução do montante do empréstimo, penso que P. CASELLA a admite, não obstante alguma ambiguidade das suas palavras. De facto, refere que um dos elementos estruturantes da fattispecie empréstimo obrigacionista é o montante do mesmo, mas logo acrescenta um período parentético no qual afirma «(é óbvio que isso não impede que se possa aceitar por maioria um reembolso percentual, desde que referido ao montante inicial e seja aplicável a todos os obrigacionistas em igual proporção)» (cf. *ibid.*, pp. 73 e 74).

[464] Cf. G. F. CAMPOBASSO, *ibid.*, p. 497; COTTINO, *ibid.*, p. 602; e A. CERRAI, *ibid.*, p. 352.

[465] Cf. FRÈ, *ob. cit.*, pp. 500 e 501, que inclusivamente admite a hipótese de renúncia a eventuais prémios de emissão, caso em que os obrigacionistas receberiam uma quantia inferior ao valor nominal do título; e DI SABATO, *ob. cit.*, p. 236.

[466] Neste sentido, G. FERRI, *Le società*, cit., pp. 508 e 509 e *Diritto commerciale*, cit., p. 434; S. PESCATORE, *loc. cit.*, pp. 128-131 e *ob. cit.*, p. 350; e R. SACCHI, *Gli obbligazionisti nel concordato della società*, cit., pp. 45-47. Também PETTITI, *I titoli obbligazionari delle società per azioni*, cit., pp. 225-232, defende que a competência da assembleia neste domínio é ilimitada, quedando somente excluída a *supressão* do direito ao reembolso, por manifesta oposição ao interesse comum (p. 228, nota 6). Nesta

2. Tão diferenciado elenco de posições elucida razoavelmente quanto a estarmos perante uma questão assaz discutida.

É importante notar, em primeiro lugar, que as teses mais redutoras da competência da assembleia para modificar os créditos dos obrigacionistas

perspectiva, considera indiscutível a competência da assembleia para «depauperar o conteúdo económico da posição individual do obrigacionista», nomeadamente, ao que parece, consentindo um perdão parcial da dívida, pois muito embora não o refira expressamente, menciona com único limite a *supressão* e não a *redução* do valor de reembolso. F. GALGANO, *Diritto civile e commerciale*, cit., p. 398, nota 4, mostra-se sequaz à tese de PETTITI.

Em França, a doutrina parece não questionar a *omnipotência da assembleia*, desde que seja observado o tríplice limite legal (art. 317 L1966): proibição do aumento de encargos; princípio de igualdade de tratamento; e proibição da conversão em acções (cf. GUYÉNOT, Jean, *Cours de droit commercial*, Librairie du Journal des Notaires et des Avocats, Paris, 1977, p. 647; CHARTIER, *ob. cit.*, p. 400; JUGLART/IPPOLITO, *ob. cit.*, p. 488; P. MERLE, *ob. cit.*, 365; YVES GUYON, *ob. cit.*, p. 791; e G. RIPERT/R. ROBLOT, *ob. cit.*, pp. 1347 e 1348, que resumem desta forma o pensamento dominante: «A omnipotência da assembleia resulta da fórmula inicial que estabelece um princípio absolutamente geral e do advérbio *nomeadamente* o qual sublinha que a enumeração não tem um carácter limitativo.»)

Em Espanha, também URÍA/AURELIO MENÉNDEZ/GARCÍA DE ENTERRÍA, *ob. cit.*, p. 995, exprimem uma opinião semelhante, porquanto afirmam que a assembleia «carece de competência igualmente para renunciar total e definitivamente ao juro ou ao reembolso do capital ou à execução das garantias, pois trata-se de direitos substanciais do credor de que não se pode dispor através de um simples acordo maioritário.» Esta concepção ampla dos poderes da assembleia esposa-a igualmente TORRES ESCAMEZ, Salvador, *La emisión de obligaciones por sociedades anónimas. (Estudio de la legislación mercantil y del mercado de valores)*, Editorial Civitas, S. A., Madrid, 1992, pp. 204 e 205. De facto, mau grado se mostre propenso a rejeitar a competência da assembleia para renunciar parcialmente ao crédito ou mudar a forma de representação das obrigações (pp. 196-201) — que considera o núcleo essencial deste tipo de valores —, rapidamente ultrapassa essa barreira aceitando que «a posição jurídica do titular de uma obrigação se encontre sujeita na sua globalidade à actuação da organização colectiva [...]», não deixando de advertir, porém, que são «difíceis de encontrar os casos em que o interesse comum permita à assembleia extinguir — ainda que parcialmente — o crédito particular» (pp. 204 e 205). Por fim, conclui: «[...] haveria que mudar o ponto de vista tradicional para centrá-lo nos [direitos] que garantem a pureza da posição [do obrigacionista] como membro da organização colectiva (assistência à assembleia, voto, impugnação de acordos) e, sobretudo, a exigência de um verdadeiro interesse comum ou geral como fundamento para qualquer limitação da sua posição individual» (p. 205).

Em Portugal julgo apenas ter opinado sobre este assunto OSÓRIO DE CASTRO, *ob. cit.*, p. 159, que assim se exprime: «Sublinhar-se-á, em particular, que toda e qualquer modificação — por ex., uma moratória, uma redução dos juros ou um perdão parcial da

centram a sua atenção sobretudo no texto legal, partindo daí para considerações de ordem semântica e linguística, vindo a desembocar em conclusões profundamente influenciadas por essas premissas. Consoante o grau com que delimitam a competência do colégio obrigacionista, as proposições a que esta perspectiva incita podem agrupar-se em dois níveis. A redutora das redutoras exclui a intervenção da assembleia no respeitante à redução do valor dos créditos, porquanto *modificação* implicaria sempre a continuação da relação jurídica e, por conseguinte, a inalterabilidade dos seus elementos essenciais[467]. Num nível inferior, encontra-se a seguinte proposição: a assembleia pode deliberar a redução do valor dos créditos, simplesmente a sua competência está limitada apenas a algumas *condições* do empréstimo, sejam elas as *condições acessórias*[468] ou *características não estruturais*[469].

Ora esta perspectiva metodológica talvez não seja a mais correcta. Na verdade, ainda que se questione o mérito da opção legislativa, não pode negar-se que o legislador optou por uma fórmula com conteúdo indefinido e, portanto, por uma *solução individualizadora*[470], pela imprecisão e adaptação ao caso concreto. E esta deliberada ambiguidade não se coaduna facilmente com uma interpretação eminentemente ou decisivamente literal, antes reclama a intervenção de outros critérios de interpretação. É justamente isso que explica Oliveira Ascensão, a quem pertencem estas palavras consabidas: «A intervenção de elementos não literais, particular-

---

dívida de reembolso — tem de ser ditada pelo interesse comum dos obrigacionistas, aferido pela maioria legalmente prescrita — assim, designadamente, se a alteração tem em vista evitar uma suspensão de pagamentos ou a falência da sociedade, obstando a um mal maior.» Donde o palpitar-me que também OSÓRIO DE CASTRO tem um visão condizente com a deste conjunto de Autores.

[467] Assim, ALONSO ESPINOSA, *ob. cit.*, pp. 231 e 232: «En efecto, toda modificación, como afirma SANCHO REBULLIDA, supone continuación de la relación obligatoria; se inscribe en el cuadro preexistente de la obligación anterior cambiando algunos de sus elementos, pero no supone novación, esto es, la extinción de la relación obligatoria anterior y su sustituición por otra, cuyos elementos esenciales sean distintos; es decir, la modificación implica la continuación de los elementos esenciales propios de la relación.»

[468] Neste sentido, entre outros, F. FERRARA/F. CORSI, *ob. cit.*, pp. 658 e 659; A. FORMIGGINI, *loc. cit.*, 127 e nota 48; DE GREGORIO, *ob. cit.*, p. 328 e nota 1; MOSSA, *loc. cit.*, p. 80; e A. GRAZIANI, *Diritto delle società*, cit., pp. 424 e 425.

[469] Cf. G. F. CAMPOBASSO, *Le obbligazioni*, cit., p. 497; COTTINO, *ob. cit.*, pp. 602 e 603; e A. CERRAI, *Le obbligazioni*, cit., p. 352.

[470] Cf. BAPTISTA MACHADO, *Introdução ao Direito e ao Discurso Legitimador*, cit., p. 114; e principalmente OLIVEIRA ASCENSÃO, *O Direito*, cit., pp. 237-239.

mente dos de carácter valorativo, atinge o seu ponto mais alto perante manifestações do modo de legislar contemporâneo, como são os conceitos indeterminados e as cláusulas gerais»[471]. Iluminados pelos ensinamentos de Castanheira Neves, poderíamos mesmo ir mais longe, uma vez que o seu posicionamento metodológico — a interpretação jurídica com sentido normativo e não hermenêutico cujo objecto «não será o texto das normas jurídicas, enquanto a expressão ou o *corpus* de um significação a compreender e a analisar, mas a normatividade que essas normas, como critérios jurídicos, constituem e possam oferecer» [...] a interpretação jurídica não visa a expressão da norma, mas *a norma da norma*»[472] — leva-o a relegar para segundo plano o elemento gramatical e, mais do que isso, a superar o critério dos *sentidos possíveis* do texto: «o teor verbal das leis, considerado na perspectiva problemática da interpretação jurídica, não tem significação diferente da que lhe determina essa interpretação. E sendo essa significação, ou a sua determinação, um resultado da interpretação, de novo se reconhecerá que não pode ser ela pré-determimativa ou delimitativa dessa mesma interpretação, que afinal a determina — sendo um resultado da interpretação, não pode obter-se *antes* ou *fora* do próprio processo concreto da interpretação»[473].

Três citações de uma assentada, não haja dúvida; mas imprescindíveis para se concluir que, no caso em apreço, a doutrina mais qualificada aconselha a indagar outros caminhos que a simples perscrutação semântica da fonte.

Ter hipervalorizado o *pré-entendimento* literal[474], quando o recomendado nestes casos é a ponderação de factores não textuais, eis uma primeira objecção, de cariz metodológico, dirigida às teorias que procuram quintessenciar o elemento gramatical, filtrando rigidamente o sentido da

---

[471] Cf. *ibid.*, p. 401.

[472] Cf. *Metodologia Jurídica*, cit., p. 143. A mesma ideia é reiterada em «O Actual Problema Metodológico da Interpretação Jurídica», in *RLJ*, n.º 3907, p. 290: «[...] o objectivo da interpretação jurídica não é o da determinação das significações linguístico-textuais dos textos em que encontrem expressão as normas jurídicas positivas, mas aquele outro para que chamámos a atenção e em que insistimos — trata-se de atingir a normatividade dessas normas jurídicas para obter delas um critério normativo-jurídico que, normativamente *fundado* em referência à axiológica normatividade da validade jurídica e simultaneamente *adequado* à problematicidade dos concretos casos jurídicos decidendos, permita obter na judicativa decisão jurídica desses casos concretos a solução da prática justeza normativa-jurídica [...]».

[473] Cf. *ibid.*, p. 119.

[474] OLIVEIRA ASCENSÃO, *O Direito*, cit., p. 401.

norma e excluindo, portanto, *a priori* e liminarmente, um leque de interpretações possíveis, eventualmente mais adequadas à luz dos interesses em jogo.

A objecção é tanto mais séria se atendermos ao facto de, à semelhança do sucedido em ordens jurídicas estrangeiras, outras possibilidades se colocarem ao legislador. Quatro breves exemplos: Na Alemanha, a SchVG veda à assembleia deliberar a redução do valor nominal das obrigações a valor inferior à pretensão de capital[475]; na Bélgica, o art. 93 do CCBelg elenca um amplo conjunto de modificações que podem ser acordadas pela assembleia, como seja a alteração ou renúncia às garantias, a diminuição da taxa de juro, a prorrogação do prazo de vencimento dos juros e do capital, a substituição das obrigações por acções da sociedade, etc.; o mesmo se passa no Luxemburgo, cujo art. 94, 2, LSCLux, é muito idêntico à mencionada disposição belga; e, finalmente, na Suíça, também o legislador optou por indicar um conjunto de modificações da competência da assembleia, tal é o caso, por exemplo, da suspensão do pagamento dos juros por prazo não superior a cinco anos, a redução da taxa de juro, a prorrogação do prazo do empréstimo por período não superior a dez anos, podendo ser aumentado por mais cinco anos no seu final, a suspensão do reembolso por prazos determinados, a substituição das obrigações por acções, esclarecendo ainda que estas medidas podem ser combinadas entre si[476].

Deste modo, tendo o legislador, no caso português[477], preferido não enunciar as alterações que estariam sob a alçada da assembleia nem fixar limites qualitativos ou quantitativos ao poder da maioria, optando, ao invés, por deixar em aberto várias soluções, choca a primazia pelo critério gramatical e a consequente pré-exclusão acrítica de um significativo elenco de hipóteses que a partir de outro enfoque se reputam de bastante plausíveis[478].

---

[475] Cf. 3.ª al. do § 12.

[476] Cf. art. 1170 COSuiç.

[477] Tal-qualmente em Espanha (art. 300 LSA) e Itália (art. 2415, par. 1, al. 2, CCIt).

[478] É precisamente este juízo que se pode ler numa recente sentença do *Tribunale di Monza* (10 de Abril de 1997), in *Riv. dir. comm.*, 1997, II, p. 358: «O conteúdo da deliberação da assembleia em exame e, por conseguinte, a manifestação de vontade imputável ao grupo organizado dos obrigacionistas é de facto lícito e possível, estando expressamente justificado e consentido por uma disposição legal (art. 2415, par. 1, al. 2, CCIt), a qual permite que a assembleia de obrigacionistas possa deliberar — por maioria — todo o tipo de modificações do negócio de financiamento obrigacionista, sem colocar qualquer limite expresso a tal poder.»

Xeque-mate aos limites expressos? Talvez. Até porque mesmo tomando como ponto de partida o texto legal, nem o vocábulo «modificação» é incompatível com a redução ou supressão de direitos dos obrigacionistas, nem a expressão «condições» assume uma estreiteza semântica tal incapaz de abranger a globalidade das cláusulas contratuais.

Quanto ao primeiro aspecto, se é verdade, ou não, que a fórmula *modificação das condições dos créditos* deve ser entendida por contraposição a *novação*, como afirmou Alonso Espinosa, isso seria preciso demonstrá-lo, mormente tratando-se de uma asserção tão categórica[479]. Seja como for, a modificação ou alteração da relação obrigacional não exige a manutenção de todos os seus elementos essenciais (o objecto, a causa, os sujeitos), podendo, pois, existir *modificação* e não *novação* apesar de serem mudados os principais deveres de prestação ou mesmo o tipo contratual. Ou seja: considerar que a lei teve em vista *modificação* por contraposição a *novação* — o que por si só carece de justificação — não constitui qualquer óbice à possibilidade de a assembleia reduzir ou suprimir direitos dos obrigacionistas[480-481].

Em relação ao segundo aspecto, a amplitude do texto legal vota ao insucesso qualquer teorização sobre que *condições* estarão sujeitas ao juízo maioritário, sejam elas *acessórias, essenciais, substanciais, estruturais*, etc., o que julgo aliás validamente comprovado pelas diferenças de entendimento que embaraçam a doutrina: para a dupla F. Ferrara/F. Corsi as condições do empréstimo são as suas *modalidades*; para Frè, o direito ao reembolso é uma *condição* do empréstimo, embora não seja alterável pela maioria, visto tratar-se de uma *condição principal*; para Di Sabato este mesmo direito não figura no elenco das *condições*; finalmente, para G. F. Campobasso as *condições do empréstimo* são as cláusulas contratuais do mesmo[482].

Concluindo: seja porque o texto legal, sendo um texto jurídico, há-de ter sempre um *sentido jurídico* enriquecido em relação à sua *significação semântica*[483], seja porque essa mesma significação é de tal modo impre-

---

[479] Cf. *supra* nota 467.

[480] Que a *modificação* ou *alteração* da relação obrigacional é compatível com a mudança dos seus elementos essenciais, atesta-o ANTUNES VARELA, João de Matos, *Das Obrigações em Geral*, Vol. II, 5.ª ed., Livraria Almedina, Coimbra, 1992, pp. 231 e 232.

[481] Também MERINO GUTIÉRREZ, *ob. cit.*, p. 206, manifesta a sua discordância a este ponto do raciocínio de ALONSO ESPINOSA.

[482] Cf. F. FERRARA/F. CORSI, *ob. cit.*, p. 659; FRÈ, *ob. cit.*, pp. 500 e 501; DI SABATO, *ob. cit.*, p. 236; e G. F. CAMPOBASSO, *Le obbligazioni*, cit., p. 497.

[483] CASTANHEIRA NEVES, *Metodologia Jurídica*, cit., pp. 118 e 119.

cisa que toda a sua dimensão pode ser captada mediante uma *interpretação declarativa lata*[484], o elemento gramatical não pode constituir aqui critério redutor dos poderes da assembleia.

3. A compreensão do sentido normativo do preceito em análise requer, por conseguinte, a ponderação de outros factores, com especial relevo para considerações de ordem teleológica. Perspectivado o problema com uma lente *finalista* — a procura do *para quê?* da lei — cumpre esclarecer que, consagrando o princípio maioritário no respeitante à modelação subsequente do empréstimo obrigacionista, o legislador teve em vista evitar que um leque reduzido de obrigacionistas dispusesse do poder de inviabilizar a adopção de acordos necessários ao interesse comum[485]. Trata-se, comummente, de situações em que o estado financeiro da entidade emitente agravou-se de tal forma que o cumprimento das suas obrigações para com os credores obrigacionistas é-lhe extremamente oneroso, senão mesmo de todo em todo impossível. Nestes casos, poderá bem acontecer que só uma alteração das condições do empréstimo, seja alongando o prazo de vencimento, seja diminuindo a taxa de juro, seja enfim reduzindo o valor de reembolso, permita à sociedade continuar a sua actividade com normalidade e, consequentemente, cumprir os seus deveres contratuais. Dir-se-ia: mais vale um mau acordo, do que acordo nenhum. Ora, em tal situação, seria extremamente gravoso para o conjunto dos obrigacionistas que titulares de uma pequena fracção do empréstimo pudessem obstar à modificação contratual exigida pelas circunstâncias. E lembre-se que a outra situação possível — obter o consentimento unânime dos múltiplos titulares das obrigações — é, na maior parte das vezes, manifestamente difícil, visto estarmos perante um financiamento de massas com os títulos distribuídos por milhares de pessoas. Também não se afigura viável a solução de se criar uma outra emissão para os titulares de obrigações que tenham anuído à alteração dos seus créditos — mantendo-se a identidade de conteúdo de direitos para cada emissão, exigida pelo art. 348.º, n.º 1 —, não só porque tal medida podia ser insuficiente, como ainda fonte de discórdias impeditivas de se alcançar o objectivo pretendido.

Esclarecida deste modo a intencionalidade normativa, a questão que se coloca é precisamente a de saber se subsistem limites ao poder da maio-

---

[484] OLIVEIRA ASCENSÃO, *O Direito*, cit., p. 418.
[485] É de facto essa conclusão que de certa forma se extrai da síntese histórico--comparatística (Capítulo I).

ria ou, dito de outra forma, qual o limiar aceitável de condicionamento da vontade individual pela vontade maioritária.

As teses que, com maior ou menor amplitude, delimitam a competência da assembleia a certas condições do empréstimo contêm implícita a seguinte linha de raciocínio: a adopção do princípio maioritário traduz-se no cerceamento da liberdade individual. Deve, por isso, reduzir-se a um mínimo aceitável a possibilidade de decisões impostas pela maioria à minoria, sendo que a definição exacta dos limites suscita acesa peleja ente os cultores comercialistas. Nesta perspectiva, quanto menor for o âmbito de competência da assembleia, maior é a liberdade do indivíduo, já que maior é o número de assuntos deixados ao seu livre arbítrio.

Atraído, no primeiro contacto, pela aparente incontestabilidade deste argumento, logo lhe detectei alguma dissonância, quando, compulsando o *Il principio di maggioranza nel concordato e nell'amministrazione controllata* de R. Sacchi, deparei com a seguinte asserção: onde existe um interesse comum «o indivíduo não é o único interessado e, por isso, não é o único com competência para dispor»[486]. A riqueza de conteúdo deste curioso asserto não se oferece de imediato ao leitor, requer, pelo contrário, alguns esclarecimentos e um esforço de atenção.

No decurso desta pesquisa já veio à baila a questão dos motivos da adopção do princípio maioritário no seio das colectividades de obrigacionistas[487]. De entre essas razões ressalta consideravelmente a paridade de posições dos seus membros. Consequência da identidade de conteúdo dos títulos da mesma emissão, a igualdade existente entre os obrigacionistas está na origem de uma homogeneidade da sua necessidade enquanto credor. Isto é, os obrigacionistas enquanto tais partilham de uma necessidade comum — a necessidade de consecução do retorno previsto nas condições do empréstimo. Esta homogeneidade é tanto mais intensa se considerarmos dois outros vectores que normalmente caracterizam este tipo de financiamentos: a sua propensão longeva e a situação de inferioridade em que os obrigacionistas se encontram perante a entidade emitente. O primeiro vector tem relevância no sentido de que quanto maior for o prazo da emissão, maior é a possibilidade de alteração das circunstâncias que se verificavam no momento da emissão, sejam elas relativas à conjuntura económica em geral ou específicas da entidade emitente. O segundo vector reporta-se à natural dispersão destes valores pelo mer-

---

[486] Cf. *Il principio di maggioranza nel concordato e nell'amministrazione controllata*, Dott. A. Giuffrè Editore, Milano, 1984, p. 123.
[487] Cf. *supra* ponto 1.

cado e consequente fragilidade de cada um dos seus titulares no confronto com a sociedade emitente.

Sendo o interesse «a relação entre uma necessidade (sempre humana) e um bem»[488], a homogeneidade da necessidade dos obrigacionistas enquanto tal traduz-se na existência de um *interesse comum*. Sucede, porém, que a mesma necessidade, partilhada por amplo conjunto de sujeitos durante um longo período de tempo, espoletará entre eles um conflito de interesses sempre que o bem apto a satisfazer essa necessidade não as possa satisfazer, na globalidade ou em parte, por ser escasso[489]. É esta a hipótese que se verifica quando a sociedade emitente, por vicissitudes do mercado em que está inserida ou atinentes à sua própria gestão, se vê impossibilitada de cumprir pontualmente as suas obrigações.

Nestas circunstâncias, a única solução justa e legal — dado estar a sociedade vinculada a dispensar igual tratamento aos obrigacionistas no cumprimento do contrato, não os discriminando injustificadamente[490] — para a resolução do conflito passa pela cedência recíproca dos obrigacionistas na satisfação do seu interesse — sendo o bem escasso deve ser repartido irmãmente.

Daí o considerar-se que os interesses dos obrigacionistas se encontram ligados por um intenso vínculo de *instrumentalização* — a satisfação da necessidade de cada um está condicionada pela satisfação das idênticas necessidades dos restantes[491]. E esta dependência recíproca reclama a adopção do princípio maioritário enquanto mecanismo de superação de eventuais resistências que infundadamente impeçam a realização do interesse colectivo. É nisto exactamente que consiste a *função conciliadora* da assembleia e a razão de ser do princípio maioritário: permitir, com sacrifício por parte dos portadores de soluções alternativas, chegar a uma deliberação unitária, que seja aceitável ao menos pela maioria dos membros do colégio[492].

Três vectores, portanto, que, justificando a existência de um interesse comum entre a pluralidade de obrigacionistas durante longo período de tempo, convergem na subida ao pódio do princípio maioritário.

---

[488] COUTINHO DE ABREU, *Do Abuso*, cit., p. 120.

[489] Cf. P. G. JAEGER, *L'interesse sociale*, cit., p. 8.

[490] Cf. *supra* ponto 15.

[491] O conceito de *instrumentalização de interesses*, com o sentido referido no texto, é aludido por P. G. JAEGER, *ibid.*, pp. 7-9; e R. SACCHI, *Il principio di maggioranza nel concordato e nell'amministrazione controllata*, cit., p. 127.

[492] Cf. VALENTINI, Stelio, *La collegialità nella teoria dell'organizzazione*, Dott. A. Giufrrè Editore, Milano, 1968, pp. 292 e 293.

Mas se a existência do interesse comum constitui a razão de ser do princípio maioritário, ela há-de constituir igualmente o seu limite. Na verdade, o grau de afectação da esfera individual em nada altera a relação de instrumentalização dos seus interesses[493]. E enquanto essa instrumentalização se verifique, enquanto a satisfação do interesse de um obrigacionista implicar a colaboração e a satisfação dos restantes coobrigacionistas, parece não haver lugar para restrições ao princípio maioritário. Neste quadro se compreende que a deliberação da assembleia, com efeito vinculativo para todos os membros da colectividade, incluindo ausentes, abstencionistas e discordantes, vai dirigida à satisfação proporcional do interesse de todos, na medida em que as circunstâncias o permitam.

Eis por que com a leitura da sucinta frase de R. Sacchi — «quando exista entre os membros do grupo um interesse comum, o indivíduo não é o único interessado e, por isso, não é o único com competência para dispor» — palpitam-se contradições insanáveis nas teses que circunscrevem a competência da assembleia a certas condições do empréstimo.

Em primeiro lugar, elas brigam com a intenção legislativa ao deixar em aberto um campo mais ou menos amplo de actuação ao «obrigacionista perverso»[494] para prejudicar o interesse colectivo — nas modificações que carecessem de unanimidade o indivíduo disporia de direito de veto e, portanto, estaria a sacrificar-se o interesse comum ao interesse individual[495].

---

[493] É esta, aliás, a conclusão a que chega R. SACCHI depois de um exaustivo estudo sobre a problemática de saber se o princípio maioritário só se aplica nas colectividades de pessoas enquanto exista, e nos limites em que exista, uma relação de instrumentalização dos interesses dos seus membros enquanto tais — cf. *Il principio di maggioranza nel concordato e nell'amministrazione controllata*, cit., p. 252: «[...] o facto de na organização de uma colectividade o princípio maioritário ser reconhecido com uma extensão tal que consinta à maioria uma notável ingerência na esfera jurídica dos indivíduos a ela pertencentes, com a consequente forte limitação da autonomia privada destes, não exclui por si só que exista entre os seus interesses enquanto tais uma relação de instrumentalização. Pelo contrário, sempre que haja uma homogeneidade entre os interesses dos membros da colectividade enquanto tais, se a deliberação for inerente à esfera dos seus interesses enquanto tais e se for observado o princípio de igualdade de tratamento, subsiste no respeitante à deliberação uma relação de instrumentalização entre os interesses dos seus membros, mesmo que a deliberação determine uma notável ingerência na esfera jurídica dos indivíduos que a compõem. De facto, da deliberação resulta um efeito que é igual para todos, pelo menos em relação à sua posição enquanto tal e prescindindo da situação em que se encontrem enquanto terceiros.» Citação alongada é certo, mas no meu modo de ver indispensável.

[494] Recorro uma vez mais à elucidativa expressão de WOOD, *ob. cit.*, p. 215.

[495] Cf. R. SACHI, *ibid.*, p. 123.

Em segundo lugar, o argumento implícito nestas posições de que o âmbito de liberdade individual é inversamente proporcional à competência da assembleia, não sendo totalmente falso, oculta a perspectiva inversa, quiçá mais objectiva: quanto menor for o âmbito de competência da assembleia, maior é o poder de veto do indivíduo, menor é o leque de opções para a concretização do interesse comum e menor é a liberdade individual, quer dizer, a liberdade da maioria[496].

Em suma: perspectivado o problema através desta lente *finalista*, qual das posições contende mais com o espírito do legislador? A que circunscreve a competência da assembleia a certas condições do empréstimo ou a que propugna a extensão dessa competência a todo o clausulado? Onde está a tirania? Na sujeição da vontade da maioria ao arbítrio de uns poucos ou na imposição do interesse maioritário a todos?

Por mim, não hesito em opinar que a solução mais razoável é a de não barrar a acção da assembleia quanto às possibilidades de concretizar o interesse comum[497].

---

[496] É VALENTINI, *ob. cit.*, p. 298, quem destaca a ambivalência do conceito *liberdade* no sistema maioritário. Esta tanto serve para fundamentar a posição daqueles que entendem o princípio maioritário como decisões «impostas» pela maioria à minoria, e que por isso propugnam quóruns elevados, como os propósitos de quem afirma que quanto mais qualificada é a maioria exigida menos livre é o indivíduo, pois, invertendo a perspectiva, o vínculo a que fica preso é mais intenso, sendo maiores as dificuldades para a mudança da situação. Suponho que este raciocínio a propósito da relação liberdade individual — quórum exigido, tem igual razão de ser na relação liberdade individual — âmbito de competência.

[497] Mesmo, por hipótese, uma medida extrema como a transformação da dívida em capital não me parece incoadunável com o espírito do legislador. Tudo depende do caso *sub judice*. Tomando como exemplo um empréstimo obrigacionista convertível, facilmente se aceitará que o colégio obrigacionista delibere a conversão das obrigações em acções, se isso representar a melhor forma de realizar o interesse comum — imagine-se a situação de gravíssimas dificuldades financeiras afectarem a entidade emitente, de tal sorte que lhe é praticamente impossível cumprir as suas obrigações. Não me repugna grandemente que se possa admitir a conversão forçada em acções da devedora, mormente tratando-se de valores destinados a serem cotados em bolsa, o que permitira aos obrigacionistas que o pretendam reaver, ao menos parte, o capital investido.

Não constitui especial embaraço à conclusão anterior o argumento de que a deliberação em causa fulminaria irremediavelmente a «essência jurídica dos direitos dos obrigacionistas» (HUREAU, *ob. cit.*, p. 240), pois é sabido que por detrás da nítida diferença jurídica entre obrigações e acções, esconde-se muitas vezes, e no caso de obrigações convertíveis isso é por demais evidente, uma quase sinonímia económica (cf. A. GRAZIANI/G. MINERVINI/U. BELVISO, *Manuale di diritto commerciale*, 2.ª ed., Morano Editore, Napoli, 1994, p. 205).

Talvez isso possa explicar por que existem, ao lado de legislações que excluem da

4. Não nega este alastrar da competência das assembleias de obrigacionistas a todas as condições do empréstimo, pelo contrário corrobora-o, a circunstância de o legislador ter expressamente conferido a esse órgão a matéria das propostas de concordata e de reconstituição empresarial, duas providências de recuperação de empresas cujo alcance transformante dos direitos dos credores é consabido[498].

A concordata, consistindo na redução e/ou modificação da totalidade ou de parte dos débitos da empresa, tanto pode dar origem a uma simples moratória como a acentuadas reduções dos débitos, que podem chegar a zero[499]. Já a reconstituição empresarial pode desvirtuar a essência da posição de credor, pois traduzindo-se na constituição de uma ou mais sociedades destinadas à exploração de um ou mais estabelecimentos da empresa devedora, o que normalmente sucederá através da conversão dos créditos em participações sociais, redundará eventualmente no convolar da posição de credor para uma posição de sócio[500-501].

---

competência das assembleias de obrigacionistas a conversão dos títulos em acções — art. 317, L1966 (França) —, algumas outras a admiti-lo expressamente (veja-se os exemplos belga, suíço e luxemburguês: art. 93 CCBelg; art. 1170 COSuiç; e art. 94, 2, LSCLux).

Também em Portugal, a Lei de 27 de Julho de 1893 dispunha no art. 1.º, n.º 1, al. a), que o Governo podia permitir e tornar exequível a conversão das obrigações emitidas pela *Companhia Real dos Caminhos de Ferro Portuguezes,* quando essa conversão fosse aceite pela maioria dos obrigacionistas. Apesar disso, o Decreto de 9 de Novembro de 1893, que veio fazer uso dessa autorização, não previu a conversão em acções.

[498] Cf. art. 355.º, n.º 4, al. c).

[499] Cf. art. 66.º CREF; e COUTINHO DE ABREU, Jorge Manuel, «Providências de Recuperação de Empresas e Falência. (Apontamentos de Direito Português), in *BFD*, Vol. LXXIV, 1998, p. 114.

[500] Cf. arts. 78.º e 79.º CREF.

Sob a batuta de COUTINHO DE ABREU, *ibid.*, pp. 116 e 117, pode adivinhar-se a ameaça de inconstitucionalidade que paira sobre a providência de *reconstituição empresarial* — ideia já anteriormente expressa em *Curso de Direito Comercial*, Vol. I, (*Introdução, Actos de comércio, Comerciantes, Empresas, Sinais distintivos*), 2.ª ed., Livraria Alme-dina, Coimbra, 2000, p. 311.

[501] Sobre as providências de recuperação de empresas, consulte-se, além de outros, SOUSA DE MACEDO, José de, «Novos Aspectos da Concordata e do Acordo de Credores», in *RB*, n.º 27, Julho/Setembro, 1993, pp. 65-75; ROBIN DE ANDRADE, José, «Reestruturação Financeira e Gestão Controlada como Providências de Recuperação», in *RB*, n.º 27, Julho/Setembro, 1993, pp. 77-92; JOÃO LABAREDA, «Providências de Recuperação de Empresas», in *Direito e Justiça*, Vol. IX, Tomo 2, 1995, pp. 51-112; e COUTINHO DE ABREU, *ibid.*, pp. 304-316.

Neste contexto, tão acentuada alteração dos créditos não carece do consentimento unânime dos obrigacionistas. Cônscio do prejuízo que poderia advir para o interesse colectivo caso fosse dado a cada um o direito de veto às mencionadas alterações, o legislador consagrou o princípio maioritário enquanto mecanismo flexibilizador das diferentes posições.

Mas o que aqui cumpre salientar é o facto de o consenso requerido para a aprovação das propostas de concordata ou reconstituição empresarial ser inferior ao exigido para modificação dos créditos à margem dos processos de recuperação — aquelas deliberações são tomadas por maioria dos votos emitidos, ao passo que estas devem ser aprovadas em primeira convocação por metade dos votos correspondentes a todos os obrigacionistas e em segunda convocação por dois terços dos votos emitidos[502].

Pode contestar-se este argumento alegando o facto de o CREF ter previsto um quórum relativamente exigente para aprovação das providên-

---

[502] Cf. art. 355.º, n.º 7.

Não ignoro que possa estar aqui implícita a intencionalidade de recuperação das empresas economicamente viáveis. Mas atente-se que nem sempre o espírito que presidiu ao direito falencial foi o da «falência-saneamento». Muito pelo contrário, a lógica imanente ao direito falencial revestiu ao longo do tempo feições díspares. Inicialmente, a preocupação do legislador cifrava-se na responsabilidade pessoal do devedor. Posteriormente, privilegiou-se o interesse dos credores no pagamento dos respectivos créditos — «falência-liquidação». E só muito recentemente a atenção começou a incidir na «falência-saneamento».

Sucede que esta última função só com o recente CREF assumiu papel preponderante, não obstante poder já detectar-se com alguns contornos definidos no DL n.º 177/86, de 2 de Julho (embora a legislação atinente às empresas em situação económica difícil remonte ao ano de 1976, com o DL n.º 864/76, de 23 de Dezembro). Ora, como o CSC data de 2 de Setembro de 1986, alguns anos antes do CREF e somente dois meses após o DL n.º 177/86...

(Sobre a evolução histórica do sentido do direito falencial, consulte-se, entre outros, ANTUNES VARELA, «A Recuperação das Empresas Economicamente Viáveis em Situação Financeira Difícl», in *RLJ*, ano 123.º (1990/1991), n.os 3794-3801), pp. 137 ss; ALMEIDA MORGADO, Abílio Manuel de, «Processos Especiais de Recuperação da Empresa e de Falência — Uma Apreciação do Novo Regime», in *Ciência e Técnica Fiscal*, n.º 370, Abril-Junho, 1993, pp. 57-70; LUÍS MORAIS, «O Novo Código dos Processos Especiais de Recuperação de Empresa e de Falência. O Conceito de Falência Saneamento. Aspectos Comerciais e Processuais», in *Fisco*, n.os 55 e 56, Junho/Julho, 1993, pp. 20-23; PUPO CORREIA, *ob. cit.*, pp. 190-197; CATARINA SERRA, *Falências Derivadas e Âmbito Subjectivo da Falência*, Coimbra Editora, Coimbra, 1999, pp. 24-29; e ainda a recentíssima dissertação de mestrado de MARIA DO ROSÁRIO EPIFÂNIO, *Os Efeitos Substantivos da Falência*, Publicações Universidade Católica, Porto, 2000, pp. 16-23).

cias de recuperação — voto favorável de credores que representem dois terços do valor dos créditos aprovados e sem o voto contrário de credores que representem 51%, ou mais, dos créditos atingidos pela providência[503]. Dir-se-ia que a diminuta consensualidade com que são aprovadas as providências de recuperação pelas assembleias de obrigacionistas seria compensada com o quórum deliberativo mais exigente previsto no CREF.

Ora esta argumentação queda bastante improcedente se atendermos a que o voto dos obrigacionistas nas providências de recuperação é expresso pelo representante comum. É que em parte por a deliberação da assembleia de obrigacionistas vincular ausentes, abstencionistas e discordantes, em parte por o voto dos obrigacionistas ser considerado para cálculo do quórum previsto no CREF pela totalidade do valor do empréstimo, facilmente se percebe que a alegada compensação proporcionada por este elevado quórum é tão-só aparente. Na verdade, em sociedade cujo passivo seja composto maioritariamente por um empréstimo obrigacionista pode ser aprovada uma providência de recuperação com os votos favoráveis de um número relativamente pequeno de credores obrigacionistas, já que o sentido de voto determinado pela maioria simples dos presentes na sua própria assembleia terá o peso da totalidade do montante do empréstimo para efeitos de cálculo da maioria prevista no CREF. Desta feita, maiores cautelas existirão na aprovação de qualquer alteração das condições dos créditos, porque ainda que seja deliberada em segunda convocação, carecerá sempre do voto favorável de dois terços dos votos emitidos.

Daí dizer-se, como fez certo Tribunal transalpino[504], que modificações tão acentuadas — no caso a renúncia total aos juros — só um estado de insolvência pode legitimar, soa a duvidosa coerência sistemática. Sabe-se que o legislador foi condescendente quanto à aprovação de providências de recuperação pelos obrigacionistas, e inclusivamente conjectura-se que a maior amplitude dos poderes das assembleias de obrigacionistas pode ser útil para evitar a falência da entidade emitente, além de se encontrar em sintonia com a intenção do legislador de permitir uma espécie de «concordats amiables»[505].

---

[503] Cf. art. 54.º, n.º 1, CREF.
[504] Cf. *Tribunale di Milano* (sentença datada de 18 de Setembro de 1989) in *Società*, 1990, p. 474. Igualmente publicado in *Giur. it.*, 1991, Parte I, Secção II, pp. 39- -44, com nota de MARCELLA SARALE.
[505] Conjectura-o HUREAU, *ob. cit.*, p. 314.

5. Esclarecido deste modo o critério que rege a competência das assembleias de obrigacionistas quanto à modificação das condições dos créditos — toda e qualquer condição do empréstimo pode ser alterada —, importa ressaltar que o exercício do poder deliberativo há-de cingir-se ao tríplice limite legal já mencionado alhures: o não aumento de encargos, a igualdade de tratamento e o interesse comum.

À luz do primeiro destes limites é inválida a deliberação da assembleia que determine novas contribuições dos obrigacionistas para a sociedade ou cujo efeito seja onerar a realização das suas prestações[506]. Ainda que a situação financeira da sociedade emitente reclame, com urgência, a entrada de novos fundos como forma de obviar a danos maiores para os obrigacionistas, estes não poderão, por maioria, alterar as condições do empréstimo de modo a prestar esses fundos à sociedade.

O segundo limite apontado — respeito pelo princípio de igualdade de tratamento[507] — não exige que a modificação das condições do empréstimo seja a mesma para todos. É perfeitamente admissível a hipótese de a assembleia aceitar a mudança do empréstimo em duas ou mais modalidades distintas, desde que os obrigacionistas possam optar, individualmente, conforme lhes convier. Que esta deliberação não colide com o princípio de igual tratamento, confirma-o a inexistência de destinatários determinados — a modificação é dotada de *generalidade* e proporciona *igualdade de oportunidades*. Efeito inevitável será, contudo, a cisão da inicial organização de obrigacionistas em tantas quanto as modificações operadas, pois nos termos do art. 348.º, n.º 1, os valores pertencentes à mesma emissão devem conferir direitos iguais[508-509].

A circunstância das deliberações das assembleias de obrigacionistas terem de respeitar o princípio de igualdade de tratamento constitui importante e adequada tutela contra modificações abusivas. De facto, estando vedado à assembleia aprovar «quaisquer medidas que impliquem o trata-

---

[506] Cf. *supra* ponto 14.
[507] Cf. *supra* ponto 15.
[508] Convergentemente, ASCARELLI, *loc. cit.*, p. 39, nota 13, quanto à inevitabilidade de cindir-se a originária organização de obrigacionistas.

[509] Diferente da situação mencionada é a hipótese de a entidade emitente dar a escolher a todos os obrigacionistas entre manter a relação estabelecida ou optar por novas condições. Neste caso obviamente que não há violação do princípio da igualdade de tratamento, mas também nem sequer está em jogo a aplicação do princípio maioritário. Trata-se, no fundo, de uma proposta de alteração contratual de acordo com o princípio da autonomia privada.

mento desigual» dos obrigacionistas, a modificação acordada produzirá os mesmos efeitos (negativos) em relação a todos eles, quedando de lado a hipótese de uma desigual distribuição do prejuízo, com o avantajamento de um grupo de credores em relação a outros. Não é uma medida de per si suficiente, é certo. Mas quando S. Galli afirma que a possibilidade de «[...] modificar as condições do empréstimo obrigacionista mesmo no sentido de eliminar o direito a juros e, também, de afectar a integridade do direito ao reembolso é consequência que não deve preocupar excessivamente, pois a aprovação de uma alteração deste tipo por uma maioria de obrigacionistas respeitadora do princípio de paridade de tratamento [...] exclui modificações do empréstimo "suicidas" para os obrigacionistas», quem negará que lhe assiste razão?[510].

Remato a questão dos limites aludindo ao mais significativo dos três: a conformidade da deliberação com o *interesse comum*.

Quanto a ser este um limite à competência das assembleias de obrigacionistas, é algo que julgo validamente comprovado pelas considerações proferidas em ponto anterior[511]. Trata-se, outrossim, de tema suficientemente pacífico na doutrina e jurisprudência — escassíssima esta — que teve oportunidade de lidar com a questão[512].

O que importa, sobremodo, repisar é precisamente a *adequação* da deliberação ao interesse comum. A este propósito, convém recordar a definição adoptada de interesse comum: *relação entre a necessidade típica do obrigacionista na obtenção do retorno contratualmente previsto e o meio considerado apto a satisfazê-la*[513]. Claro que a satisfação do interesse de todo e qualquer obrigacionista enquanto tal depende em primeira linha da entidade emitente — esta é que se encontra adstrita ao cumprimento contratual. Sucede, todavia, que evoluindo a actividade social em sentido oposto ao previsto pode a sociedade não dispor de meios para realizar as prestações no momento do vencimento. Perante tal factualidade

---

[510] Cf. GALLI, Stefano, «Osservazioni in tema di modificazioni del prestito obbligazionario», in *Giur. comm.*, 1991, II, p. 517.

[511] Cf. *supra* ponto 16.

[512] Assim, entre muitos, G. FERRI, *Le societá*, cit., p. 509; G. F. CAMPOBASSO, *Le obbligazioni*, cit., pp. 495 e 497. Quanto à jurisprudência, veja-se os exemplos estrangeiros que se seguem: *Tribunale di Milano* (2 de Março de 1970), in *Giur. it.*, 1971, Parte I, Secção II, p. 148; *Tribunal Supremo* espanhol (3 de Março de 1984), in AAVV, *Aranzadi Mercantil. Derecho de Sociedades*, III, 2.ª ed., Editorial Aranzadi, S.A., 1997, pp. VIII, I, pp. 42-44; e *Tribunale di Milano* (18 de Setembro de 1989), in *Società*, 1990, p. 474.

[513] Cf. *supra* ponto 16.

é possível afirmar-se, com absoluto rigor e propriedade, que a deliberação da assembleia de obrigacionistas é apta a satisfazer o interesse comum. Como? Possibilitando a alteração das condições iniciais do empréstimo em termos de permitir à sociedade cumprir, na medida do possível, o estabelecido. Logo, realizar o interesse comum é ser a escolha menos lesiva, no quadro de hipóteses que a situação em apreço oferece. Dito de outro modo: a deliberação realiza o interesse comum quando o prejuízo daí resultante para os obrigacionistas enquanto tais seja inferior ao que se verificaria se ela não fosse adoptada. Só assim estará legitimada a violação da liberdade contratual da minoria.

É justamente esta linha de raciocínio que me induz a concordar com a sentença do *Tribunal Supremo* espanhol, de 4 de Janeiro de 1962, na parte em que afirma: «[...] como el Sindicato se ha limitado a prestar su conformidad más absoluta a los acuerdos de la Entidad emisora, sin que el Consejero delegado, que, la representó y presidió, expusiera hechos y antecedentes a que obedecen y responden, la transcendente modificación que en las condiciones de la misma se introducían, esta carencia de circunstancias, es lo que le lleva a la nulidad e invalidez de los acuerdos adoptados[...]»[514]. Quer dizer, à alteração das condições deve presidir uma concreta justificação que a legitime[515]. A maioria não é titular do interesse comum, antes deve proceder tendo o retorno acordado como «estrela polar»[516-517].

---

[514] In AAVV, *Aranzadi Mercantil. Derecho de Sociedades*, III, 2.ª ed., Editorial Aranzadi, S.A., 1997, p. VIII, I, 41.

[515] No mesmo sentido, além de outros, PASQUINO, Antonio, «Intrasformabilità della S.p.a. in pendenza di prestito obbligazionario. Obbligo di preventivo rimborso, in *Giur. comm.*, 1977, II, pp. 292 e 293; S. PESCATORE, *loc. cit.*, p. 131; CAVALLO BORGIA, *ob. cit.*, pp. 191 e 192; e MERINO GUTIÈRREZ, *ob. cit.*, p. 209.

[516] Sirvo-me da elucidativa linguagem de COUTINHO DE ABREU, *Do Abuso de Direito*, cit., p. 121.

[517] É precisamente esta a razão pela qual o *Tribunale di Monza*, em sentença datada de 10 de Abril de 1997 (in *Riv. dir. comm.*, 1997, p. 343), considerou legítima uma deliberação de assembleia de obrigacionistas que aceitava a prorrogação do empréstimo e a redução da taxa de juro.

No caso *sub judice* a sociedade *Compel Electronics s.p.a.* tinha emitido em 1994 um empréstimo obrigacionista no valor de 5.000.000.000 liras, com valor nominal de 1.000.000 liras cada uma, que estavam distribuídas do seguinte modo: o Presidente do Conselho de Administração detinha 2.500; outro membro do Conselho de Administração possuía 1.250; e, finalmente, uma terceira pessoa (Franco Mauri, que no momento da aquisição era sócio da emitente) detinha as restantes 1.250. Esta distribuição dos

Mas a concordância da deliberação que incida sobre as condições do empréstimo com o interesse comum não se cinge às hipóteses de *crise* da entidade emitente. É perfeitamente admissível que a sociedade e o grupo de obrigacionistas acordem tais alterações por outros motivos. Tratando--se de empréstimo convertível em acções, por exemplo, a sociedade emitente está impedida de transformar-se noutro tipo social, nos termos do art. 131.º, n.º 1, al. d), o que facilmente se percebe visto de outra forma não poderem ser satisfeitos os direitos dos obrigacionistas[518]. Mas nada obsta a que a emitente afaste esse impedimento propondo ao colégio de credores a antecipação dos prazos de reembolso e de exercício dos mencionados direitos e que estes, por maioria, aprovem a alteração[519].

---

valores obrigacionais correspondia à distribuição das participações sociais no momento da emissão.

Na pendência do empréstimo a *Compel* foi assolada por uma grave crise conjuntural, ficando impossibilitada de liquidar um mútuo hipotecário entretanto contraído. Os membros do órgão de administração da *Compel* rapidamente encetaram negociações com a entidade credora (*Istituto Mobiliare Italiano — I.M.I.*) com vista à postergação de duas prestações vencidas. O *I.M.I.* anuiu ao pedido da *Compel*, embora impondo como condição a prorrogação do empréstimo obrigacionista e a redução da taxa de juro com eficácia retroactiva limitada a um pequeno período de tempo; condições estas que foram aceites pela assembleia de obrigacionistas.

Tendo sido impugnada a deliberação por parte de Franco Mauri, o Tribunal considerou-a legítima alegando que o sacrifício parcial dos obrigacionistas era compatível com a tutela do interesse comum, pois caso a alteração do empréstimo não tivesse sido acordada, o credor hipotecário *I.M.I.* executaria a sua garantia, pondo seriamente em risco o pagamento dos créditos obrigacionistas.

Eis, portanto, um caso onde parece justificar-se, à luz do interesse comum, a redução do valor dos créditos, inclusivamente com eficácia retroactiva, pelo colégio obrigacionista.

[518] A mencionada disposição legal não deixa quaisquer dúvidas quanto ao facto de a existência de um empréstimo obrigacionista convertível constituir impedimento à operação de transformação. Não há, por conseguinte, lugar à discussão sobre uma eventual transformação não consentida pelos titulares de obrigações convertíveis, como se verifica em Itália. (No sentido de que a transformação é possível sem o consentimento dos obrigacionistas, veja-se VIDIRI, Guido, «Emissione di obbligazioni convertibili e trasformazione di società per azioni in società a responsabilità limitata», in *Giust. civ.*, 1995, I, p. 1839.) Note-se, no entanto, que o art. 131.º, n.º 1, al. d), alude unicamente a *obrigações convertíveis* e não a *obrigações com warrants*, e o art. 372.º, n.º 3, que prevê o regime destes últimos valores, não inclui no seu elenco remissivo o art. 131.º, n.º 1, al. d), pelo que deixa alguma margem para excogitações.

[519] Assim, NICCOLÒ ABRIANI, «Prestito obbligazionario e limiti "impliciti" alla trasformazione delle società», in *Giur. comm.*, 1996, I, pp. 770 ss; e CAGNASSO, Oreste,

Dissonância com o interesse comum? Não, necessariamente. Na eventualidade de a sociedade compensar suficientemente os credores, de tal sorte que no quadro factual a opção de antecipar o prazo se afigure objectivamente mais vantajosa para os obrigacionistas do que a de manter o inicial vínculo contratual, creio não poder negar-se a *adequação* ao interesse comum. Não se trata, obviamente, da concretização do retorno previsto; todavia, sendo a alternativa mais profícua, o interesse do credor não se encontra apenas igualmente satisfeito, mas superiormente realizado[520].

Perante estes indícios é de votar-se não por uma *necessidade directa* de concretização do interesse comum, mas sim por uma *adequação* ao mesmo — a deliberação tem de estar em conformidade com o interesse comum[521].

«La trasformazione delle società», in *Il codice civile. Commentario* (Piero Schlesinger), *Artt.* 2498-2500, Dott. A. Giufrrè Editore, Milano, 1990, pp. 98 e 99.

Em sentido convergente, embora recorrendo a exemplo diverso — transformação da sociedade emitente, na pendência do empréstimo, em tipo social a que esteja vedada a emissão de obrigações —, manifesta-se A. PASQUINO, *loc. cit.*, p. 293.

[520] Pode igualmente excogitar-se a hipótese de a entidade emitente propor a substituição de um bem que garante o empréstimo por outro, como seria o caso de ter chegado a acordo para a alienação do bem onerado, bem como a hipótese de propor a ampliação do prazo, independentemente de uma situação de impossibilidade ou dificuldade de cumprimento.

Evidentemente que neste último caso a *adequação* ao interesse comum impõe a ponderação de factores como a amplitude do novo prazo, o facto de os valores estarem ou não cotados em bolsa — circunstância determinante para a fácil transação dos mesmos —, as contrapartidas proporcionadas, etc.

De todo o modo, num caso destes o juiz que aprecie a *adequação* da deliberação ao interesse comum deve ter sempre em forte consideração o interesse do credor em dispor do capital uma vez vencido o prazo.

Quanto à questão de saber se a ampliação do prazo do empréstimo só se deve admitir na hipótese de estarem preenchidos os requisitos legais para a emissão, nomeadamente a proporção entre capital social e montante do empréstimo, veja-se: a favor: G. MANZINI, *loc. cit.*, p. 585 (e obras citadas na nota 63); contra: LANDOLFI, Silvestro, «Prestito obbligazionario: ammissibilità della proroga», in *Società*, 1992, pp. 1688 e 1699.

[521] A admissibilidade da assembleia modificar o empréstimo à margem de situações de *crise* da entidade emitente é justificada por ALONSO ESPINOSA independentemente da relação (princípio) de concordância entre deliberação e interesse comum. Este é para o Autor um princípio «relativo»: «Se trata, como el anterior, de un principio de carácter relativo ya que, cuando de la modificación pretendida por el deudor no se derive perjuicio alguno para los obligacionistas, parece que la asamblea podrá adoptar decisiones favorables al deudor» (cf. *ob. cit.*, p. 233).

Divergência de fundo? Claro que não. Partilhamos de ponto de vista, embora justifiquemos diferentemente.

6. Outra questão melindrosa é a de saber se os direitos já vencidos são susceptíveis de alteração pela assembleia[522]. Vejamos um par de exemplos. Num empréstimo amortizável por sorteio podem os titulares de valores sorteados participar em assembleia que delibere a modificação das condições do empréstimo? E na hipótese de um qualquer empréstimo obrigacionista é possível alterar-se por deliberação maioritária os juros já vencidos?

Entre as opiniões que recusam categoricamente a competência sobre direitos já vencidos, é costume encontrar-se dois tipos argumentos. O primeiro diz respeito ao facto de o vencimento tornar exigível a prestação, pelo que este direito a pagamento imediato não poderia ser excluído pela assembleia. O outro reporta-se à cessação do interesse comum, circunstância que se verificaria mormente nas hipóteses de vencimento em datas diferentes, como no caso do sorteio — o interesse dos titulares de obrigações já vencidas é distinto do interesse daqueles cujos valores ainda não são exigíveis[523]. A estes argumentos, acrescenta-se por vezes a consideração de que uma solução destas poderia conduzir a resultados manifestamente em choque com o sentido de justiça, qual a hipótese de uma maioria em situação mais desfavorável poder decidir sobre os direitos da minoria que se encontre em posição mais vantajosa[524].

O que dizer destes argumentos?

Do meu ponto de vista, é necessário distinguir-se os casos em que tenha havido cumprimento daqueloutros em que, vencido o prazo, a sociedade não cumpre e incorre em mora. Na primeira hipótese, não deparo com qualquer obstáculo em considerar-se a assembleia incompetente. Realizada a prestação, a obrigação cumpre a sua finalidade, satisfazendo o interesse do credor e liberando o devedor do vínculo a que se encontrava adstrito. Nem o obrigacionista detém um crédito — que se extingue com o cumprimento —, susceptível de alteração, nem partilha com os restantes coobrigacionistas de um interesse comum. Quando, porém, vencido o prazo, o devedor não cumpra a obrigação, o caso muda de figura. Aqui não há razão para distinguir entre as obrigações vencidas

---

[522] Sobre a diferença entre *extinção* do empréstimo e *vencimento* das obrigações, veja-se *supra* a nota 212.

[523] Cf. S. PESCATORE, *loc. cit.*, p. 132; S. GALLI, *loc. cit.*, p. 518; ALONSO ESPINOSA, *ob. cit.*, p. 234; e TORRES ESCAMEZ, *ob. cit.*, p. 199. Igualmente neste sentido, manifestou-se o *Tribunale di Milano*, em sentença datada de 18 de Setembro de 1989, in *Società*, 1990, pp. 473-475.

[524] O argumento é de TORRES ESCAMEZ, *ibid.*, p. 199.

e as restantes, já que em ambas as situações permanece a insatisfação do interesse do credor. O vencimento não altera a necessidade do obrigacionista na obtenção do retorno contratualmente previsto, dado o devedor encontrar-se em incumprimento. Pelo que não vejo dificuldade em aceitar--se a competência da assembleia para modificar créditos vencidos[525].

A tese contrária parece conter implícito o pensamento de S. Pescatore que considera a posição do obrigacionista como um posição *in fieri*, uma *situação de facto* susceptível de ser alterada pelo grupo, mas que se autonomiza com o vencimento. Ora este pressuposto parece-me inaceitável. Como já tive oportunidade de referir o empréstimo obrigacionista é um contrato a termo e, como tal, o momento do cumprimento das prestações é deferido para data futura. Não pode, por isso, falar-se de posições *in fieri*. Trata-se de verdadeiros direitos de crédito cuja cumprimento não pode ser exigido antes de chegada certa data. Aliás, se assim não fosse, na hipótese de a entidade emitente não realizar as prestações de pagamento do capital ou de juros cujo vencimento se verifique na mesma data, estaria vedado à assembleia deliberar sobre a modificação dos créditos? Já não há interesse comum?

7. Além dos mencionados limites à competência das assembleias, a tutela dos obrigacionistas em sede de modificação dos créditos beneficia ainda de dois outros importantes contributos: quóruns especiais e a cláusula de «salvo regresso de melhor fortuna».

---

[525] Não ajuíza diferentemente o *Tribunal Supremo* espanhol que em sentença de 3 de Março de 1984 assim se expressa, a propósito da possibilidade da assembleia modificar obrigações sorteadas: «por eso carece de sentido afirmar que los intereses de los titulares de las obligaciones sorteadas no son comunes sino contrapuestas con los de las no sorteadas [...] Llegado como llegó un momento en que por la crisis económica, la sociedad emisora no podía satisfacer los reembolsos, todos quedan unificados en el mismo y único interés de reintegrarse, de obtener la satisfacción de sus créditos, lo que no se conseguiría, de continuar la situación que provocó el acuerdo de la Asamblea, interés que pasa a ser el auténtico interés común de los obligacionistas que, el acuerdo discutido trata de satisfacer, mientras que la impugnación va en contra del mismo, significando la reacción basada en el interés particular y egoísta de unos pocos, que pretenden anteponerlo al de la comunidade de los obligacionistas. Para la prosperabilidad de la pretensíión anulatoria, hubiera sido preciso [...] que se acreditase la lesión de los intereses de la sociedad (colectividad de obligacionistas) en beneficio de uno o varios obligacionistas, que es justo lo contrario de lo que aquí se intentó» (cf. AAVV, *Aranzadi Mercantil. Derecho de Sociedades*, III, 2.ª ed., Editorial Aranzadi, S.A., 1997, p. VIII, I, 44).

Por regra, as deliberações da assembleia são aprovadas pela maioria dos votos emitidos. Quando, porém, o assunto a tratar seja a modificação das condições dos créditos, o legislador previu quóruns mais exigentes, visto poder estar em causa a diminuição do conteúdo económico dos títulos. Logo, compreende-se que não baste o voto favorável da maioria dos presentes para que uma qualquer proposta, no sentido atrás referido, fosse aprovada em primeira convocação. Será preciso um consenso mais alargado, até porque «as deliberações tomadas pela assembleia vinculam ausentes e discordantes»[526-527].

As modificações dos créditos dos obrigacionistas devem, por conseguinte, «ser aprovadas, na primeira data fixada, por metade dos votos correspondentes a todos os obrigacionistas e, na segunda data, por dois terços dos votos emitidos»[528].

Este enunciado normativo mereceu uma interessante interpretação por parte de Osório de Castro[529]. Admite o Autor a possibilidade de realização de uma segunda reunião, mau grado a existência de quórum constitutivo na primeira data fixada. E justifica-se da seguinte forma: «É que, a ser de outro modo — e dada a identidade entre o *quorum* constitutivo e o *quorum* deliberativo — situações haveria em que uma fatia substancial dos obrigacionistas (esmagadoramente maioritários relativamente aos outros, descontados os absentistas) se veria impossibilitada de aprovar as modificações apenas pelo facto absurdo de essa parcela ser *sobredimensionada* (!) relativamente ao que seria conveniente, à luz dos ditames da lei. De facto, se na primeira data fixada estiverem presentes titulares de 51% das obrigações, não só a deliberação não se considera aprovada mesmo que as modificações colham votos correspondentes a 49% das obrigações, como não haverá sequer possibilidade de fazer valer numa segunda data uma tal vontade tão expressivamente maioritária — ao contrário do que sucederia se alguns dos obrigacionistas favoráveis às modificações se tivessem abstido de comparecer à primeira reunião (pois, faltando o *quorum*, seria caso de reunir numa segunda data).»

---

[526] Cf. art. 355.º, n.º 8.

[527] A existência de tão elevado quórum é, aliás, outro factor capaz de trazer luz bastante para a compreensão da norma que tenho vindo a analisar. Se o legislador exigiu consenso assaz alargado não espanta que tenha tido em mira também modificações essenciais ou estruturais do empréstimo. Causaria espécie, isso sim, pensar-se que para pequenas mudanças em condições de carácter acessório fosse necessário maioria tão significativa.

[528] Cf. art. 355.º, n.º 7.

[529] Cf. *ob. cit.*, pp. 141-143.

Apesar da persuasiva explicação, proponho-me apresentar opinião divergente. Penso igualmente num exemplo, aliás, na hipótese inversa à supramencionada, i. é, estarem presentes titulares de 51% das obrigações na primeira data e a proposta de modificação ser rejeitada com votos correspondentes a 49% dos títulos. Qual a solução a dar neste caso? Deverá tão elevada maioria comparecer na segunda data fixada para evitar o risco de uma modificação já amplamente recusada? Não será esta situação igualmente absurda?

Creio bem que sim. Admitir-se, com o intuito de facilitar a aprovação da proposta, uma segunda reunião, apesar de na primeira ter estado presente ou representado o número mínimo de participantes para que a assembleia possa reunir e deliberar validamente, significaria estar-se a irrelevar a vontade daqueles que participaram na assembleia e não votaram favoravelmente a proposta.

Na verdade, se esta não foi aprovada em primeira reunião apesar de existir número suficiente de participantes com direito de voto foi porque alguns deles se manifestaram no sentido da não aprovação. Admitir-se uma segunda reunião seria desatender esta manifestação de vontade, esta *participação no procedimento*. Na prática estar-se-ia a equiparar o comportamento dos ausentes ao comportamento dos presentes que votaram contra ou se abstiveram. Será tal resultado aceitável? Parece-me que não. Se alguém teve a preocupação de comparecer na assembleia a fim de nela participar e não votou favoravelmente, tal comportamento terá de ser relevado, tanto mais pelo facto de estarmos perante situações em que o absentismo é a regra. A sua presença contribui para a existência de quórum constitutivo e a sua participação para a não existência de quórum deliberativo. A proposta deverá então ser rejeitada.

É consabido que a reunião em segunda data visa permitir a adopção de deliberações que dado o elevado absentismo não poderiam ser tomadas com observância da maioria legalmente prevista. Ora, verificado o número mínimo de participantes para que a assembleia pudesse reunir e deliberar validamente, não há absentismo.

Por esta razão penso que a interpretação a dar ao art. 355.º, n.º 7, é a seguinte: em primeira convocação a assembleia será constituída se estiverem presentes ou representados obrigacionistas titulares de pelo menos metade do empréstimo. A proposta é aprovada por uma maioria do mesmo valor. Se a assembleia não se tiver constituído por insuficiência de quórum constitutivo, haverá lugar a uma segunda reunião que deliberará qualquer que seja o montante do empréstimo representado. Neste caso, porém, a proposta será aprovada se a ela aderirem dois terços dos votos emitidos[530].

Independentemente de saber para que lado penderá o fiel da balança, deve sempre conceder-se a Osório de Castro o indiscutível mérito de pôr em evidência um certo exagero do quórum constitutivo legalmente determinado. É certo que o legislador quis assegurar um amplo consenso quanto às modificações a adoptar. Mas é igualmente verdade que em face do normal absentismo que caracteriza estas reuniões a regra acabará por ser a reunião em segunda convocação, portanto, sem qualquer garantia quanto ao número mínimo de presentes. Porventura, melhor seria reduzir o quórum constitutivo na primeira data fixada — talvez para um terço do montante do empréstimo, à semelhança do previsto no art. 383.º, n.º 2, para as assembleias de accionistas[531].

---

[530] No sentido de que as deliberações das assembleias de obrigacionistas em segunda convocação são inválidas caso na primeira data fixada a assembleia tenha reunido com quórum constitutivo, pronunciou-se o *Tribunale di Milano*, em sentença datada de 31 de Outubro de 1966 (cf. *Foro it.*, 1967, I, p. 444).

É, aliás, esta uma regra já expressa por Lucas Coelho, *ob. cit.*, p. 54 e nota 39, relativamente às assembleias de accionistas. Ouça-se o Autor: «A norma [art. 383.º, n.º 4] é expressa no sentido de esta fixação antecipada de uma segunda data depender da circunstância de a reunião se gorar na primeira data *por falta de representação do capital exigido* pela lei ou pelo contrato.» E continua, algumas linhas mais abaixo, reportando-se à argumentação proferida pela Cassação italiana, em decisão de 4 de Dezembro de 1990:«[...] a reunião da assembleia em primeira convocação com *quorum* insuficiente é pressuposto inderrogável da válida constituição da assembleia de segunda convocação, devendo elaborar-se acta da primeira assembleia, ainda que deserta, sob pena de inexistência da deliberação tomada na segunda.»

De todo o modo, convém salientar que para Osório de Castro, *ibid.*, p. 157, a possibilidade de reunião em segunda data prevista no art. 355.º, n.º 7, não é equiparável à prevista no art. 383.º, n.º 4.

[531] Para finalizar, importa referir que não considero a possibilidade de se alterarem os quóruns legalmente previstos, quer exigindo maiorias mais elevadas para a reunião e aprovação das propostas, quer estabelecendo regras mais permissivas aptas a facilitar o acolhimento das mesmas. As maiorias exigidas assentam num equilíbrio tendente a resolver um jogo de interesses. Se por um lado se quis facultar à entidade emitente e aos obrigacionistas a possibilidade de revisão das condições do empréstimo sem necessidade de consentimento unânime, por outro exigiu-se a expressão de uma maioria significativa que legitime a exclusão da vontade minoritária. Assim, por exemplo, se o aumento dos quóruns legais pode originar a paralisação das assembleias e consequente inutilidade do instituto, a opção inversa esvaziaria de conteúdo a tutela legal oferecida por esta via às minorias.

Trata-se, por conseguinte, de *regras injuntivas* cuja alteração romperia com o equilíbrio dos interesses que foram tidos em conta pelo legislador. No mesmo sentido, FRÈ, *ob. cit.*, p. 503.

Ainda a propósito deste tema importa sumamente referir que entre as duas datas fixadas na convocatória deve mediar mais de quinze dias, tal como estipulado no art. 383.º, n.º 4. É uma solução que se obtém pela remissão do art. 355.º, n.º 2, e que soluciona de forma sã e equilibrada o conflito de interesses em causa. Com efeito, o intervalo de tempo fixado destina-se a possibilitar a presença na reunião daqueles que por motivos vários não puderam comparecer na primeira data fixada nem optaram por nela se fazerem representar. Ora, estando em causa a tomada de decisões de superior importância, para as quais a lei impõe um quórum exigentíssimo, não se compreenderia que entre as duas datas fixadas não distasse um período mínimo razoável. Se assim não fosse, estar-se-ía a legitimar situações, nada invulgares aliás, em que afinal a reunião em segunda data é apenas uns minutos mais tarde. A permissão desta quase simultaneidade facultaria a elisão do quórum estabelecido na lei, resultado que me parece inaceitável mercê dos interesses em jogo.

Em sentido dissonante manifesta-se BRITO CORREIA, *Direito Comercial*, Vol. II, cit., p. 512, nota 24, que se escuda no argumento literal de a lei ter aludido a *segunda data fixada* (art. 355.º, n.º 7) e não a *segunda convocação*. Confesso que tenho alguma dificuldade em atinar com o mérito da aludida argumentação, pois precisamente o art. 383.º, n.º 4, de cuja aplicação aqui se cura, está destinado aos casos de na convocatória ser fixada desde logo uma *segunda data* para a hipótese de não haver reunião na primeira data marcada por insuficiência de quórum. Quando tal data não seja fixada, então é necessário proceder-se a uma *segunda convocação*, mas aí o intervalo de tempo a observar entre a data da primeira e segunda convocação é necessariamente superior a quinze dias como se depreende do exposto no art. 377.º, n.º 4, que prescreve um intervalo de tempo mínimo (um mês ou vinte e um dias, conforme os casos) entre a última publicação da convocatória de uma assembleia e a data da reunião.

Igualmente aplicável é a regra prevista no art. 377.º, n.º 8, que determina uma maior especificidade da convocatória quando o assunto a tratar seja a alteração do pacto social. Ora, julgo pacífico considerar-se que o alcance da remissão do art. 355.º, n.º 2, deve ser entendido como determinativo de um conteúdo próprio para a convocatória das assembleias de obrigacionistas cujo ponto da ordem do dia seja a modificação dos créditos. Nestes casos, o aviso convocatório deverá «mencionar as cláusulas a modificar, suprimir ou aditar e o texto integral das cláusulas propostas ou a indicação de que tal texto fica à disposição» dos obrigacionistas na sede social, a partir da data de publicação.

Quando da convocatória não constem tais elementos informativos, a deliberação é anulável nos termos do art. 58.º, n.º 1, al. c), e n.º 4, al. a).

Ocorre-me aqui citar uma vez mais a decisão de 18 de Setembro de 1989, do *Tribunale di Milano*, in *Società*, 1990, p. 474, porque se trata precisamente de um caso em que existe um contraste entre o conteúdo da convocatória e a deliberação adoptada: na ordem do dia mencionava-se «suspensão dos juros do empréstimo obrigacionista», enquanto a deliberação incidiu sobre a renúncia total aos juros vencidos e futuros.

Outra importante garantia legal contra modificações injustificadas dos créditos obrigacionistas advém da aplicação analógica da cláusula «salvo regresso de melhor fortuna», prevista no art. 67.º do CREF[532]. Sendo uma *providência de recuperação de empresas*, a concordata visa a viabilização de empresas em situação de insolvência ou em situação económica difícil, recuperação essa que passará, neste caso, pela redução ou modificação dos direitos dos credores[533]. Naturalmente se compreenderá, portanto, que o legislador tenha previsto a título supletivo a cláusula de «salvo regresso de melhor fortuna», nos termos da qual a empresa fica obrigada, assim que melhore a sua situação económica, a pagar rateadamente aos credores concordatários o valor integral dos débitos que eventualmente hajam sido reduzidos.

Preside a esta norma um sublime espírito de justiça. Se o revigorar financeiro da sociedade foi possível à custa da alteração ou redução dos direitos dos credores, suscitaria considerável admiração e legítima repugnância que perante um súbito reequilibro económico a sociedade se eximisse ao cumprimento dos créditos iniciais. Essa repugnância e admiração acentuar-se-ia, contudo, exponencialmente, na eventualidade de os sócios virem a ser contemplados com chorudos dividendos, como, aliás, alerta veementemente um Autor francês, de nome Bastian, na segunda citação com que tive oportunidade de iniciar este ponto.

Entretanto, o CSC não prevê norma semelhante para a hipótese de modificação dos créditos dos obrigacionistas, pese embora a alteração promovida pela assembleia de modificação ou redução dos créditos prestar-se, por vezes, a função simétrica à da concordata. Daí o entender estar-se em face de uma lacuna: o legislador a ser coerente consigo mesmo deveria ter consagrado igual solução[534].

Assim, quando perante o caso concreto resultem indícios inequívocos que a modificação deliberada tem o alcance de uma concordata, propugno a aplicação analógica da cláusula «salvo regresso de melhor fortuna», prevista no art. 67.º do CREF.

---

[532] Mas que se aplica outrossim à *reestruturação financeira* (cf. art. 92.º, n.º 1, CREF).

[533] Acerca dos conceitos de *empresa, situação de insolvência* e *situação económica difícil*, para efeitos do CREF, consulte-se COUTINHO DE ABREU, *loc. cit.*, pp. 107-113.

[534] Será na classificação de BAPTISTA MACHADO, *Introdução ao Direito e ao Discurso Legitimador*, cit., p. 196, uma «lacuna teleológica», na submodalidade de «lacuna patente».

24. Providências de recuperação de empresas e acordo extraordinário

> «La procédure ordinaire de la faillite est incompatible avec le nombre et l'inexpérience des obligataires. Les obligataires seront donc presque forcément parties à la faillite. Quel y sera leur sort?»
>
> Brandeis, *ob. cit.*, p. 244.

0. O elenco legal de competências das assembleias de obrigacionistas, centrado no art. 355.º, n.º 4, prevê, por fim, uma alínea com respeito às providências de recuperação de empresas[535]. Serve este enunciado normativo à reflexão sobre a competência dos colégios obrigacionistas para votarem as propostas de medidas a adoptar no âmbito dos processos especiais de recuperação de empresas e de falência.

Das quatro providências admitidas pelo CREF — concordata, reconstituição empresarial, reestruturação financeira e gestão controlada[536] —, o CSC menciona unicamente duas: a concordata e a reconstituição empresarial[537], anteriormente denominada *acordo de credores*[538]. Daí poder pensar-se que o legislador terá pretendido excluir daquele âmbito de competência as propostas de reestruturação financeira e gestão controlada. Mas não. Se se atender à génese dos dois diplomas, fica-se com a sensação de que o reduzido alcance da al. c) do n.º 4 do art. 355.º não se deve a uma opção do legislador, antes, porém, a um desencontro entre os momentos de redacção do CSC e do CREF, ainda não rectificado. Na verdade, aquando da publicação do CSC, em 2 de Setembro de 1986, existiam três providências de recuperação de empresas: a *concordata*, o *acordo de credores* e a *gestão controlada*. Simplesmente, enquanto as duas primeiras estavam já previstas no *Código de Processo Civil*, de 1961[539], como *meios preventivos da falência*, a *gestão controlada* surge pela primeira vez com o DL n.º 177/86, de 2 de Julho, cuja entrada em vigor a 1 de Setembro do mesmo

---

[535] Naturalmente que à enunciação das competências legais dos colégios obrigacionistas concorrem outros preceitos legais, como os arts. 109.º, n.º 2; 120.º; 359, n.º 4; e 362.º, n.º 3.

[536] Cf. art. 4.º do CREF.

[537] Cf. a al. c) do n.º 4 do art. 355.º.

[538] Cf. preâmbulo do DL n.º 315/98, de 20 de Outubro, que procedeu à revisão do Código dos Processos Especiais de Recuperação da Empresa e de Falência, aprovado pelo DL n.º 132/93, de 23 de Abril.

[539] Cf. as Divisões III e IV do DL 44129, de 28 de Dezembro de 1961.

ano, praticamente coincide com a do CSC, a 1 de Novembro[540]. Dois meses somente a separar um do outro constitui razão plausível para que o CSC não se encontrasse sintonizado com o CREF, entrando em vigor, compreensivelmente, já desactualizado e a carecer de ajustamentos.

Concorre para este entendimento a circunstância de o CSC, no que se refere ao ponto em análise, não diferir do «Projecto de Código das Sociedades», datado de 1983, que previa igualmente as duas únicas providências aludidas[541].

Contestar-se-á que a omissão destas duas providências é propositada, pois ainda que tivessem escapado ao legislador no momento da feitura do CSC, o seu aditamento poderia ter sido realizado fosse aquando da entrada em vigor do CREF, em 1993[542], fosse no momento da revisão do mesmo, em 1998[543]. Penso, no entanto, que improcede a acusação: a considerar-se atento e sintonizado o legislador, ficaria por explicar por que razão à mudança da denominação *acordo de credores* por *reconstituição empresarial*, promovida pelo DL n.º 315/98, de 20 de Outubro, não correspondeu igual correcção no CSC.

Além disso, entre aquela dupla inicial de providências e as novas *gestão controlada* e *reestruturação financeira* não se vislumbram divergências de monta aptas a justificar a circunscrição da competência das assembleias de obrigacionistas às primeiras[544]. É verdade que «na gestão controlada e na reestruturação financeira os credores interferem directamente na reorganização dos factores de produção e na estrutura financeira interna da empresa devedora, como se fossem os titulares do capital da empresa», tal-qualmente escreve Robin de Andrade[545]. Mas, será isto suficiente para se proclamar o tratamento díspar? Creio bem que não, até porque as duas providências em apreço podem integrar medidas idênticas às da concordata e de reconstituição empresarial[546], ponto de vista corroborado pelo mesmo Robin de Andrade, quando assevera: «a

---

[540] Por sua vez, a *reestruturação financeira* só viria a surgir com o DL n.º 132/93, de 23 de Abril, que instituiu o CREF.

[541] Cf. art. 338.º, n.º 4, al. c), in RAÚL VENTURA, «Código das Sociedades (Projecto)», cit. p. 241.

[542] Cf. DL n.º 132/93, de 23 de Abril.

[543] Cf. DL n.º 315/98, de 20 de Outubro.

[544] Sobre as providências de recuperação de empresas, veja-se os Autores citados *supra* na nota 501.

[545] Cf. ROBIN DE ANDRADE, *loc. cit.*, p. 78.

[546] Cf. arts. 88.º e 100.º CREF.

reestruturação financeira compreende providências que estruturalmente são verdadeiras concordatas, porque envolvem modificação dos créditos sobre a empresa, a par de outras que respeitam, não às condições dos créditos mas a outros elementos da estrutura financeira da empresa. Por seu lado, a *gestão controlada* compreende providências que estruturalmente são concordatas ou de reestruturação financeira, mas, para além delas, outras que respeitam à própria identidade, organização e gestão da empresa»[547].

É por causa destas duas razões que se deverá concluir que o legislador não terá pretendido excluir do âmbito de competência das assembleias de obrigacionistas as propostas de *reestruturação financeira* e *gestão controlada*. Julgo, pelo contrário, que não terá tido, porventura, oportunidade de reparar nas alterações entretanto levadas a cabo no direito falencial[548].

Em suma: qualquer que seja a providência de recuperação de empresa adoptada, os obrigacionistas podem reunir em assembleia a fim de determinarem o seu sentido de voto, resultado que se obtem seja por interpretação extensiva do art. 355.º, n.º 4, al. c), seja porque a lei reconhece competência à assembleia para deliberar sobre todos os assuntos de interesse comum[549].

De igual modo, uma vez espoletado o processo de recuperação, a assembleia pode ter lugar com o fito de se definir alguma medida de recuperação a propor no momento da realização da *assembleia de credores definitiva*, visto os credores não estarem vinculados às medidas propostas pelo gestor judicial, pela empresa ou pelo credor que requereu a abertura do processo[550]. Será, aliás, uma reunião bastante pertinente e útil para os interesses dos obrigacionistas, sempre que os seus valores representem uma parte considerável do valor total dos créditos, dada a forte probabilidade de, neste contexto, ser aprovada a medida por eles sugerida.

---

[547] Cf. Id., *ibid.*, p. 79.

[548] Quanto à questão de saber qual o adjectivo preferível, se *falencial* ou *falimentar*, penso que ambos são igualmente válidos. Veja-se, todavia, os argumentos ministrados a favor e contra por PINTO FURTADO, «Perspectivas e Tendências do Moderno Direito da Falência», in *RB*, n.º 11, Julho/Setembro, 1989, p. 83, nota 4; PEDRO CAEIRO, *Sobre a Natureza dos Crimes Falenciais. (O Património, a Falência, a sua Incriminação e a Reforma dela)*, Coimbra Editora, Coimbra, 1996, p. 81, nota 167; e CATARINA SERRA, *ob. cit.*, pp. 24 e 25, nota 14.

[549] Cf. art. 355.º, n.º 4.

[550] Cf. arts. 20.º, n.º 2, e 50.º, n.º 5, CREF.

Por se tratar igualmente de matéria de interesse comum, os colégios obrigacionistas podem outrossim pronunciar-se acerca do *acordo extraordinário* previsto no art. 231.º CREF, cujo objectivo é pôr termo ao processo de falência. Quando homologado, este acordo tem como efeitos a recuperação pelo falido do direito de disposição dos seus bens e da livre gestão dos seus negócios, nos termos convencionados, bem como a cessação das atribuições da comissão de credores e do liquidatário judicial, com excepção das relativas à apresentação das contas e de outras eventualmente acordadas([551]). Como a lei não se refere ao conteúdo deste acordo, não parece ser de rejeitar à partida a adopção de algumas medidas legalmente fixadas para as providências de recuperação[552].

1. Deixando de lado esta questão prévia, e tendo por assente que as assembleias de obrigacionistas podem deliberar sobre quaisquer medidas propostas no âmbito dos processos de recuperação e de falência, urge perguntar se têm de fazê-lo ou, melhor dizendo, se está vedada a intervenção individual dos obrigacionistas nas assembleias de credores em que se discutirão tais medidas.

Naturalmente que tendo havido reunião dos obrigacionistas, e tendo sido tomada posição quanto às medidas em causa, a participação na assembleia de credores caberá ao representante comum ou, na sua falta, a um representante nomeado *ad hoc*, visto que a deliberação vincula ausentes, abstencionistas e discordantes[553]. Pode, contudo, dar-se o caso de não se realizar a assembleia de obrigacionistas por falta de convocação. Nem o presidente da mesa da assembleia geral da entidade emitente, nem o representante comum, nem o tribunal, a requerimento de obrigacionistas titulares de 5% das obrigações da emissão, que são as pessoas legalmente competentes para procederem à convocação, optaram por fazê-lo. *Quid iuris?*

Atendendo à índole deste trabalho, que se pretende eminentemente problemático e reflexivo, importa fornecer prévia e sucintamente uma visão comparatística antes de se emitir opinião atinente. Pois bem, uma solução, porventura a mais singela, é a do legislador suíço: iniciando-se o processo falencial, a administração da sociedade emitente convocará de imediato os credores obrigacionistas a fim de estes concederem ao representante os

---

[551] Cf. art. 237.º, n.º 2, CREF.
[552] Exprimem opinião semelhante, CARVALHO FERNANDES, Luís A./ JOÃO LABAREDA, *Código dos Processos Especiais de Recuperação da Empresa e de Falência Anotado*, Quid Juris, Sociedade Editora, Lda., 3.ª ed. (reimpressão), Lisboa, 1999, pp. 525 e 526.
[553] Cf. art. 355.º, n.º 8.

poderes necessários para proceder à tutela colectiva dos seus direitos, diz o art. 1183, 1, COSuiç. Simplesmente, acrescenta o número 2, faltando a deliberação que confira tais poderes ao representante, os obrigacionistas podem intervir individualmente no processo. Questão resolvida.

Desta solução distancia-se um tanto a adoptada em França. No caso de «redressement» ou de «liquidation judiciaire» da sociedade emitente, apenas os representantes do grupo obrigacionista intervirão no processo, podendo o tribunal designar mandatário encarregue de assegurar a representação do grupo obrigacionista quando aqueles não intervenham. A votação das propostas de «redressement» é feita em assembleia expressamente convocada para o efeito, cabendo aos representantes do grupo obrigacionista transmitir o sentido de voto destes ao representante dos credores[554].

Também em Espanha não se suscitam dúvidas a propósito desta questão. É que nos termos do art. 932 do CCEsp os credores dividem-se em três grupos a fim de apreciarem as propostas de *convenio*, um dos quais é o dos obrigacionistas. Quer dizer, o problema de que aqui se cura nem sequer se coloca, porquanto as propostas são votadas separadamente pelos diferentes grupos de credores.

Já em Itália, a questão aqui tratada não foi resolvida pelo legislador. Sendo que as dúvidas aí suscitadas revestem feição assaz simétrica às do direito pátrio, servir-me-ei da experiência italiana enquanto base de reflexão e ponderação, como de resto o tenho feito por diversas vezes, noutras partes deste trabalho.

Saliente-se, antes de mais, que as raias do debate circunscrevem-se à apreciação das providências de recuperação de empresas e do acordo extraordinário, pois que a participação no processo de recuperação ou de falência mediante o exercício de certos direitos, reconhecidos por lei a todos os credores, é algo que suponho fora de contestação. No que respeita a estes últimos, estaremos perante feixe de direitos essenciais à participação de todos os credores no processo e, decorrentemente, imprescindíveis ao seu normal e correcto desenrolar. Revestem a natureza de *jus cogens*, conquanto estão em jogo razões de interesse público e os próprios princípios que regem o direito falencial, e não o mero interesse do seu titular. São, portanto, direitos inderrogáveis por deliberação da assembleia. Permito-me aqui evocar alguns desses direitos, a título meramente exemplificativo: direito de requerer a aplicação de providência de recuperação

---

[554] Cf. arts. 331 ss. da L1966.

(art. 8.º, n.º 1); de requerer a falência da entidade emitente (art. 8.º, n.º 3); de oposição e justificação dos créditos (art. 20.º, n.º 2); de reclamação ou rectificação dos créditos (art. 44.º, n.ºs 1 e 2); de impugnação de créditos (art. 45.º, n.º 1); de reclamação contra as deliberações da assembleia que aprovem ou não os créditos (art. 49.º, n.º 1); de anulação das providências decretadas (arts. 72.º, n.º 1; 82.º; 96.º; e 117.º); de reclamação de diversos actos praticados no decorrer do processo de recuperação, bem como de recurso da decisão do juiz (art. 121.º-A); de oposição de embargos à sentença de declaração de falência (art. 129.º, n.º 1, al. a)); de reclamação de créditos a fim de obter pagamento na liquidação (art. 188.º, n.º 1); de contestação dos créditos reclamados (art. 192.º); e de recurso dos actos praticados no processo de falência (arts. 228.º e 229.º)[555-556].

Naturalmente que o exercício destes direitos compete outrossim ao representante comum dada a sua função de tutelar o interesse colectivo. Estamos, por isso, em face de matérias de competência cumulativa dos obrigacionistas e do representante, com uma ligeira diferença: é que se ambos *podem* praticar tais actos, o representante *deve* fazê-lo sempre que sejam necessários à tutela do interesse comum[557].

Revertendo agora à questão formulada — se a votação das medidas a adoptar no âmbito nos processos especiais de recuperação de empresas e de falência deve ser ou não tomada em assembleia de obrigacionistas —, há duas ideias a reter e cuja ponderação constitui precioso auxílio na dilucidação do problema.

Quem entenda que, para efeitos de cálculo da maioria exigida no CREF, o voto expresso pelo representante dos obrigacionistas deve ser computado pelo valor global da emissão — facto que não é totalmente líquido como teremos oportunidade de ver de seguida —, concluirá logicamente que a reunião colegial facilita a aprovação das medidas propostas. Se um certo número de obrigacionistas, reunido em colégio próprio, determina o sentido de voto da totalidade dos credores da mesma emissão, este voto terá certamente uma preponderância superior à da intervenção isolada dos obrigacionistas, provavelmente apenas alguns e com sentidos de voto divergentes. Que o voto único constitui argumento favorável à tese da

---

[555] Todas as disposições legais mencionadas neste exemplo pertencem ao CREF.

[556] Sobre as condições de exercício de alguns destes direitos, veja-se MIGUEL TEIXEIRA DE SOUSA, «A Verificação do Passivo no Processo de Falência», in *RFDUL*, Vol. 36, 1995, pp. 361 ss.

[557] Cf. art. 359.º, n.º 1.

apreciação colegial necessária, é verdade no sentido de que pode facilitar a aprovação das propostas.

Mas quanto a vantagens imputáveis à apreciação em assembleia, ficamos por aqui, segundo creio. Nem a principal razão aduzida no momento em que proclamei o exercício colectivo do *direito de oposição às operações de fusão e cisão*[558], qual a de a tutela determinada dever aplicar-se a todos os obrigacionistas em observância do princípio de igual tratamento, assume aqui relevo significativo, visto o aludido princípio encontrar-se consagrado no CREF[559].

A primeira ideia a reter é, portanto, a seguinte: contra a possibilidade de os obrigacionistas poderem participar individualmente nas assembleias de credores a fim de votarem as propostas de recuperação ou o acordo extraordinário pode invocar-se o argumento de que tal participação dificulta a aprovação das medidas, no sentido de que nem todos os obrigacionistas votam nas mesmas propostas e de que há sempre bastantes ausentes. Se, pelo contrário, reunirem em assembleia própria, o seu voto será provavelmente decisivo para a aprovação da proposta, isto, claro, se se entender que o voto expresso pelo representante comum é representativo do valor global da emissão.

A segunda ideia move-se em sentido oposto ao da primeira, ou seja induz à admissibilidade de participação individual, quando não tenha havido deliberação. Trata-se, no fundo, da *inexistência de uma obrigação legal* de realização das assembleias de obrigacionistas para este fim, contrariamente ao prescrito em relação ao exercício do direito de oposição à fusão e cisão. Assim sendo, enquanto os processos de fusão ou cisão não podem prosseguir sem a realização das assembleias de obrigacionistas com vista a pronunciar-se acerca dos eventuais prejuízos daí decorrentes[560], os processos especiais de recuperação de empresas e de falência não deparam com tal obstáculo, podendo continuar haja ou não reunião de obrigacionistas. Ora, mercê do regime atinente à convocação da assembleia, cuja legitimidade está reservada ao representante comum e ao presidente da mesa da assembleia geral da entidade emitente, parece-me forçoso reconhecer-se o direito de intervenção individual. De outro modo, a não convocação da assembleia por parte dos sujeitos mencionados resul-

---

[558] Cf. ponto 21 (2) e ponto 19 (2.3).

[559] Cf. art. 62.º CREF.

[560] Cf. arts. 109.º, n.ºs 1, 2 e 3; e 120.º e as considerações proferidas *supra* no ponto 21 (2).

taria na negação do direito do obrigacionista a votar tais propostas, no caso de possuir menos de cinco por cento das obrigações da emissão, já que apenas titulares de tal quantia podem requerer a convocação judicial da assembleia[561].

Duas ideias colidentes, a puxar cada uma para o seu lado, fazem vacilar o intérprete. A mim convence-me mais a segunda, pelo que, à falta de orientação legal mais explícita, voto pela possibilidade de intervenção individual sempre que a assembleia não se tenha pronunciado[562].

De todo o modo, creio que a situação mais natural, mormente tratando-se de empréstimos dispersos por um volume considerável de pessoas, será a de o juiz, com o intuito de agilizar o processo deliberativo, limitar a participação na assembleia de credores a titulares de uma percentagem mínima dos créditos aprovados, nos termos consentidos pelo n.º 3 do art. 50.º do CREF. Se assim for, os obrigacionistas ver-se-ão compelidos a reunir em própria assembleia e a solicitar ao tribunal a convocação da mesma, se é que não se deva admitir a legitimidade *ex oficio* do juiz para a convocação.

2. Cabe agora versar sobre o *conteúdo* das deliberações das assembleias de obrigacionistas respeitantes às medidas dos processos de recuperação e de falência, e aqui há duas questões que se impõem: podem os obrigacionistas delegar no representante comum o direito de voto sobre estes assuntos?; e, em que medida poderão ser admitidas *condições especiais (prejudiciais)* para os obrigacionistas?

---

[561] Cf. art. 355.º, n.º 3.

[562] Sintonizo-me, por conseguinte, com a doutrina dominante em Itália, já que aí a posição que advoga a intervenção individual quando não haja deliberação da assembleia vence folgadamente. Assim, entre outros, MARTINO, *loc. cit.*, p. 303; F. FERRARA, *loc. cit.*, pp. 35 e 36 [a mesma opinião foi reiterada recentemente pelo Autor na quarta edição do *Il fallimento*, (a cura di ALESSANDRO BORGIOLI), Dott. A. Giuffrè Editore, Milano, 1989, p. 179, nota 1]; PETTITI, *I titoli obbligazionari delle società per azioni*, cit., p. 234; PELLEGRINO, Giuseppina, «Sul voto degli obbligazionisti nel concordato della società», in *Riv. soc.*, 1976, pp. 1175-1177; MAISANO, Aldo, *Il concordato preventivo delle società*, Dott. A. Giuffrè Editore, Milano, 1980, p. 120; R. SACCHI, *Gli obbligazionisti nel concordato della società*, cit., pp. 69-77; BONSIGNORI, Angelo, in F. GALGANO/A. BONSIGNORI, *Il fallimento delle società*, in *Trattato di diritto commerciale e di diritto pubblico dell'economia*, Vol. X, Cedam, Padova, 1988, p. 281; e LO CASCIO, Giovanni, *Il concordato preventivo*, Dott. A. Giuffrè Editore, Milano, 4.ª ed., 1997, p. 574.

A posição contrária, que não colhe muita adesão da doutrina, é defendida por V. L. CUNEO, *Le procedure concorsuali. Natura-Effetti-Svolgimento*, II, Milano, 1970, p. 1209, *apud* R. SACCHI, *ibid.*, p. 70, nota 5.

Quanto ao primeiro ponto, diz R. Sacchi: «Tal delegação é legítima e admissível, dado que a assembleia tem o poder de modificar, por deliberação e no limite da competência das organizações de obrigacionistas, as atribuições do representante comum e tem, em particular, o poder de lhe conferir atribuições próprias.» Na página seguinte, acrescenta: «essa faculdade pode de facto estar abrangida, em minha opinião, no poder que a assembleia tem, nos termos do art. 2415, n. 5, c.c., de deliberar "sobre outros assuntos de interesse comum dos obrigacionistas"»[563].

Que ajuizar da concludente opinião do Autor transalpino?

Não posso concordar com ela, mas também não a rejeito completamente. De facto, à questão de saber se os obrigacionistas podem delegar no representante comum de um modo genérico alguma das competências que a lei lhes reserva, respondo negativamente e invoco razão já anteriormente aduzida[564]. Se é verdade que em matéria de competência da assembleia reina a maioria, é certo também que esta não pode afastar a possibilidade de em cada caso concreto os seus membros se pronunciarem sobre o *quid deliberandum*. Estar-se-ia, se assim fosse, a subverter o equilíbrio de competências fixado pelo legislador e a esvaziar o direito de participação dos obrigacionistas na formação da vontade colectiva. Não obstante, se o que estiver em jogo for uma cedência de poderes balizada por uma orientação concreta, em que a margem de decisão do representante comum esteja circunscrita a um raio de acção razoável, não me repugnaria votar pela validade de uma tal decisão. Neste contexto admito, com R. Sacchi, que os obrigacionistas possam delegar no representante o direito de voto sobre as propostas de medidas no âmbito dos processos em questão, o qual deverá respeitar as coordenadas definidas.

Relativamente ao segundo problema suscitado, a questão que se coloca não é a de saber se são ou não admissíveis *condições especiais (prejudiciais)* para os obrigacionistas, uma vez que a lei admite expressamente a possibilidade de tratamento díspar se os credores afectados o consentirem[565], mas se tal consentimento é individual ou está também sujeito à regra da maioria[566]. Cá está outra questão deveras intrigante.

Contra a competência do grupo detentor da maioria para anuir a tratamento mais desfavorável têm-se esgrimido argumentos vários. F.

---

[563] Cf. *ibid.*, pp. 78 e 79.
[564] Cf. *supra* ponto 17 (0) e nota 282.
[565] Cf. art. 62.º, n.º 1.
[566] Quem põe a questão nestes termos é o mesmo R. SACCHI, *ibid.*, p. 11.

Ferrara, a quem poucos ousarão censurar de tratar o assunto pela rama, visto no seu estudo «La posizione degli obbligazionisti nel concordato della società emittente» ter-lhe dedicado duas reflectidas páginas, um oásis de ponderação, alega dois deles. O facto de a lei reconhecer competência às assembleias de obrigacionistas para deliberarem acerca das medidas de recuperação e de tais medidas deverem afectar «abstracta e indiscriminadamente» todos os credores é um deles, no sentido de que «a competência da assembleia de obrigacionistas subsiste em ordem à proposta de *concordato* nos termos previstos no direito falencial. Se a proposta de *concordato* previr condições especiais e possivelmente prejudiciais para os obrigacionistas, exorbitará da competência da assembleia, e será necessário o consentimento unânime de todos os interessados.» O segundo prende-se com a necessidade de distinção entre a competência para *modificar as condições do empréstimo* e para *deliberar sobre as medidas concursais*. Noutros termos: o reconhecimento legal do princípio maioritário na alteração dos créditos não significa que a assembleia possa aceitar, com força vinculativa para todos os seus membros, um tratamento desfavorável comparativamente aos restantes credores[567].

Também G. Maggiore terça armas pelo *consentimento individual*. Quando os créditos dos obrigacionistas são sacrificados em proporção superior à dos restantes credores prevalece o interesse de uns sobre os outros, frisa o Autor. Por isso não estão reunidas as condições para a aplicação da regra maioritária — igualdade de tratamento —, cabendo a cada afectado ajuizar individualmente[568].

Outra voz sonante é a de Alonso Espinosa. Nega que o fundamento para repelir a anuência da maioria a condições prejudiciais se encontre no princípio *par conditio creditorum*, porque este não é «um princípio absoluto, inspirado na protecção de interesses superiores, somente corresponde a critérios de ordenação de interesses prevalecentes dentro do processo *corcursal*»; em contrapartida invoca outros três. O primeiro, coincidente com o aludido por F. Ferrara em último — distinção entre competência para *modificar as condições do empréstimo* e para *deliberar sobre as medidas concursais* —, não carece por isso mesmo de explicação. Os outros dois, transcrevo-os para melhor aquilatação do leitor: «[...] a

---

[567] Cf. *loc. cit.*, pp. 21 e 22.
[568] Cf. MAGGIORE, Giuseppe Ragusa, *Diritto Fallimentare*, Vol. II, Morano Editore, Napoli, 1974, p. 793.

imposição de condições mais onerosas aos obrigacionistas em relação aos restantes credores por aquiescência da A.O. produz efeito equivalente ao abandono de direitos — competência vedada à A.O. —, pois no respeitante às perdas sofridas pela generalidade dos credores em virtude do *convenio*, os obrigacionistas ficam em posição mais onerosa.» «Por outro lado, tenha-se em conta que se a A.O. não existisse, a imposição destas condições "especiais" careceria do consentimento individual de todos e cada um dos obrigacionistas»[569].

Parco na argumentação, decidido porém quanto à posição adoptada, Pettiti não vê razões que impeçam a maioria dos obrigacionistas de prestarem o consentimento às condições prejudiciais, escudando-se no argumento de a assembleia de obrigacionistas ter competência genérica para modificar as condições do empréstimo[570].

Extremados os juízos, interessará naturalmente averiguar a quem assiste razão: se aos que admitem a possibilidade de consentimento maioritário, se aos outros que a negam.

O princípio geral em sede de providências de recuperação é — diz-nos o n.º 1 do art. 62.º do CREF — o da igualdade de tratamento: «As providências que envolvam a extinção ou modificação dos créditos sobre a empresa são apenas aplicáveis aos créditos comuns e aos créditos com garantia prestada por terceiro, devendo incidir proporcionalmente sobre todos eles, salvo acordo expresso dos credores afectados [...]»[571]. Ora, aprovando por maioria as medidas concursais, os credores «dispõem uns dos direitos patrimoniais dos outros»[572]. Daí que o princípio de igualdade de tratamento se justifique enquanto contrapartida da adopção da regra maioritária, constituindo garantia essencial contra medidas *suicidas*, no sentido já anteriormente explicitado[573]. Assim perspectivado, o princípio de igualdade situa-se no perímetro da tutela legal. E constitui princípio basilar do direito falencial. Focar a questão na competência das assembleias de obrigacionistas, fundamentando com o facto de lhe estar reser-

---

[569] Cf. *ob. cit.*, pp. 400 e 401.

[570] Cf. PETTITI, *I titoli obbligazionari delle società per azioni*, cit., pp. 235 e 236.

[571] Sobre o conteúdo do princípio *par condictio creditorum*, veja-se ANTUNES VARELA, *Das Obrigações em Geral*, Vol. II, cit., pp. 427-430; CATARINA SERRA, *ob. cit.*, pp. 19 e 20, nota 5; e na doutrina italiana JAEGER, Pier Giusto, «Par condicio creditorum», in *Giur. comm.*, 1984, I, pp. 89-106.

[572] F. GALGANO, «Note sull'organizzazione collegiale dei creditori concorsuali», in *Riv. dir. civ.*, 1959, II, p. 257.

[573] Cf. *supra* ponto 23 (5).

vada a competência sobre *modificação das condições do empréstimo*, soa-me a argumentação meramente persuasiva. Se certa providência, envolvendo a extinção ou modificação dos créditos, não incidir proporcionalmente sobre todos, naturalmente a sua aprovação acarretará um prejuízo maior para os credores afectados. Neste sentido, o consentimento traduz-se num acto de disposição, cuja legitimidade compete ao lesado[574].

Escreve F. Ferrara, e eu corroboro: «o credor vincula-se, não porque assim o quiseram aqueles que representam a maioria, mas porque assim o quis ele»[575].

Podem os obrigacionistas aprovar por maioria medidas concursais que prevejam condições diferentes às dos outros credores? Evidentemente que sim[576]. O que já me parece inaceitável é consentirem um prejuízo superior com força vinculativa para os que não tenham votado favoravelmente.

3. Analisado o *âmbito* de competência das assembleias de obrigacionistas com respeito à matéria em apreço, expostas as incertezas quanto à *necessidade* de uma actuação colectiva, suscitados e dilucidados os problemas relativos ao *conteúdo* da deliberação, cumpre discorrer acerca do valor do voto dos obrigacionistas para efeito dos quóruns previstos no CREF.

Segundo o art. 54.º, n.º 1, CREF: «As deliberações que tenham por objecto a aprovação de qualquer das providências de recuperação da empresa devem ser aprovadas por credores com direito de voto, quer credores comuns, quer preferentes, que representem, pelo menos, dois terços do valor de todos os créditos aprovados nos termos do artigo 48.º e não ter a oposição de credores que representem 51%, ou mais, dos créditos directamente atingidos pela providência.» O valor pelo qual deve ser computado o voto expresso pelo representante comum é o *valor global da emissão*[577] e não o valor dos créditos daqueles que intervieram na assembleia

---

[574] Cf. MAGGIORE, *ob. cit.*, p. 793.

[575] Cf. F. FERRARA, *loc. cit.*, p. 21.

[576] Suspeito que JOÃO LABAREDA, *loc. cit.*, pp. 71-73 e nota 17, subscreveria este ponto de vista, porquanto afirma que a diferentes grupos de credores pode corresponder tratamento dissemelhante. Há inclusive uma categoria de credores — a dos trabalhadores — que deve receber tratamento singular quando esteja em causa a redução do valor dos créditos (cf. art. 62.º, n.º 3).

[577] Vem a propósito fazer um curto comentário ao art. 218.º-A CREF, nos termos do qual: «Os obrigacionistas da sociedade em estado de falência concorrem à respectiva

de obrigacionistas[578]. Claro que assim sendo, a existência ou não de uma deliberação influirá fortemente o resultado do processo, sobretudo quando o empréstimo obrigacionista constituir quota importante do valor dos débitos. Todavia, à falta de orientação legal expressa em sentido contrário, será este o entendimento correcto visto a deliberação vincular «os obrigacionistas ausentes e discordantes», nos termos do art. 355.º, n.º 8. Aliás, a ser de outro modo, dificilmente se poderia entender a possibilidade de reunião dos obrigacionistas para versarem sobre as providências em apreço, pois se a ocorrência de uma deliberação que uniformiza o sentido de voto e constitui expressão da tutela colectiva não alterasse nada em relação a uma eventual intervenção individual, então o legislador, coerente e razoável, excluiria do âmbito de competência da assembleia a matéria em apreço, adoptando como única solução possível a de intervenção dos obrigacionistas nas assembleias de credores previstas no CREF[579].

---

massa falida pelo valor da emissão, quando este seja conhecido, ou, quando o não seja, pelo valor nominal das obrigações, deduzindo-se sempre tudo quanto se encontre amortizado.» A oração final do preceito não suscita qualquer dúvida: tem-se em vista os empréstimos cuja amortização seja feita por fracções em períodos previamente determinados. O mesmo não se diga quanto à restante parte do artigo. É que o art. 352.º, epigrafado «títulos de obrigações», refere na sua al. e) o seguinte: «Os títulos de obrigações emitidos por uma sociedade devem mencionar: [...] e) o montante total das obrigações dessa emissão, o número de obrigações emitidas, o valor nominal de cada uma, a taxa e o modo de pagamento dos juros, os prazos e as condições do reembolso, bem como quaisquer outras características particulares da emissão.» (Veja-se igualmente os arts. 44.º CVM; e 3.º, n.º 1, al. l), CRC.) Perante este dado tenho alguma dificuldade em entender por que o legislador terá ressalvado a hipótese de o valor da emissão *não ser conhecido*. Suponho que com os elementos que constam das obrigações, bem como no registo comercial e no registo da emissão nos termos do CVM, o montante desta será sempre conhecido.

[578] Em Itália, onde a L. fall. prevê um quórum cumulativo para a aprovação do *concordato* e *amministrazione controllata* (cf. art. 128, para a aprovação do *concordato fallimentare*; art. 177, para o *concordato preventivo;* e art. 189, para a *amministrazione controllata*) tem havido viva polémica relativamente ao valor pelo qual deve ser considerado o voto do representante comum dos obrigacionistas. Em relação ao cálculo da *maioria de créditos* alguns Autores defendem a possibilidade de se considerar somente o valor dos créditos dos obrigacionistas que aprovaram a medida objecto de deliberação na sua própria assembleia. (Para uma perspectiva sinóptica da controvérsia, consulte-se, além de outros, C. MARTINO, *loc. cit.*, pp. 303 ss.; PELLEGRINO, *loc. cit.*, pp. 1153 ss.; e R. SACCHI, *Gli obbligazionisti nel concordato della società*, cit., capítulos II, III e IV.)

[579] Cf. R. SACCHI, *ibid.*, pp. 24 ss.

A questão complica-se no caso de votação do *acordo extraordinário* referido nos arts. 231.º e segs. Condição de validade do acordo é ter sido aprovado por uma dupla maioria: a maioria absoluta dos credores — número de credores — representando, pelo menos, dois terços do valor dos créditos comuns — montante dos créditos —[580].

Para efeito do cálculo da *maioria de credores* deverá considerar-se que o conjunto de obrigacionistas tem direito a um só voto, cujo sentido é o determinado na sua própria assembleia, ou será preferível atender-se ao número de obrigacionistas existente?

Os Autores que sustentam este último ponto de vista apoiam-se habilmente nas seguintes considerações: em primeiro lugar, invocam a *autonomia* das relações jurídicas entre os titulares das obrigações e a entidade emitente — cada um deles é credor da sociedade no montante dos títulos detidos. Não sendo o empréstimo obrigacionista um crédito único, o voto expresso pelo representante comum não deverá ser considerado um só voto, antes prevalecerá a singularidade de cada credor.

O facto de as organizações de obrigacionistas existirem para tutelar o interesse comum dos seus membros constitui um segundo fundamento. De facto, se a actuação da assembleia significar a *redução à unidade* do voto dos obrigacionistas, a sua influência na aprovação das propostas será consideravelmente menor àquela que teriam caso votassem individualmente. Ou seja, existiria aqui uma contradição entre a função a que as organizações de obrigacionistas se prestam e o resultado prático da sua actuação[581].

Um terceiro aspecto que induz no sentido em apreço, e que está intimamente ligado ao anterior, é o de uma alegada coerência de soluções. Se na hipótese de inexistência de deliberação os obrigacionistas podem votar individualmente, tendo cada um direito a um voto à semelhança dos outros credores, porque razão a existência daquela deve produzir efeito diferente?[582]

Em sentido contrário, propugnando a existência de um só voto imputável ao conjunto dos obrigacionistas, formou-se igualmente uma forte corrente de opinião que se baseia sobretudo em duas ordens de razões: a dificuldade de calcular o número de credores quando as obri-

---

[580] Cf. art. 232.º, n.º 1.

[581] Claro que este argumento é um tanto falacioso, pois se é verdade que para efeito da *maioria de número de credores* a intervenção da assembleia reduziria o poder de influência dos obrigacionistas, também é verdade que os coloca em situação mais vantajosa em relação à *maioria dos créditos*.

[582] Entre outros, perfilham esta posição PELLEGRINO, *loc. cit.*, pp. 1166 ss; R. SACCHI, *ibid.*, cap. IV; e G. F. CAMPOBASSO, *Le obbligazioni*, cit., pp. 500 e 501.

gações sejam ao portador — problema que se coloca somente em relação àqueles que não participaram na assembleia, como é óbvio —; e a necessidade de se compensar a eventual preponderância dos obrigacionistas na *maioria de créditos*, diminuindo a sua influência no que respeita à *maioria de credores*. Titulares de obrigações e outros credores, dois grupos distintos, em estratégica interdependência tal-qualmente a *fábula do cego e do paralítico*: «os credores obrigacionistas não conseguem aprovar ou rejeitar o acordo sem o apoio dos outros credores, que, por seu turno, nada podem fazer sem a colaboração dos primeiros»[583-584].

Duas posições sobejamente controversas, com observações finas a favor e contra, suficientes em *número* e *valor* para escudar qualquer ponto de vista, justificam as hesitações da doutrina. R. Sacchi, no seu exaustivo e minucioso estudo, não se abstém de tomar partido por uma das posições em jogo, conquanto reconheça que ela «não é completamente satisfatória e isenta de desvantagens» e que ambas as posições têm inconvenientes[585]. Igualmente periclitante mostra-se Martino que esclarece ter tomado partido pelo «mal menor»[586]. Alonso Espinosa perfilha a opinião de um voto por cada obrigacionista «apesar dos inconvenientes que [esta posição] apresenta»[587]. Juízos assim cépticos não sei por que artes me rememoram um pensamento do mais afamado dos poetas-filósofos portugueses: «O princípio da ciência é sabermos que ignoramos»[588]. Esquivo-me, portanto, à tomada de posição, alegando dúvida razoável sobre o lado para que deva inclinar-se o fiel da balança[589].

---

[583] Cf. HUREAU, *ob. cit.*, p. 335.

[584] Emitem opinião convergente com este ponto de vista, além de outros, F. FERRARA, *loc. cit.*, pp. 32-35; PETTITI, *I titoli obbligazionari delle società per azioni*, cit., pp. 232-235; FRÈ, *ob. cit.*, p. 501; e MAISANO, *ob. cit.*, pp. 134-137.

[585] Cf. *ibid.*, p. 67.

[586] Cf. *loc. cit.*, p. 308.

[587] Cf. *ob. cit.*, p. 402.

[588] Cf. FERNANDO PESSOA, *A Hora do Diabo*, edição por Teresa Rita Lopes, Assírio & Alvim, Lisboa, 1997, p. 25.

[589] Não sem antes deixar um precioso elemento interpretativo. É que o Código de Falências de 1899 (Decreto de 26 de Julho de 1899) previa no seu art. 173.º, § único, o seguinte: «Os crédores representados por obrigações ao portador entram, como os demais crédores, para o cálculo da representação de capital exigida pelo art. 107.º, mas para o cálculo da representação numerica exigida no mesmo artigo serão apenas considerados, conjunctamente com outros quaesquer crédores, os portadores de obrigações que, legitimados com os respectivos titulos, figurem na concordata.»

Em anotação ao presente artigo, BARBOSA DE MAGALHÃES, *ob. cit.*, p. 372, expli-

4. Qual o âmbito de competência dos colégios obrigacionistas em matéria de processos de recuperação e de falência; qual o poder de intervenção individual; qual o conteúdo das deliberações que aprovem ou rejeitem as medidas concursais ou o acordo extraordinário; qual o valor do voto dos obrigacionistas para efeito do cálculo dos quóruns previstos no CREF, eis algumas questões que, como tantas outras, adensam a dimensão problemática deste tão inexplorado tema da *competência das assembleias de obrigacionistas* e para as quais espero ter contribuído com alguns esclarecimentos.

Bem-hajam todos aqueles que, a partir de agora, se entreguem a este mato, já não tão espesso nem tão rude, e partam à descoberta deste caminho, tão secular quanto turvo, tão turvo quanto estimulante.

---

cava: «Ignorando-se o numero dos portadores d'esses titulos, que quasi sempre se contam por milhares, seria impraticavel exigir a sua maioria numerica. Só se consideram, por-tanto, para calculo d'essa maioria, os que apresentarem em juizo as obrigações que possuem.

Para o calculo da maioria dos créditos é que em caso algum podia deixar de se attender ao valor nominal de toda a divida social, seja qual fôr a fórma ou natureza dos titulos que a representam.»

O Código de Falências de 1935 continha preceito idêntico — art. 230.º, § único.

«Toma-me, ó noite eterna, nos teus braços
E chama-me teu filho.
Eu sou um rei
Que voluntariamente abandonei
O meu trono de sonhos e cansaços.

Minha espada, pesada a braços lassos,
Em mãos viris e calmas entreguei;

[...]

Despi a realeza, corpo e alma,
E regressei à noite antiga e calma
Como a paisagem ao morrer do dia».

Fernando Pessoa, «Abdicação»,
in *Ficções do Interlúdio*, 1914-1935,
edição por Fernando Cabral Martins,
Assírio & Alvim,1998, p. 51.

EPÍTOME

0. Chegados a este ponto, importa concluir, aludindo, em esforço de síntese, às principais linhas gerais que nortearam esta investigação e dando voz a uma ou outra ideia, conquanto já implícita no caminho percorrido, ainda não exteriorizada.

1. Além da multiplicidade de relações jurídicas de natureza pecuniária que radicam na emissão de obrigações, com a entrada em vigor do CSC tal emissão passou a produzir estoutro importante efeito, não raro bastante esquecido, de organização dos obrigacionistas, com vista à tutela do seu interesse comum. À pluralidade de subscritores que inicialmente dão corpo ao *grupo de obrigacionistas da mesma emissão* não é exigido o propósito de se submeterem às regras organizativas. Simplesmente, essa organização impõe-se *ope legis* como decorrência inevitável da mesma emissão, portanto, à margem de qualquer intenção ou *animus* organiza-

tório. Facto, se inteiramente aceitável e merecedor de aplausos com respeito aos empréstimos dirigidos a uma multidão de destinatários, já se afigura algo questionável, ou até um nada paradoxal, no que concerne às emissões concebidas para um número reduzido de subscritores, mantendo-se as relações na esfera desse pequeno círculo de sujeitos. Onde, neste caso, a *inferioridade* perante a entidade emitente? Onde a necessidade de se tutelar a massa anónima de pequenos subscritores, justificativa da agregação de vontades?

2. As colectividades de obrigacionistas caracterizam-se por uma *íntima conexão* com a entidade emitente, como o demonstram os factos de, por um lado, ter esta legitimidade para requerer ao tribunal que nomeie o representante comum, poderem os membros dos seus órgãos de administração e fiscalização estarem presentes na assembleia de obrigacionistas, dever o presidente da mesa da assembleia geral da sociedade convocar e presidir aqueloutra assembleia enquanto o representante comum não for eleito ou sempre que se recuse a convocá-la e, ainda, o de as despesas quer com a convocação, quer com a remuneração do representante, constituírem encargos da sociedade. E, por outro lado, demonstra-o o facto de terem os obrigacionistas o direito de assistir às assembleias gerais da sociedade, o facto de o representante comum ter o direito de assistir aos sorteios para reembolso das obrigações, de receber toda a documentação enviada aos accionistas e de obter informação societária, bem como o facto de na pendência do empréstimo restringir-se consideravelmente a liberdade da sociedade em certos domínios.

Afastam-se, de todo o modo, dela em outros importantes aspectos. A colectividade de obrigacionistas tem, nomeadamente, um elemento pessoal distinto do da sociedade emitente, mau grado a eventualidade de uma *contaminazione di gruppi*. Outro tanto se diga do elemento patrimonial, não necessário nas organizações de obrigacionistas, mas que quando exista não é confundível com o património social. Tem ainda um escopo próprio, cuja realização é a sua razão de ser. Destarte, *interesse comum* e *interesse social* não são uma e a mesma coisa, mas realidades distintas. Distintas conquanto próximas, no sentido de que a sua satisfação depende, directa ou indirectamente, do lucro societário. Ambos — credores obrigacionistas e sócios — investem na sociedade por razões nem absolutamente semelhantes, nem absolutamente diversas, quer dizer, simplesmente diferentes e em certa medida idênticas.

3. Daí compreender-se outrossim a especial tutela que lhes foi con-

ferida pelo legislador ao gizar as linhas orientadoras das colectividades de obrigacionistas. Já individualmente, já enquanto grupo, assiste-lhes um acervo de direitos típicos da qualidade de sócio, que Heino Lederer sintetiza admiravelmente aludindo à *Einmischungsbefugnisse* dos obrigacionistas.

Desta sorte, ao lado da riquíssima feição financeira que os valores obrigacionais podem incorporar, encontra-se um feixe de posições activas de natureza participativa na *administração*, ora da sociedade, ora da colectividade a que pertencem. Neste sentido, as obrigações constituem um *micro-sistema móvel* e conferem ao seu titular um direito subjectivo complexo, aglutinador de uma multiplicidade de posições jurídicas, algumas de exercício mediatizado pelo representante comum, outras susceptíveis de mutação levada a cabo pela assembleia. Por conseguinte, os títulos de obrigações fazem jus ao epíteto de *títulos de participação*.

4. Que pode significar, então, ser-se obrigacionista?

Um poderoso investidor capaz de se bater em pé de igualdade com a entidade emitente, segundo Guyon, mas também um aforrador de reduzida capacidade financeira; um noivo preparado para o enlace com a sociedade, como rotula Buonocore, ou um simples credor à espera da restituição do seu capital; um membro de um grupo organizado com direito a tratamento igual aos restantes coobrigacionistas, mas sujeito à vontade da maioria; o titular de uma posição jurídica instável, porque susceptível de alteração pela assembleia; o participante numa operação de *financiamento de grupo organizado*, assevera G. Ferri; um credor-investidor que goza de alguma *proximidade* com os sócios, revelada em duas variáveis independentes em si mesmas mas mutuamente implicativas neste campo de forças: a *participação na administração social* e a *participação nos benefícios sociais*; um credor inserido numa colectividade, latente porém necessária, em que predomina o interesse colectivo sobre o interesse individual. Enfim, um *peculiar modo de ser credor*.

BIBLIOGRAFIA

AAVV, *Appendice ao Codigo Commercial Portuguez Aprovado Pela Carta de Lei de 28 de Junho de 1888*, 3.ª ed., Imprensa da Universidade, Coimbra, 1906.

AAVV, *Aranzadi Mercantil. Derecho de Sociedades*, III, 2.ª ed., Editorial Aranzadi, S.A., 1997.

ABREU, Jorge Manuel Coutinho de, *Do Abuso de Direito. Ensaio de um Critério em Direito Civil e nas Deliberações Sociais,* Livraria Almedina, Coimbra, 1983 (Reimpressão 1999).
— *Da Empresarialidade (As Empresas no Direito)*, Livraria Almedina, Coimbra, 1996.
— *Curso de Direito Comercial*, Vol. I, *(Introdução, Actos de comércio, Comerciantes, Empresas, Sinais distintivos)*, 2.ª ed., Livraria Almedina, Coimbra, 2000.
— «Providências de Recuperação de Empresas e Falência. (Apontamentos de Direito Português), in *BFD*, Vol. LXXIV, 1998, pp. 107-129.
— *Curso de Direito Comercial*, Vol. II, *Das Sociedades*, Livraria Almedina, Coimbra, 2002.
— vide DOMINGUES, Paulo de Tarso.

AGOSTONI, Paolo, «Mutamento della maggioranza azionaria quale giusta causa di revoca degli amministratori», in *Società*, 1998, pp. 262–266.

ALCALÁ DÍAZ, Maria Angeles, «El conflicto de interés socio-sociedad en las sociedades de capital», in *RdS*, 1997, n.º 9, pp. 89-141.

ALMEIDA, Carlos Ferreira de, *Texto e Enunciado na Teoria do Negócio Jurídico*, Vol. I, Livraria Almedina, Coimbra, 1992.
— «Desmaterialização dos Títulos de Crédito: Valores Mobiliários Escriturais», in *RB*, n.º 26, Abril/Junho, 1993, pp. 36-38.

AMBROSINI, Roberto, «Titoli obbligazionari di "tipo speciale"», in *Società*, 1991, pp. 332-342.

ANDRADE, José Robin de, «Reestruturação Financeira e Gestão Controlada como Providências de Recuperação», in *RB*, n.º 27, Julho/Setembro, 1993, pp. 77-92.

ANDRADE, Manuel A. Domingues de, *Teoria Geral da Relação Jurídica*, Vol. I, *Sujeitos e Objecto*, Livraria Almedina, Coimbra, 1987 [reimpressão].

ANGEL ROJO, «La fusión de sociedades anónimas», in *La reforma de la ley de sociedades anónimas*, sob a direcção de ANGEL ROJO, Editorial Civitas, S.A., Madrid, 1987.

ANTUNES, José Augusto Quelhas Lima Engrácia, *Os Grupos de Sociedades. Estrutura e Organização Jurídica da Empresa Plurissocietária*, Livraria Almedina, Coimbra, 1993.
— «Wandel- und Optionsanleihen in Portugal», in *ZGR* 1995, pp. 39-67.

APARICIO GONZÁLEZ, María Luisa, «Reflexiones sobre la tutela de los obligacionistas en las situaciones de crisis económica de la sociedad emisora», in *RCDI*, 1987, n.º 581, pp. 1077-1079.

ASCARELLI, Tullio, «Problemi in tema di titoli obbligazionari», in *BBTC*, 1951, pp. 28-58.

ASCENSÃO, José de Oliveira, *Direito Comercial*, Vol. I, *Parte Geral*, Lisboa, 1987/6 [reimpressão de 1994].
— *Direito Comercial*, Vol. III, *Títulos de Crédito*, Lisboa, 1992.
— *O Direito. Introdução e Teoria Geral. Uma Perspectiva Luso-Brasileira*, 10.ª ed., Livraria Almedina, Coimbra, 1999.

BALDI, Attilio, «L'opposizione alla deliberazione di fusione», in *Società*, 1986, pp. 955-960.

BARELLA, «Die besonderen Schutzrechte der Obligationäre einer Aktiengesellschaft», in *BB* 1952, pp. 764-765.

BASTOS, Jacinto Fernandes Rodrigues, *Notas ao Código de Processo Civil*, Vol. I, *(Arts. 1.º a 263.º)*, 3.ª ed. revista e actualizada, Lisboa, 1999.

BELVISO, U., *vide* GRAZIANI.

BEZERRA, J. Miguel, *vide* VARELA, João de Matos Antunes.

BLANDINI, Antonio, «Profili cartolari dei titoli obbligazionari emessi da banche», in *BBTC*, 1996, I, pp. 820-876.

BLOOMENTHAL, Harold S./OWEN, Holme Roberts &, *Securities law handbook*, Clark Boardman Callaghan, 1993.

BOLAFFIO, Leone, *La legge sul concordato preventivo e sulla procedura dei piccoli fallimenti*, Ed. D. Tedeschi & Figlio, Verona, 1903.

BONSIGNORI, Angelo, *vide* GALGANO, Francesco.

BORGIA, Roberto Cavallo *Le obbligazioni convertibili in azioni*, Dott. A. Giufrrè Editore, Milano, 1978.

BORGIOLI, Alessandro, *vide* FERRARA, Francesco.

BRANDEIS, Pierre, *De la protection des obligataires dans les sociétés commerciales*, Librairie de la Société du Recueil Général des Lois et des Arrêts, Paris, 1900.

BUISSON, A., *Les groupements d'obligataires, étude juridique, économique et législative*, Paris, 1930.

BUONOCORE, Vincenzo, «"L'épreuve prénuptiale": obbligazioni convertibili e "gestioni speciale"», in *Giur. comm.*, 1974, pp. 280-286.
— *Manuale di diritto commerciale*, 2.ª ed., G. Giappichelli Editore, Torino, 1999.

BUSSOLETTI, Mario, «Obbligazioni convertibili, con warrant, con partecipazione agli utili», in *Riv. dir. comm.*, 1988, I, pp. 261-290.

CABRAS, Giovanni, «La scissione delle società», in *Foro it.*, 1992, V, pp. 269--283.

CACHÓN-BLANCO, José Enrique, «Las obligaciones convertibles: regímen jurídico», in *CDC*, 8, Dezembro 1990, pp. 107-121.

CAEIRO, António, *As Cláusulas Restritivas da Destituição do Sócio-Gerente nas Sociedades por Quotas e o Exercício do Direito de Voto na Deliberação de Destituição*, in *Temas de Direito das Sociedades*, Livraria Almedina, Coimbra, 1984 [o texto citado data de 1969], pp. 161-228.
— *A Exclusão Estatutária do Direito de Voto nas Sociedades por Quotas*,

in *Temas de Direito das Sociedades*, Livraria Almedina, Coimbra, 1984 [o texto citado data de 1969], pp. 9-160.
— *Destituição do Gerente Designado no Pacto Social*, in *Temas de Direito das Sociedades*, Livraria Almedina, Coimbra, 1984 [o texto citado data de 1975], pp. 363-441.
— *Assembleia Totalitária ou Universal. Direito do Administrador a uma Percentagem dos Lucros. Indemnização do Administrador Destituído sem Justa Causa*, in *Temas de Direito das Sociedades*, Livraria Almedina, Coimbra, 1984 [o texto citado data de 1982], pp. 461-495.

CAEIRO, Pedro, *Sobre a Natureza dos Crimes Falenciais. (O Património, a Falência, a sua Incriminação e a Reforma dela)*, Coimbra Editora, Coimbra, 1996.

CAGNASSO, Oreste, «La trasformazione delle società», in *Il codice civile. Commentario* (Piero Schlesinger), *Artt*. 2498-2500, Dott. A. Giufrrè Editore, Milano, 1990.

CAMPOBASSO, Gian Franco, *La disciplina delle obbligazioni convertibili: problemi e lacune*, in AAVV, *La legge 216 dieci anni dopo*, Dott. A. Giuffrè Editore, Milano, 1985, pp. 157-197.
— *Le obbligazioni*, in *Trattato delle società per azioni* (G.E. Colombo e G.B. Portale), 5, Utet, Torino, 1988, pp. 379-521.
— «L'emissione di obbligazioni bancarie», in *BBTC*, I, 1994, pp. 472-484.
— *Diritto commerciale*, 2, *Diritto delle società*, 2.ª ed., Utet, Torino, 1999.
— *Diritto Commerciale*, 3, *Contratti. Titoli di credito. Procedure concorsuali*, 2.ª ed., Utet, Torino, 1999.

CAMPOS, Diogo Leite, *vide* TOMÉ, Maria João Romão Carreiro Vaz.

CANNIZZO, Marco, «Tutela degli obbligazionisti durante la pendenza del periodo di conversione», in *Econo. e cred.*, Anno XXXIV, n.os 1 e 2, Março/Junho, 1994, pp. 279-292.

CAÑO PALOP, José Ramón del, *La emisión de obligaciones: mecanismos de defensa y protección del obligacionista*, in AA.VV., *La seguridad jurídica y el tráfico mercantil*, Editorial Civitas, S. A., Madrid, 1993, pp. 77-128.

CANOTILHO, José Joaquim Gomes, *Direito Constitucional*, 5.ª ed., Livraria Almedina, Coimbra, 1991.

CAPPUCCILLI, Vittorio, «La direttiva CEE in materia di scissione di società per azioni», in *Foro it.*, 1987, IV, pp. 262-274.

CASELLA, Paolo, *Le obbligazioni convertibili in azioni*, Dott. A. Giufrrè Editore, Milano, 1983.
— «Emissione di prestito obbligazionario indicizzato in linea di capitale da parte di s.p.a.», in *Giur. comm.*, 1983, II, pp. 750-765.

CASSOTANA, Marco, *L'abuso di potere a danno della minoranza assembleare*, Dott. A. Giuffrè Editore, Milano, 1991.

CASTILHO, J., *vide* DIAS, Figueiredo.

CASTRO, Artur Anselmo de, *A Acção Executiva Singular, Comum e Especial*, Coimbra Editora, Coimbra, 1970.

CASTRO, Carlos Osório de, «Participação no Capital das Sociedades Anónimas e Poder de Influência», in *RDES*, 36.º, 1994, pp. 333-356.
— *Valores Mobiliários: Conceito e Espécies*, 2.ª ed., Universidade Católica Portuguesa, Porto, 1998.

CERRAI, A., *Le obbligazioni*, in *Diritto Commerciale*, AA. VV., Monduzzi Editore, 3.ª ed., Bologna, 1999.

CHARTIER, Yves, *Droit des affaires*, 2, *Sociétés commerciales*, 1.ª ed., Presses Universitaires de France, 1985.

CLARIZIA, Renato, *Le obbligazioni nella società per azioni*, in *Trattato di diritto privato* (Pietro Rescigno), 16, *Impresa e lavoro*, Tomo II, Utet, Torino, 1985, pp. 611-663.

CLIFFORD W. SMITH, Jr./JEROLD B. WARNER, «On Financial Contracting. An Analysis of Bond Covenants», in *Journal Finan. Econ.*, 7, 1979, pp. 117 e 161.

COELHO, Eduardo de Melo Lucas, *A Formação das Deliberações Sociais. Assembleia Geral das Sociedades Anónimas*, Coimbra Editora, Coimbra, 1994.

COELHO, Francisco Manuel de Brito Pereira, «Grupos de Sociedades. Anotação Preliminar aos Arts. 488.º a 508.º do Código das Sociedades Comerciais», in *BFD*, 64.º, 1988, pp. 297-353.

COELHO, M. Ângelo, *vide* CORREIA, Ferrer.

COLUSSI, Vittorio, *Obbligazioni di società*, in Enciclopedia Giuridica, Istituto della enciclopedia italiana fondata da Giovanni Treccani, Roma, 1990, pp. 1-9.

COMUNALE, Bruno, «Le obbligazioni convertibili in azioni», in *Vita not.*, 1977, pp. 283-296.

CORDEIRO, António Menezes, *Da Boa Fé no Direito Civil*, reimpressão, Livraria Almedina, Coimbra, 1997.
— *Da Responsabilidade Civil dos Administradores das Sociedades Comerciais*, Lex, Lisboa, 1997.
— *Tratado de Direito Civil Português*, I, *Parte Geral*, Tomo I, Livraria Almedina, Coimbra, 1999.
— *Tratado de Direito Civil Português*, I, *Parte Geral*, Tomo II, *Coisas*, Livraria Almedina, Coimbra, 2000.

CORDONNIER, P., *Le nouveau régime des obligataires (ou porteurs de titres d'emprunt)*, Librairie du Recueil Sirey, Paris, 1936.

CORREIA, Ferrer, *A Representação dos Menores Sujeitos ao Pátrio Poder na Assembleia Geral das Sociedades Comerciais. (A Propósito do Acórdão do Supremo Tribunal de Justiça de 6 de Janeiro de 1961)*, Coimbra Editora, Coimbra, 1963.
— *Lições de Direito Comercial*, Vol. II, *Sociedades Comerciais. Doutrina Geral*, com a colaboração de Vasco Lobo Xavier, Manuel Henrique Mesquita, José Manuel Sampaio Cabral e António A. Caeiro, *Reprint*, Lex, 1994 [1968].
— *Lições de Direito Comercial*, Vol. III, *Letra de Câmbio*, com a colaboração de Paulo M. Sendim, José Manuel Sampaio Cabral, António A. Caeiro e M. Ângelo Coelho, *Reprint*, Lex, 1994 [1975].

CORREIA, Luís Brito, *Direito Comercial*, Vol. II, *Sociedades Comerciais*, Associação Académica da Faculdade de Direito de Lisboa, 1989 [5.ª tiragem, 1993].
— *Os Administradores de Sociedades Anónimas*, Livraria Almedina, Coimbra, 1993.

CORREIA, Miguel J. A. Pupo, *Direito Comercial*, 6.ª ed. revista e actualizada, Ediforum Edições Jurídicas, Lda., 1999.

CORSI, Francesco, *vide* FERRARA, Francesco jr.

CORTÉS DOMÍNGUEZ, Luis Javier, «La escisión de sociedades anónimas», in *La reforma de la ley de sociedades anónimas,* sob a direcção de ANGEL ROJO, Editorial Civitas, S.A., Madrid, 1987.

COSTA, Concetto, «La convertibilità anticipata nel sistema delle obbligazioni convertibili in azioni», in *Riv. soc.*, 1980, pp. 74-120.
— *Il rappresentante comune degli azionisti di risparmio nell'organizzazione della società per azioni*, Dott. A. Giuffrè Editore, Milano, 1984.

COSTA, Mário Júlio de Almeida, *Direito das Obrigações*, 8.ª ed., Livraria Almedina, Coimbra, 2000.

COSTA, Ricardo, *A Sociedade por Quotas Unipessoal no Direito Português. Contributo para o Estudo do seu Regime Jurídico*, Livraria Almedina, Coimbra, 2002.

COSTA, Salvador da, *O Concurso de Credores*, Livraria Almedina, Coimbra, 1998, p. 243.

COTTINO, Gastone, *Diritto commerciale, Le società e le altre associazioni economiche*, Vol. I, Tomo II, 3.ª ed., Cedam, Padova, 1994.

CUNHA, Paulo Olavo, *Os Direitos Especiais nas Sociedades Anónimas: as Acções Privilegiadas*, Livraria Almedina, Coimbra, 1993.

CURRINGTON, Chris/GRIMES, Leonie, «How bondholders can avoid distress», in *Inter. Bond. Invest.*, Autumn 1994, pp. 42-44.

D'ALESSANDRO, Floriano, «La Seconda direttiva e la parità di trattamento degli azionisti», in *Riv. soc.*, 1987, pp. 1-13.

DE FERRA, Giampaolo, «Le garanzie a favore degli obbligazionisti», in *Riv. dir. comm.*, 1959, I, pp. 13-49.
— *Lezioni di diritto commerciale*, Cedam, Milano, 2001

DE GREGORIO, Alfredo, *Corso di diritto commerciale. Imprenditori-Società*, 4.ª ed., Roma, Napoli, Città di Castello, Societá Editrice Dante Alighieri p. A., 1954.

DEL VALLE, Adolfo Ruiz de Velasco y, *Manual de Derecho mercantil*, Ediciones Deusto, S.A.

DENOZZA, Francesco, *vide* JAEGER, Pier Giusto.

DIAS, António José Santos da Silva, *As Obrigações como Instrumento de Financiamento das Sociedades*, Dissertação de Mestrado, Coimbra, 1998, Inédito.

DIAS, Figueiredo, *Apontamentos de Processo Civil Executivo*, coligidos por SOUSA PINA e J. CASTILHO, com a colaboração de J. NORA, Serviços Sociais da Universidade de Coimbra, Serviço de Textos, Coimbra, 1972.

DI MAURO, Nicola, «In tema di opposizione dei creditori alla delibera di fusione», in *Giust. civ.*, 1991, I, pp. 1447 e 1448.

DI SABATO, Franco, *Manuale delle societá*, 6.ª ed., Utet, Torino, 1999.

DOMENICHINI, Giovanni, *Le obbligazioni convertibili in azioni*, Dott. A. Giuffrè Editore, Milano, 1993.

DOMINGUES, Paulo de Tarso, *Do Capital Social. Noção, Princípios e Funções*, BFDUC, Coimbra Editora, Coimbra, 1998.
— *Capital e Património Sociais, Lucros e Reservas*, in *Estudos de Direito das Sociedades*, sob a coordenação de J. M. COUTINHO DE ABREU, Livraria Almedina, Coimbra, 4.ª ed., 2001.

DONNINI, Roberto, «Tutela del possessore di obbligazioni convertibili. Le operazioni sul capitale, la modifica del rapporto di cambio, il diritto di opzione e l'acquisizione anticipata di azioni», in *Società*, 1987, pp. 684-690.

DUBUIS, Aimé, *Des moyens donnés aux obligataires pour assurer leur protection contre les actes des sociétés anonymes*, Les Editions Domat-Montchrestien, Paris, 1934.

DULONG, Louis, *Les groupements de porteurs d'obligations de sociétés françaises. Etude spéciale du Décret-loi du 30 Octobre 1935*, Librairie Technique et Économique, Paris, 1937.

EHMER, Benno, *Die Gläubigervertreter*, Königsberger Allgemeine Zeitungs- und Verlagsdruckerei G.m.b.H. [1910?].

EPIFÂNIO, Maria do Rosário, *Os Efeitos Substantivos da Falência*, Publicações Universidade Católica, Porto, 2000.

ESCARRA, Jean, *Traité théorique et pratique de l'organisation des obligataires (Groupement et représentation)*, Paris, Librairie de jurisprudence ancienne et moderne, 1922.

ESCRIBANO GÁMIR, Rosario C., *La Protección de los Acreedores Sociales frente a la Reducción del Capital Social y a las Modificaciones Estructurales de las Sociedades Anónimas*, Editorial Aranzadi, S.A., Pamplona, 1998.

ESPINOSA, Francisco Jose Alonso, *Asociacion y derechos de los obligacionistas*, Libreria Bosch, Barcelona, 1988.

FARRAR, Jonh H./HANNIGAN, Brenda, *Farrar's Company Law*, 4.ª ed., Butterworths, London-Edinburgh-Dublin, 1998.

FAUCEGLIA, Giuseppe, «Le obbligazioni emesse dalla banche», in *Giur. comm.*, 1995, I, pp. 465-480.

FAZZUTTI, Ettore, «Obbligazioni convertibili e modifica del rapporto di cambio», in *Giur. comm.*, Anno IV, Fasc. 6 (Estratto), 1977, Dott. A. Giuffrè Editore, Milano, 1977, p. 923-947.

FELSANI, Fabiana Massa, «Opposizione e mancato consenso dei creditori sociali nella fusione c.d. eterogenea», in *Riv. dir. comm.*, 1991, II, pp. 267-280.

FERNANDES, Luís A. Carvalho, *Teoria Geral do Direito Civil*, Vol. I, *Introdução. Pressupostos da Relação Jurídica*, 3.ª ed., Universidade Católica Editora, Lisboa, 2001.

FERNANDES, Luís A. Carvalho/ João Labareda, *Código dos Processos Especiais de Recuperação da Empresa e de Falência Anotado*, Quid Juris, Sociedade Editora, Lda., 3.ª ed. (reimpressão), Lisboa, 1999.

FERNÁNDEZ DEL POZO, Luis, «Nota crítica sobre la existencia de límites cuantitativos a la emisión de obligaciones», in *RJC*, 1991, pp. 523-537.

FERRARA, Francesco, «La posizione degli obbligazionisti nel concordato della società emittente», in *Dir. fall.*, 1960, I, pp. 19-37 (este estudo também se encontra publicado na obra *Studi in memoria di Lorenzo Mossa*, Vol. II, Cedam, Padova, 1961, pp. 115-131).
— *Il fallimento*, (a cura di ALESSANDRO BORGIOLI), Dott. A. Giuffrè Editore, Milano, 1989.

FERRARA, Francesco jr./CORSI, Francesco, *Gli imprenditori e le società*, 11.ª ed., Dott. A. Giuffrè Editore, Milano, 1999.

FERRARIO, Cesare Augusto, «Il rappresentante comune degli obbligazionisti», in *Riv. dott. comm.*, anno I, 1949-1950, pp. 329 e 330.

FERREIRA, Amadeu José, *Valores Mobiliários Escriturais. Um Novo Modo de Representação e Circulação de Direitos*, Livraria Almedina, Coimbra, 1997.
— *Direito dos Valores Mobiliários. Sumários das Lições Dadas ao 5.º ano, Menções de Ciências Jurídicas e Ciências Jurídico-Económicas no Ano Lectivo de 1997/98, 1.º e 2.º Semestres*, Associação Académica da Faculdade de Direito de Lisboa, Lisboa, 1997.

FERREIRA, Eduardo Manuel Hintze da Paz, *Da Dívida Pública e das Garantias dos Credores do Estado*, Livraria Almedina, Coimbra, 1995.
— *Títulos de Dívida Pública e Valores Mobiliários*, in AAVV, *Direito dos Valores Mobiliários*, Vol. II, Coimbra Editora, Coimbra, 2000, pp. 31-65.

FERREIRA, Eliseu, «Disciplina Jurídica dos Grupos de Sociedades. Breves Notas Sobre o Papel e a Função do Grupo de Empresas e a sua Disciplina Jurídica», in *CJ*, 1990, IV, pp. 35-59.

FERREIRA, Fernando Amâncio, *Curso de Processo de Execução*, 2.ª ed., Livraria Almedina, Coimbra, 2000.

FERRI, Giuseppe, «I portatori di obbligazioni ipotecarie nel concordato preventivo», in *Riv. dir. comm.*, 1933, II, pp. 600-617.
— *Le società*, in *Trattato di diritto civile italiano* (F. Vassalli), Vol. X, tomo III, 2.ª ed., Utet, Torino, 1985.
— *Manuale di diritto commerciale*, a cura di Angelici e G.B. Ferri, 10.ª ed., Utet, Torino, 1996 [reimpressão 1999].

FERRO-LUZZI, Paolo, «Vecchi e nuovi orientamenti in tema di limiti all'emissione di obbligazioni», in *Riv. dir. comm.*, 1963, I, pp. 217-227.

FLESSNER, Axel, *Sanierung und Reorganisation. Insolvenzverfahren für Großunternehmen in rechtsvergleichender und rechtspolitischer. Untersuchung*, J.C.B. Mohr (Paul Siebeck), Tübingen, 1982.

FONTBRESSIN, Patrick de, *vide* MARCHI, Jean-Pierre.

FORMIGGINI, Aldo, «Diritti individuali degli azionisti privilegiati e degli obbligazionisti», in *Riv. trim. dir. proc. civ.*, 1952, pp. 103-131.

FRANCO, António Sousa, *Finanças Públicas e Direito Financeiro*, Vol. II, 4.ª ed., Livraria Almedina, Coimbra, 1993.

FRÉ, Giancarlo, *Societá per azioni*, in *Commentario del Codice Civile* (Scialoja/

/Branca), libro V, *Del lavoro*, art. 2325-2461, 3.ª ed., reimpressão, Nicola Zanichelli Editore (Bologna)/Società editrice del «Foro italiano» (Roma), 1966.

FREITAS, José Lebre de, *Código de Processo Civil Anotado*, Vol. 1.º, *Artigos 1.º a 380.º*, Coimbra Editora, Coimbra, 1999.

FURTADO, Jorge Henrique da Cruz Pinto, *Código Comercial Anotado*, Vol. II, tomo II, Livraria Almedina, Coimbra, 1979.
— «Perspectivas e Tendências do Moderno Direito da Falência», in *RB*, n.º 11, Julho/Setembro, 1989, pp. 63-89.
— *Deliberações dos Sócios. Comentário ao Código das Sociedades Comerciais*, Livraria Almedina, Coimbra, 1993.
— *Títulos de Crédito. Letra, Livrança, Cheque*, Livraria Almedina, Coimbra, 2000.
— *Curso de Direito das Sociedades*, 3.ª ed., Livraria Almedina, Coimbra, 2000.

GALGANO, Francesco, «Note sull'organizzazione collegiale dei creditori concorsuali», in *Riv. dir. civ.*, 1959, II, pp. 254-277.
— «Recensione a Domenico Pettiti. *I titoli obbligazionari delle società per azioni*, Giuffré, Milano, 1964», in *Riv. dir. civ.*, 1964, I, pp. 320-328.
— «Struttura logica e contenuto normativo del concetto di persona giuridica», in *Riv. dir. civ.*, 1965, I, pp. 553-633.
— *Delle associazioni non riconosciute e dei comitati*, in *Commentario del Codice Civile* (Scialoja/Branca), art. 36-42, Nicola Zanichelli Editore (Bologna)/Società editrice del «Foro italiano» (Roma), 1967, pp. 209 e 210.
— *La società per azioni* in *Trattato di diritto commerciale e di diritto pubblico dell'economia*, Vol. VII, 2.ª ed., Cedam, Padova, 1988.
— *Diritto civile e commerciale*, Vol. III,*(L'impresa e le società)*, tomo II *(Le società di capitali e le cooperative)*, 3.ª ed., Cedam, Padova, 1999.

GALGANO, Francesco/BONSIGNORI, Angelo, *Il fallimento delle società*, in *Trattato di diritto commerciale e di diritto pubblico dell'economia*, Vol. X, Cedam, Padova, 1988.

GALLI, Stefano, «Osservazioni in tema di modificazioni del prestito obbligazionario», in *Giur. comm.*, 1991, II, pp. 511-518.

GARCIA DE ENTERRIA, Javier, *Le obbligazioni convertibili in azioni*, Dott. A. Giuffrè Editore, Milano, 1989.
— «El significado de la nueva regulación de las obligaciones convertibles en acciones», in *RDM*, n.º 195, 1990, pp. 7-62.

— «La prohibición de delegar en los administradores la facultad de acordar la emisión de obligaciones convertibles en acciones: ¿Un supuesto de incumplimiento de las directivas comunitarias?», in *La Ley*, 1990, pp. 931-937.

GERALDES, António Santos Abrantes, *Temas da Reforma do Processo Civil*, Vol. I (2.ª ed. revista e ampliada), *1. Princípios Fundamentais. 2. Fase Inicial do Processo Declarativo*, Livraria Almedina, Coimbra, 1998.

— *Temas da Reforma de Processo Civil*, Vol. III, *Procedimento Cautelar Comum*, Livraria Almedina, Coimbra, 1998.

GIANNATTASIO, Carlo, «Determinazione del compenso al rappresentante comune degli obbligazionisti ed obbligo di corrisponderlo», in *Giust. civ.*, 1968, I, pp. 740-743.

GOMES, Fátima, *Obrigações Convertíveis em Acções*, Universidade Católica Editora, Lisboa, 1999.

GONÇALVES, Luiz da Cunha, *Comentário ao Código Comercial Português*, Vol. I, Empreza Editora J.B., Lisboa, 1914.

GRAZIANI, Alessandro, «Brevi note in tema di società per azioni», in *Riv. dir. comm.*, 1947, I, pp. 183-187.

— «Sul conflitto di interessi tra azionista e società nelle anonime», in *Studi di diritto civile e commerciale*, Casa Editrice Dott. Eugenio Jovene, Napoli, 1953, pp. 545-552.

— *Diritto delle società*, Morano Editore, Napoli, 1963, pp. 424 e 425.

GRAZIANI, A./G. MINERVINI/U. BELVISO, *Manuale di diritto commerciale*, 2.ª ed., Morano Editore, Napoli, 1994.

GRIMES, Leonie, *vide* CURRINGTON, Chris.

GUYÉNOT, Jean, *Cours de droit commercial*, Librairie du Journal des Notaires et des Avocats, Paris, 1977.

GUYON, Yves, *Droit des affaires, Tome 1, Droit commercial général et Sociétés*, 10.ª ed., Economica, Paris, 1998.

HANNIGAN, Brenda, *vide* FARRAR, Jonh H.

HAZEN, Thomas Lee, *Treatise on the law of securities regulation*, Vol. III, 3.ª ed., West Publishing Co., St. Paul, Minnesota, 1995.

HEINEMANN, «Die gemeinsamen Rechte der Besitzer von Schuldverschreibungen», in *JW* 1933, pp. 84-86.

HENN, Günter, «Die Gleichbehandlung der Aktionäre in Theorie und Praxis», in *AG*, 9, 1985, pp. 240-248.

HOPT, Klaus J., *Änderungen von Anleihebedingungen – Schuldverschreinbungsgesetz, § 796 BGB und AGBG*, in *Festschrift für Ernst Steindorff zum 70. Geburtstag*, Walter de Gruyter, Berlin, New York, 1990, pp. 341-382 (também publicado, em versão resumida, in *WM*, 42, Outubro 1990, pp. 1733-
-1737).

HORN, Norbert, «Les valeurs mobilières en droit allemand», in *Le régime juridique des titres de sociétés en Europe et aux États-Unis*, Presses Universitaires de Bruxelles, 1970.
— *Das Recht der internationalen Anleihen*, Athenäum Verlag, Frankfurt/Main, 1972.

HÖRSTER, Heinrich Ewald, *A Parte Geral do Código Civil Português. Teoria Geral do Direito Civil*, Livraria Almedina, Coimbra, 2001 (Reimpressão 1992).

HOUIN, Roger, «Les obligations convertibles en actions», in *BBTC*, 1954, I, pp. 641-649.

HÜFFER, Uwe, *Gesellschaftsrecht*, C.H. Beck'sche Verlagsbuchhandlung, München, 1996.
— *Münchener Kommentar zum Bürgerlichen Gesetzbuch*, Band 5, Schuldrecht, Besonderer Teil III, §§ 780-811, 3.ª ed., C. H. Beck's Verlagsbuchhandlung, München, 1997, pp. 1097-1173.

HUREAU, Georges, *Les pouvoirs des assemblées d'obligataires*, Librairie Arthur Rousseau, Paris, 1948.

IGLESIAS PRADA, Juan Luis, *vide* URÍA, Rodrigo.

ILLESCAS ORTIZ, Rafael, «Nota crítica sobre la reforma de la emisión de obligaciones por las sociedades anónimas», in *Estudios de derecho mercantil en homenaje al profesor Antonio Polo*, Editorial Revista de Derecho Privado, Editoriales de Derecho Reunidas, Madrid, 1981.

IPPOLITO, Benjamin, *vide* JUGLART, Michel de.

JAEGER, Pier Giusto, *L'interesse sociale*, Dott. A. Giuffrè Editore, Milano, 1964.
— «Par condicio creditorum», in *Giur. comm.*, 1984, I, pp. 89-106.
— «Gli azionisti: spunti per una discussione», in *Giur. comm.*, 1993, I, pp. 23-44.

JAEGER, Pier Giusto/DENOZZA, Francesco, *Appunti di diritto commerciale*, I, *Impresa e società*, 4.ª ed., Dott. A. Giuffrè Editore, Milano, 1997.

JEROLD B. WARNER, *vide* CLIFFORD W. SMITH, Jr.

JUGLART, Michel de/IPPOLITO, Benjamin, *Cours de droit commercial. Les sociétés commerciales*, Vol. II, 9.ª ed., Éditions Montchrestien, Paris, 1992.

KALLMEYER, Harald, «Das neue Umwandlungsgesetz. Verschmelzung, Spaltung und Formwechsel von Handelsgesellschaften» in *ZIP* 1994, pp. 1746-1759.

KLEINDIEK, Detlef, «Vertragsfreiheit und Gläubigerschutz im künftigen Spaltungsrecht nach dem Referentenentwurf UmwG», in *ZGR* 1992, pp. 513-533.

KÖNIGE, *Kommentar zum Gesetz betreffend die gemeinsamen Rechte der Besitzer von Schuldverschreinbngen von 4. Dezember 1899*, 1.ª ed., J.C.B. Mohr (Paul Siebeck), Tübingen, 1900 [existe 2.ª ed. datada de 1922].

KÜBLER, Friedrich, *Gesellschaftsrecht. Die privatrechtlichen Ordnungsstrukturen und Regelungsprobleme von Verbänden und Unternehmen*, 5.ª ed., C.F. Müller Verlag, Heidelberg, 1998.

KÜMPEL, SIEGFRIED/OTT, CLAUS, *Kapitalmarktrecht. Ergänzbares Rechtshandbuch für die Praxis*, Band 1, Erich Schmidt Verlag, 1995.

LABAREDA, João, «Providências de Recuperação de Empresas», in *Direito e Justiça*, Vol. IX, Tomo 2, 1995, pp. 51-112.
— *vide* FERNANDES, Luís A. Carvalho.

LAMANDINI, Marco, «*Perpetual notes* e titoli obbligazionari a lunga o lunghissima scadenza», in *BBTC*, 1991, I, pp. 606-635.

LANDOLFI, Silvestro, «Prestito obbligazionario: ammissibilità della proroga», in *Società*, 1992, pp. 1688 e 1699.

LANZA, Amilcare, «Rapporto quantitativo fra obbligazioni e capitale sociale», in *Riv. dir. civ.*, 1961, II, pp. 199-206.

LE CANNU, Paul, «Action en nullité d'une déliberation du conseil d'administration décidant une émission d'OBSA: intérêt à agir des actionnaires minoritaires et rôle des représentants de la masse», in *Rev. sociétés*, ano 108.º, 1990, pp. 428-432.

LEDERER, Heino, *Die Verwaltungs- und Kontrollbefugnisse der Obligationäre einer Aktiengesellschaft nach inländischem und ausländischem Recht (unter Berücksichtigung der Entwürfe)*, N. G. Elwert'sche Verlagsbuchhandlung, Marburg a. d. Lahn, 1941.

LEVI, Giulio, *Azioni e obbligazioni delle società nella giurisprudenza*, Cedam, Padova, 1978.

LO CASCIO, Giovanni, *Il concordato preventivo*, Dott. A. Giuffrè Editore, Milano, 4.ª ed., 1997.

LONCIARI, Antonella, «Il conflitto d'interessi tra portatori di obbligazioni diverse», in *Riv. soc.*, 1995, pp. 68-81.

LUTTER, Marcus, «Les obligations convertibles et échangeables contre des actions en droit allemand», in *Rev. sociétés*, 1972, pp. 201-213.
— «Die entgeltliche Ablösung von Anfechtungsrechten Gedanken zur aktiven Gleichbehandlung im Aktienrecht», in *ZGR* 1978, pp. 347-372.
— in AAVV, *Kölner Kommentar zum Aktiengesetz*, Band 5, §§ 221-240, 2.ª ed., Carl Heymanns Verlag KG, Köln, Berlin, Bonn, München, 1993.

MACEDO, José de Sousa de, «Novos Aspectos da Concordata e do Acordo de Credores», in *RB*, n.º 27, Julho/Setembro, 1993, pp. 65-75.

MACHADO, António Montalvão/PAULO Pimenta, *O Novo Processo Civil*, Livraria Almedina, 2.ª ed., Revista e Actualizada, 2000.

MACHADO, João Baptista, *Introdução ao Direito e ao Discurso Legitimador*, Livraria Almedina, Coimbra, 1982 (4.ª Reimpressão 1990).
— *Tutela da Confiança e "Venire Contra Factum Proprium"*, in *Obra Dispersa*, Vol. I, SCIENTIA IVRIDICA, Braga, 1991, pp. 345-423.

MAGALHÃES, J. M. Barbosa de, *Codigo de Fallencias Annotado*, Parceria Antonio Maria Pereira, Livraria Editora, Lisboa, 1901.

MAGGIORE, Giuseppe Ragusa, *Diritto Fallimentare*, Vol. II, Morano Editore, Napoli, 1974.

MAIA, Pedro, *Deliberações dos Sócios*, in *Estudos de Direito das Sociedades*, sob a coordenação de J. M. COUTINHO DE ABREU, Livraria Almedina, Coimbra, 4.ª ed., 2001.

MAISANO, Aldo, *Il concordato preventivo delle società*, Dott. A. Giuffrè Editore, Milano, 1980.

MANZINI, Giorgia, «Le deliberazioni dell'assemblea degli obbligazionisti», in *Riv. not.*, 1995, pp. 571-586.

MARCHETTI, Piergaetano, «Appunti sulla nuova disciplina delle fusioni», in *Riv. not.*, 1991, I, pp. 17-51.
— «Le obbligazioni nel testo unico delle leggi in materia bancaria e creditizia», in *BBTC*, 1994, I, pp. 485-497.

MARCHI, Jean-Pierre/FONTBRESSIN, Patrick de, «L'affaire L.V.M.H.: L'épreuve de la conciliation du droit de l'économie et de la finance» in *Gaz. Pal.*, 1990 (1.º semestre), pp. 328-331.

MARTENS, Klaus-Peter, «Kontinuität und Diskontinuität im Verschmelzungsrecht der Aktiengesellschaft», in *AG* 1986, pp. 57-67.

MARTINI, Angelo de, «Profilo giuridico delle obbligazioni convertibili in azioni», in *BBTC*, 1957, I, pp. 506-542.

MARTINO, Carlo «Il voto degli obbligazionisti nel concordato, fallimentare e preventivo, e nell'amministrazione controllata», in *Temi*, 1952, pp. 297-308.

MENDES, Armindo Ribeiro, «Um Novo Instrumento Financeiro – As Obrigações Hipotecárias» in *RB*, 15, Julho/Setembro, 1990, pp. 59-100.

MENÉNDEZ, Aurelio, «Escisión de sociedad anónima y obligaciones convertibles», in *RDM*, 1984, pp. 227-268.
— *vide* URÍA, Rodrigo.

MENGONI, Luigi, «Appunti per una revisione della teoria sul conflitto di interessi nelle deliberazoni di assemblea della società per azioni», in *Riv. soc.*, 1956, pp. 434-464.

MERLE, Philippe, *Droit commercial. Sociétés commerciales*, 6.ª ed., Dalloz, Paris, 1998.

MERZBACHER, Sigmund, *Reichsgesetz betreffend die gemeinsamen Rechte der Besitzer von Schuldverschreibungen von 4. Dezember 1899*, C.H. Beck'sche Verlagsbuchhandlung, München, 1900.

MESQUITA, Manuel Henrique, *Obrigações Reais e Ónus Reais*, Livraria Almedina, Coimbra, 1997.
— vide CORREIA, Ferrer.

MESQUITA, Miguel, *Apreensão de Bens em Processo Executivo e Oposição de Terceiro*, 2.ª ed. Revista e Ampliada, Livraria Almedina, Coimbra, 2001.

MESSINEO, Francesco, *Manuale di diritto civil e commercial*, Vol. III, 7.ª ed., Dott. A. Giuffrè Editore, Milano, 1947.

MIGNOLI, Ariberto, «Il capitale "versato ed esistente" come limite all'emissione di obbigazioni», in *Riv. dir. civ.*,1961, II, pp. 503-518.

MILLER, Rui Vieira, *A Propriedade Horizontal no Código Civil*, Livraria Almedina, Coimbra, 1998.

MINERVINI, G., vide GRAZIANI.

MODICA, Riccardo, «Profili della disciplina del diritto di opzione dei portatori di obbligazioni convertibili», in *Riv. soc.*, 1979, pp. 58-89.

MONTEFORTE, Eugenio Pappa, «Prestito obbligazionario convertibile: metodo indiretto», in *Riv. not.*, 1995, pp. 587-615.

MORAIS, Luís, «O Novo Código dos Processos Especiais de Recuperação de Empresa e de Falência. O Conceito de Falência Saneamento. Aspectos Comerciais e Processuais», in *Fisco*, n.os 55 e 56, Junho/Julho, 1993, pp. 20-35.

MORANO, Alberto, «Obbligazioni convertibili e aumento gratuito del capital sociale», in *Società*, 1992, pp. 1037-1041.
— «Prestito convertibile in azioni di diverse società a scelta del portatore», in *Società*, 1994, pp. 441-447.

MORERA, Umberto, «I principi comunitari per le fusione di società: analisi e riflessioni nella prospettiva di adeguamento», in *Foro it.*, 1987, IV, pp. 250--261.

MORGADO, Abílio Manuel de Almeida, «Processos Especiais de Recuperação da Empresa e de Falência Uma Apreciação do Novo Regime», in *Ciência e Técnica Fiscal*, n.º 370, Abril-Junho, 1993, pp. 51-113.

Mossa, Lorenzo, «Obbligazioni e obbligazionisti nella Società per azioni», in NRDCom., Parte I, 1955.

Neila Neila, Jose Maria, *La nueva Ley de Sociedades Anonimas. Doctrina, Jurisprudencia y Directivas Comunitarias*, Editoriales de Derecho Reunidas, Madrid, 1990.

Neves, A. Castanheira, *Metodologia Jurídica. Problemas Fundamentais*, Coimbra Editora, Coimbra, 1993.
— «O Actual Problema Metodológico da Interpretação Jurídica», in *RLJ*, 117.º, n.º 3722, pp. 129 ss.

Nora, J., *vide* Dias, Figueiredo

Nora, Sampaio e, *vide* Varela, João de Matos Antunes.

Oakley, A. J., *Parker and Mellows: the modern law of trusts*, 7.ª ed., Sweet & Maxwell, London, 1998.

Olavo, Carlos, «Impugnação das Deliberações Sociais», in *CJ*, ano XIII, Tomo III, 1988, pp. 20-31.

Oppo, Giorgio, «Eguaglianza e contratto nelle società per azioni», in *Riv. dir. civ.*, 1974, I, pp. 629-656.
— «Fusione e scissione delle società secondo il D. Leg. 1991 N. 22: Profili generali», in *Riv. dir. civ.*, 1991, II, pp. 501-515.

Ott, Claus, *vide* Kümpel, Siegfried.

Owen, Holme Roberts &, *vide* Bloomenthal, Harold S.

Papetti, Ricardo, «Nota all'ordinanza del Tribunale di Monza del 12 gennaio 1995», in *Foro pad.*, 1995, I, pp. 68 e 69.

Pasquino, Antonio, «Intrasformabilità della S.p.a. in pendenza di prestito obbligazionario. Obbligo di preventivo rimborso, in *Giur. comm.*, 1977, II, pp. 282-300.

Pellegrino, Giuseppina, «Sul voto degli obbligazionisti nel concordato della società», in *Riv. soc.*, 1976, pp. 1153-1177.

PENNINGTON, Robert, *Company law*, 5.ª ed., Butterworths, London, 1985.

PESCATORE, Salvatore, «Il rappresentante comune degli obbligazionisti», in *Riv. dir. comm*, 1968, I, pp. 107-160.
— *Le obbligazioni*, in *Manuale di diritto commerciale*, (a cura di) BUONOCORE, Vincenzo, 2.ª ed., G. Giappichelli Editore, Torino, 1999, pp. 342-350.

PETTARIN, Guido Germano, *Acquisizione, fusione e scissione di società*, Dott. A. Giuffrè Editore, Milano, 1992.

PETTITI, Domenico, «L'emissione di obbligazioni come finanziamento di gruppi», in *BBTC*, 1961, I, pp. 176-211.
— *I titoli obbligazionari delle società per azioni*, Dott. A. Giuffrè Editore, Milano, 1964.
— *Note sul presidente dell'assemblea di società per azioni*, in *Studi in onore di Alberto Asquini*, III, Cedam, Padova, 1965, pp. 1477–1501.

PIMENTA, Paulo, *vide* MACHADO, António Montalvão.

PIMENTEL, Diogo Pereira Forjaz de Sampaio, *Annotações ou Synthese Annotada do Código do Comercio*, tomo II, Imprensa da Universidade, Coimbra, 1875.

PINA, Sousa, *vide* DIAS, Figueiredo.

PINTO, Carlos Alberto da Mota, *Teoria Geral do Direito Civil*, 3.ª ed., Coimbra Editora, Coimbra, 1990.

PISANI, Luca, «Scissione in pendenza del prestito obbligazionario», in *Riv. soc.*, 1997, pp. 368-399.

RIBEIRO, Joaquim de Sousa, *O Problema do Contrato. As Cláusulas Contratuais Gerais e o Princípio da Liberdade Contratual*, Livraria Almedina, Coimbra, 1999.

RIBEIRO, José Joaquim Teixeira, *Lições de Finanças Públicas*, 4.ª ed., Coimbra Editora, Coimbra, 1991.

RIGHINI, Elisabetta, *I valori mobiliari*, Dott. A. Giuffrè Editore, Milano, 1993.

RIPERT, Georges/ROBLOT, René, *Traité de Droit Commercial*, 17.ª ed., Librairie Générale de Droit et de Jurisprudence, Paris, 1998.

ROBLOT, René, *vide* RIPERT, George.

ROCHA, Maria Victória Rodrigues Vaz Ferreira da Rocha, *Aquisição de Acções Próprias no Código das Sociedades Comerciais*, Livraria Almedina, Coimbra, 1994.

RODRIGUES, Ilídio Duarte, *A Administração das Sociedades por Quotas e Anónimas Organização e Estatuto dos Administradores*, Livraria Petrony, Lisboa, 1990.

RODRÍGUEZ ARTIGAS, Fernando, «Escisión», in *Comentario al regimen legal de las sociedades mercantiles*, dirigido por Rodrigo Uría, Aurelio Menéndez e Manuel Olivencia, Tomo IX, Vol. III, Editorial Civitas, S.A., Madrid, 1993.

ROVELLI, Luigi, «Emissione di obbligazioni indirettamente convertibili», in *Società*, 1990, pp. 67-70.
— «Le obbligazioni indirettamente convertibili», in *Società*, 1991, pp. 305--316.

RUBIO, Jesus, *Curso de derecho de sociedades anónimas*, 3.ª ed., Editorial de Derecho Financeiro, Madrid, 1974.

SÁ, Fernando Augusto Cunha de, *Abuso do Direito*, Livraria Almedina, Coimbra, 1997 [1973].

SACCHI, Roberto, *Gli obbligazionisti nel concordato della società*, Dott. A. Giuffrè Editore, Milano, 1981.
— *Il principio di maggioranza nel concordato e nell'amministrazione controllata*, Dott. A. Giuffrè Editore, Milano, 1984.

SALAFIA, Vincenzo, «Competenza nella opposizione alla delibera di fusione», in *Società*, 1991, pp. 1039 e 1040.

SANCHEZ CALERO, Fernando, *Instituciones de Derecho mercantil*, I, *(Introduccion, empresa y sociedades)*, 17.ª ed., Editoriales de Derecho Reunidas, 1994.

SANTAGELO, Ignazio Augusto, «Le obbligazioni convertibili in azioni», in *BBTC*, 1968, I, pp. 259-291.

SANTOS, Mário Leite, «Obrigações Convertíveis. Alguns Aspectos do seu Regime Jurídico», in *RB,* 1991, Julho-Setembro, pp. 93-172.

SARALE, MARCELLA, nota à sentença do *Tribunale di Milano*, datada de 18 de Setembro de 1989, in *Giur. it.*, 1991, Parte I, Secção II, pp. 39 e 40.
— *Giurisprudenza sistematica di diritto civile e commerciale*, fondata da Walter Bigiavi, *Le società per azioni. Obbligazioni*, Utet, Torino, 2000.

SCHÄFER, Frank A, *vide* SCHWINTOWSKI, Hans-Peter.

SCHILLING, Wolfgang, in AAVV, *Aktiengesetz Grokommentar*, Dritter Band, §§ 179-290, 3.ª ed., Walter de Gruyter, Berlin/New York, 1973.

SCHMIDT, Dominique, Nota à decisão de 26 de Abril de 1990 do *Cour d'appel de Paris*, in *RJ com.*, 1990, pp. 255 e 256.

SCHMIDT, Karsten, *Gesellschaftsrecht*, 3.ª ed., Carl Heymanns Verlag KG, Köln, Berlin, Bonn, München, 1997.

SCHMITTHOFF, Clive/THOMPSON, James, *Palmer's Company Law*, 21.ª ed., Stevens & Sons Limited, London, 1968.

SCHÖNLE, Herbert, *Bank- und Börsenrecht*, C. H. Beck'sche Verlagsbuchhandlung, München, 1971.

SCHWINTOWSKI, Hans-Peter/SCHÄFER, Frank A, *Bankrecht. Commercial Banking – Investment Banking*, Carl Heymanns Verlag KG, Köln, Berlin, Bonn, München, 1997.

SENDIM, Paulo M., *vide* CORREIA, Ferrer.

SERENS, Nogueira, *Notas Sobre a Sociedade Anónima*, 2.ª ed., Coimbra Editora, Coimbra, 1997.

SERRA, Adriano Vaz, «Anotação ao Acórdão do STJ de 14 de Dezembro de 1978», in *RLJ*, 112.º ano, 1979-1980, n.º 3644, pp. 172-176.

SERRA, Antonio, «La trasformazione e la fusione delle società», in *Trattato di diritto privato* (Pietro Rescigno), Vol. 17, *Impresa e lavoro*, tomo 3.º, Utet, Torino, 1985.

SERRA, Catarina, *Falências Derivadas e Âmbito Subjectivo da Falência*, Coimbra, Coimbra Editora, Coimbra, 1999.

SILVA, Aníbal Cavaco, «A Teoria do Empréstimo Público Forçado», in *Economia*, Vol. IV, n.º 2, Maio, 1980, pp. 243-269.

SILVA, Helena Marques da, *O Warrant no Âmbito do Mercado de Valores Mobiliários*, in AAVV, *Direito dos Valores Mobiliários*, Vol. II, Coimbra Editora, Coimbra, 2000, pp. 351-398.

SIMONETTO, Ernesto, «Concetto e composizione del capitale sociale», in *Riv. dir. comm.*, 1956, I, pp. 48-72; 112-165; 196-219.
— «Rapporto fra garanzia e obbligazioni emesse o in corso», in *Riv. soc.*, 1961, pp. 773-797.

SOUSA, Rabindranath Capelo de, *Teoria Geral do Direito Civil*, I, Coimbra Editora, Coimbra, 1998.

SOUSA, Miguel Teixeira de, «A Verificação do Passivo no Processo de Falência», in *RFDUL*, Vol. 36, 1995, pp. 353-369.
— *As Partes, o Objecto e a Prova na Acção Declarativa*, Lex, Lisboa, 1995.
— *Estudos Sobre o Novo Processo Civil*, Lex, Lisboa, 2.ª ed., 1997.

TELLES, Inocêncio Galvão, *Introdução ao Estudo do Direito*, Vol. II, 10.ª ed., Coimbra Editora, Coimbra, 2000.

THAN, Jürgen, *Anleihegläubigerversammlung bei DM-Auslandsanleihen?*, in *Festschrift für Helmut Coing, zum 70. Geburtstag*, Band II, C. H. Beck'sche Verlagsbuchhandlung, München, 1982, pp. 521-541.

THOMPSON, James, *vide* SCHMITTHOFF, Clive.

TOMÉ, Maria João Romão Carreiro Vaz/Diogo Leite Campos, *A Propriedade Fiduciária (Trust). Estudo para a sua Consagração no Direito Português*, Livraria Almedina, Coimbra, 1999.

TORRES, Carlos Maria Pinheiro, *O Direito à Informação nas Sociedades Comerciais*, Livraria Almedina, Coimbra, 1998.

TORRES ESCAMEZ, Salvador, *La emisión de obligaciones por sociedades anónimas. (Estudio de la legislación mercantil y del mercado de valores)*, Editorial Civitas, S.A., Madrid, 1992.

URÍA, Rodrigo, *Derecho mercantil*, 23.ª ed., Marcial Pons, Ediciones Jurídicas y Sociales, S.A., Madrid, 1996.

URÍA, Rodrigo/MENÉNDEZ, Aurelio/IGLESIAS PRADA, Juan Luis, «Fusión y escisión de sociedades», in AA. VV. *Curso de Derecho Mercantil*, I, Civitas Ediciones, S.L., Madrid, 1999.

VACARELLA Romano, «Decreto presidenziale di liquidazione del compenso al rappresentante comune degli obbligazionisti e procedimento ingiuntivo», in *Giur. merito*, 1969, I, pp. 326-331.

VALENTINI, Stelio, *La collegialità nella teoria dell'organizzazione*, Dott. A. Giufrrè Editore, Milano, 1968.

VALERIO, Stefano, «Il diritto di opposizione alla fusione» in *Giur. comm.*, 1994, II, pp. 726-736.

VALSECCHI, Emilio, «In tema di obbligazioni a premio», in *Riv. soc.*, 1956, pp. 1112-1132.

VARELA, João de Matos Antunes, «A Recuperação das Empresas Economicamente Viáveis em Situação Financeira Difícl», in *RLJ*, ano 123.º (1990/1991), n.ºs 3794-3801), p. 137 ss.
— *Das Obrigações em Geral*, Vol. I, 10.ª ed., Livraria Almedina, Coimbra, 2000.
— *Das Obrigações em Geral*, Vol. II, 5.ª ed., Livraria Almedina, Coimbra, 1992.
— «O Direito de Acção e a sua Natureza Jurídica», in *RLJ*, ano 125.º, 1992--1993, n.º 3824, pp. 325 ss.

VARELA, João de Matos Antunes/J. MIGUEL BEZERRA/SAMPAIO E NORA, *Manual de Processo Civil*, 2.ª ed., revista e actualizada, Coimbra Editora, Coimbra, 1985.

VASCONCELOS, Pedro Pais de, *Direito Comercial. Títulos de Crédito*, Associação Académica da Faculdade de Direito de Lisboa, Lisboa, 1988/89, Reimpressão 1997.
— *Contratos Atípicos*, Livraria Almedina, Coimbra, 1995.
— «Direitos Destacáveis O Problema da Unidade e Pluralidade do Direito Social Como Direito Subjectivo», in AAVV, *Direito dos Valores Mobiliários*, Vol. I, Coimbra Editora, Coimbra, 1999, pp. 167-176.

VECCHIONE, Renato, «Emissione di obbligazionie e garanzie reali. (Ortopedia della legge in sede di volontaria giurisdizione)», in *Dir. fall.*, 1962, II, pp. 403-405.

VELASCO SAN PEDRO, Luis Antonio, «Acciones propias e igualdad de los accionistas. Cuestiones de derecho de sociedades y de derecho del mercado de valores», in *RdS*, 1994, n.º 2, pp. 9-52.

VELO, Dario, *Le obbligazioni convertibili in azioni*, Dott. A. Giuffrè Editore, Milano, 1975.

VENTURA, RAÚL «Projecto de Código das Sociedades», in *BMJ*, n.º 327, 1983, pp. 43-339.
— *Sociedades por Quotas*, Vol. I, *Comentário ao Código das Sociedades Comerciais*, 2.ª reimpressão da 2.ª edição de 1989, Livraria Almedina, Coimbra, 1999.
— *Fusão, Cisão, Transformação de Sociedades, Comentário ao Código das Sociedades Comerciais*, Livraria Almedina, Coimbra, 1990.
— *Estudos Vários Sobre Sociedades Anónimas. Comentário ao Código das Sociedades Comerciais*, Livraria Almedina, Coimbra, 1992.
— *Sociedades por Quotas*, Vol. II – arts. 240.º a 251.º (reimpressão), *Comentário ao Código das Sociedades Comerciais*, Livraria Almedina, Coimbra, 1996.
— *Sociedades por Quotas*, Vol. III – arts. 252.º a 264.º (reimpressão), *Comentário ao Código das Sociedades Comerciais*, Livraria Almedina, Coimbra, 1996.

VICARI, Andrea, «Effetti dell'iscrizione dell'atto di fusione nel registro delle imprese ai sensi dell'art. 2504-*quater* c.c.», in *Giur. comm*, 1995, II, pp. 532-585.

VIDIRI, Guido, «Emissione di obbligazioni convertibili e trasformazione di società per azioni in società a responsabilità limitata», in *Giust. civ.*, 1995, I, pp. 1834-1839.

VITALI, Giovanni, «Emissione di obbligazioni ed obbligazionisti nella società per azioni», in *Dir. fall.*, 1948, I, pp. 21-33.

VIVANTE, Cesare, *Trattato di diritto commerciale*, II, *Le società commerciali*, 5.ª ed., Casa Editrice Dottor Francesco Vallardi, Milano, 1929.

WIEDEMANN, Herbert, *Gesellschaftsrecht. Ein Lehrbuch des Unternehmens-und Verbandsrechts*, Band I, *Grundlagen*, C.H. Beck'sche Verlagsbuchhandlung, München, 1980.

WEISSENFELD, Horst, *vide* SURKAMP, Hans Ulrich.

WOOD, Philip, *Law and practice of internacional finance*, Sweet & Maxwell, London, 1980.

XAVIER, Luís da Gama Lobo, «Empréstimo Obrigacionista Direitos Individuais dos Obrigacionistas. Título Para o Exercício Desses Direitos», in *RDES*, ano XXXVIII, 1996, pp. 365-384.

XAVIER, Vasco da Gama Lobo, *Anulação de Deliberação Social e Deliberações Conexas*, Livraria Almedina, Coimbra, Reimpressão 1998 [1976].

YOMHA, Carlos Gabriel, *Obligaciones convertibles en acciones*, Ediciones Depalma, Buenos Aires, 1983.

ÍNDICE DE ASSUNTOS*

Amortização do empréstimo: 89 ss.
Assembleia universal
— presença do representante comum: (279).
Aumento de encargos: 95 ss.; 195.
Autonomia privada: 18 ss.; 30 e 31; (7); (10).

Capital social
— existente: 84 ss.; 89; (196).
— real: 86; (194); (196).
— realizado: 82 ss.; 89; (188); (196); (197); (200).
— subscrito: 82 ss.; (188).

Cisão: 169 ss.
— direito de oposição à : 172 ss.
— — e prejuízo: 174; (445).
— e fraccionamento do empréstimo: (438).
— modalidades de: (434).
— natureza jurídica da: (436).
— e protecção dos credores: 172 ss.

Colectividade de obrigacionistas: 224 e 225.
— constituição da: 71 ss.
— extinção da: 89 ss.

Conflito de interesses
— entre categorias de obrigacionistas: 121 e 122.
— entre *trustee* e obrigacionistas: 51.
— e proibição do exercício do direito de voto: 131 e 132; (324).

---

* Os números entre parêntesis identificam as notas de roda-pé.

Convocação
- despesas da: 133.
- judicial: 62; 154; (381).

Convocatória
- intervalo de tempo entre primeira e segunda convocatória: (531).
- publicação da: 158 e 159; (400).

Delegação de poderes: 116 e 117; 214 e 215; (282).

Deliberação
- de emissão: 72 e 73; (170); (171).
- formas de: (399).

Direito
- à informação societária: 62; 152; (117); (137); (274).
- de assistir às assembleias gerais da entidade emitente: 62; 152; (17); (117); (138); (274); (279); (374).

Emissão
- processo de: 72 ss.

Empréstimo
- carácter unitário do: 20 e 21; 25 ss.; 61 e 62; (11); (12); (13); (17); (273).
- público: (128).

Entidades emitentes: (128).

Falência
- e aprovação do acordo extraordinário: 210; 220.
- intervenção individual no processo de: 210 ss.; (562).

Fundo comum: 132 ss.
- constituição do: 133 ss.
- liquidação do: 134 ss.
- e responsabilidade por dívidas: 136 ss.

Fusão
- e direito a tratamento equivalente ao dos sócios (obrigações convertíveis e com *warrant*): 169; (427).
- e direito de oposição: 152 e 153; 165 ss.

— natureza jurídica da: (407).
— noção de: 161 ss.
— e protecção dos credores: 163 ss.

Igualdade de tratamento: 97 ss.
— excepções ao princípio da: 102 e 103.
— fundamento do princípio da: 97 ss.
— e justificação para a disciplina legal das colectividades de obrigacionistas: 20 e 21; 188.
— e modificação das condições do empréstimo: 101 ss.; 195 e 196.
— e oposição à fusão e cisão: 153; 166 ss.
— e providências de recuperação de empresa: 214 ss.
— e relação do representante comum com os obrigacionistas: 99.
— e relação da sociedade com os obrigacionistas: 99 ss.

Interesse comum: 55 ss.; 103 ss.; 224.
— conteúdo do: 110 ss.
— e interesse social: 105 ss.; 224; (259).
— e modificação das condições do empréstimo: 189-191; 196-199.
— titulares do: 105 ss.

Limites à emissão: 75 ss.
— excepções: (185).
— funções: (187).
— inconstitucionalidade: (187).
— e redução do capital social: 88 e 89.

Modificação das condições: 176 ss.
— e cláusula «salvo regresso de melhor fortuna»: 206.
— contexto espacio-temporal: 54 e 55.
— e convocatória: (531).
— e direitos já vencidos: 200 e 201.
— limites à: 195 ss.
— posição adoptada: 187 ss.
— posições defendidas: 177 ss.
— quóruns: 201 ss.
— sentidos possíveis do texto legal: 182 ss.

Obrigações
- de caixa: (157); (175).
- com juro variável: (157).
- com prémio: 63; (143).
- com prémio tirado à sorte: (144).
- com taxa de juro indexada: (157).
- com warrant: 64 ss.; (147).
- conteúdo complexo das: 61 ss.; 69; 224.
- convertíveis: 64 ss.; (147); (150).
- cupão zero: 64; (146).
- hipotecárias: (157).
- participantes: (157).
- títulos de créditos: 68-70; (162).
- títulos executivos: 70 e 71.
- títulos de participação: 69 e 70; (162).

Providências de recuperação de empresa: 207 ss.
- actuação individual e actuação colectiva: 210 ss.
- e condições especiais (prejudiciais) para os obrigacionistas: 215 ss.
- e delegação no representação comum: 214 e 215.
- e valor do voto dos obrigacionistas: 218 ss.

Quórum
- alteração: (531).
- para a emissão de obrigações: 72 e 73.
- para a modificação das condições: 193-195; 202-205; (527).
- para a oposição à fusão e cisão: (416).

Registo
- comercial: 71; 73; (174); (175); (577).
- da emissão na CMVM: 71; 73; (177); (577).
- da nomeação e destituição do representante comum: (285); (328).

Representante comum: 113 ss.
- de categorias diferentes: 121 e 122.
- competência do: 113 ss.
- — para assistir às assembleias gerais da emitente: (138); (279).
- — para impugnar as deliberações: (364).
- — para propor acções judiciais: 141 ss.
- — para reclamação de créditos: 157 ss.

— e delegação de poderes: 116 e 117; (282); (283).
— destituição do: 127 ss.
— — e abuso de direito: (316).
— — e indemnização: 129 ss.
— — e justa causa: 127 ss.
— — votação da proposta de: 131 e 132.
— existência necessária ou facultativa: 122 e 123; (274).
— nomeação do: 118 ss.
— — judicial: 126 e 127.
— — obrigação de: 122 e 123.
— remuneração do: 124 ss.
— unipessoalidade: 120 e 121.

Socialidade: (117).

Títulos de crédito: 68-70; (162).
Títulos executivos: 70 e 71.
Títulos de participação: 69 e 70; (162).

ÍNDICE GERAL

SIGLAS E ABREVIATURAS 9

INTRODUÇÃO 15

1. Objecto de estudo 15
2. Razão de ordem 22

CAPÍTULO I
SÍNTESE HISTÓRICO-COMPARATÍSTICA

3. Antecedentes legislativos em Portugal 25
4. O problema na Alemanha 32
5. O problema em França 35
6. O problema em Itália 40
7. O problema em Espanha 44
8. O problema no sistema da Common Law 48
9. Valoração de conjunto. Teleologismo histórico e opções de regime: dissemelhanças e similitudes 51

CAPÍTULO II
ÂMBITO DE ACTUAÇÃO DAS ORGANIZAÇÕES DE OBRIGACIONISTAS

10. Empréstimos e organização de obrigacionistas 59
11. Constituição das organizações de obrigacionistas e emissão de obrigações 71
11. 1. Limites à emissão de obrigações 75
12. Extinção do empréstimo e extinção das organizações de obrigacionistas 89

CAPÍTULO III
COMPETÊNCIA DAS ASSEMBLEIAS DE OBRIGACIONISTAS

13. Enunciado da questão 93

SECÇÃO I
LIMITES

14. Proibição de aumento de encargos 95
15. Igualdade de tratamento 97
16. Interesse comum 103

SECÇÃO II
MATÉRIAS DE COMPETÊNCIA DAS ASSEMBLEIAS DE OBRIGACIONISTAS

SUBSECÇÃO I
PODERES ORGANIZATIVOS E DE ADMINISTRAÇÃO

17. Nomeação, retribuição e destituição do representante comum 113
18. Constituição de um fundo comum e prestação das respectivas contas .. 132
19. Autorização ao representante comum para a propositura de acções judiciais 141
20. Reclamação de créditos em acções executivas 156

SUBSECÇÃO II
PODERES DE INGERÊNCIA

21. Oposição à fusão 161
22. Oposição à cisão 169

SUBSECÇÃO III
PODERES CONTRATUAIS

23. Modificação das condições dos créditos dos obrigacionistas 176
24. Providências de recuperação de empresas e acordo extraordinário 207

EPÍTOME 223

BIBLIOGRAFIA 227

ÍNDICE DE ASSUNTOS 253